上海外国语大学"十一五"重大科研项目
欧盟及其成员国研究丛书

文化视角下的欧盟研究

THE EUROPEAN UNION FROM
A CULTURAL PERSPECTIVE

曹德明 主编

上海外语教育出版社
外教社 SHANGHAI FOREIGN LANGUAGE EDUCATION PRESS

图书在版编目(CIP)数据

文化视角下的欧盟研究 / 曹德明主编. —上海:上海外
语教育出版社,2009
（欧盟及其成员国研究丛书）
ISBN 978 - 7 - 5446 - 1238 - 8

Ⅰ. 文… Ⅱ. 曹… Ⅲ. 欧洲联盟 - 文化事业 - 研究
Ⅳ. G15

中国版本图书馆 CIP 数据核字(2009)第 017903 号

上海外国语大学"十一五"重大科研项目

出版发行： 上海外语教育出版社
    （上海外国语大学内） 邮编：200083
电　　话： 021-65425300（总机）
电子邮箱： bookinfo@sflep.com.cn
网　　址： http://www.sflep.com.cn http://www.sflep.com
责任编辑： 高云松

印　　刷： 上海叶大印务发展有限公司
经　　销： 新华书店上海发行所
开　　本： 700×1000 1/16 印张 15.5 字数 234 千字
版　　次： 2009 年 5 月第 1 版 2009 年 5 月第 1 次印刷
印　　数： 3 100 册

书　　号： ISBN 978-7-5446-1238-8 / Z · 0018
定　　价： 28.00 元

本版图书如有印装质量问题，可向本社调换

目　录

绪 论

    2008 年是中国改革开放 30 周年。中国外语教育事业的发展、上海外国语大学的进步与变迁,与中国的改革开放,走向世界密不可分。20 世纪 80 年代,上外实现了第二次飞跃发展,创造性地开展了外语类院校培养复合型人才的尝试。进入 21 世纪,为实现"十一五"跨越式发展,在继续发挥办学特色的基础上,上外启动新一轮发展引擎,优化"外语人才"和"复合型人才"教育模式,提升科研水平,搭建新型的"国际化人才"创新平台,为国家培养具有国际视野和国际竞争能力的特色人才。

    上外拥有多学科、多语种优势,承担中西文化交流和培养跨文化沟通人才的历史使命。上外素有研究欧盟成员国的基础,研究语言包括英语、法语、德语、西班牙语、意大利语、希腊语、荷兰语、葡萄牙语、瑞典语等九种,研究成果直接用于国际交流,出版了大量的经典译著和语言与文化、语言与文学的研究专著。20 世纪 90 年代以来,随着欧洲一体化进程的深入,上外的欧盟国别研究与欧盟层面的研究互相促进,取得了长足的发展。同时,上外积极开展国际间学术交流与合作,与 30 多个国家和地区的 110 多所大学建立了合作关系,特别是同欧盟成员国的校际合作,为研究欧盟及其成员国提供了载体与平台。

    欧盟先后经历了 6 次扩大,其成员国由最初的 6 国发展到今天的 27 国,它们分别是:法国、德国、意大利、荷兰、比利时、卢森堡、英国、丹麦、爱尔兰、希腊、葡萄牙、西班牙、奥地利、瑞典、

芬兰、马耳他、塞浦路斯、波兰、匈牙利、捷克、斯洛伐克、斯洛文尼亚、爱沙尼亚、拉脱维亚、立陶宛、保加利亚和罗马尼亚。目前,欧盟面积为432.99万平方公里,总人口达4.9亿,国民生产总值高达16万亿美元。它已成为当今世界上经济实力强、一体化程度最高的国家联合体。

在促进欧洲经济和政治一体化过程中,欧盟也高度重视成员国的文化和语言多样性。在2004年5月1日10个中东欧国家加入欧盟之前,欧盟共有丹麦语、德语、英语、芬兰语、法语、希腊语、意大利语、荷兰语、葡萄牙语、瑞典语和西班牙语11种官方语和工作语言,除丹麦和芬兰语以外,上海外国语大学涵盖了其中的9种语言。在中东欧10个国家加入欧盟后,又带来了9种新的官方语言。2007年1月1日罗马尼亚和保加利亚的入盟又给欧盟带来了两种新语言,至此,目前欧盟正式认可的官方语言总共增加至23种。

文化欧洲构成了欧洲经济、政治联盟的第二特征。加强对欧盟和欧盟成员国的文化及其文化背景研究,有助于上外在传承语言教学、文学教学传统的基础上,促进文化教学,培养学生跨文化交际能力,以适应21世纪对外语人才的要求。语言是文化的本质。学习一种外语不仅要掌握语音、语法、词汇和习语,而且还要知道持这种语言的人如何看待事物,如何观察世界,了解这一语言所反映的思想、习惯和行为。因此,学习语言与了解语言所反映的文化是分不开的。不同语言都带有不同民族的文化烙印,因此文化差异在很大程度上决定了语言差异。这就要求我们在掌握语言的同时还必须了解持该语言民族的文化背景和语言中隐含的民族文化含义。深层次理解语言,需要借助"文化内核"。"欧盟及其成员国研究丛书"正是从这一角度出发,借助国内外学者的互动研究,利用上外这一学术平台,一方面展现学者们对欧盟文化和文化软实力的研究成果,另一方面将科研成果直接转化为课堂教学内容,将语言形态教学和文化内容教学融为一体,构建上外文化导向型外语教学模式,在突出外国"语言"的基础上,体现上外特色,打造上外学派。

作为"欧盟及其成员国研究丛书"的第一本,《文化视角下的欧盟研究》一书从文化和文化诠释学视角出发,加强了对欧盟文化及其文化背景

研究,以此拓展以欧盟经济和政治研究为主的研究视角。以此为学术出发点,本书由四部分组成:

第一章　欧洲联合理论与前沿理论探析

这一部分前两节内容以中国和欧洲学者的研究视角为主:第一节以法国民族文化和政治文化为背景,通过阐述多位法国思想家和政治家的理论贡献,展现具有法国特色的思想体系对西方"精神历史"的重要影响和对欧洲一体化理论的建构作用,这有助于我们对西方学说进行本源性思考;第二节在分析国际体系发展和变革趋势的基础上,阐述了当今欧盟在全球"三中心多极化"格局中的定位。后三节展现国内外学者对国内外主流理论的反思和探析。其中贝纳特·科勒-科赫教授是欧洲著名学者、欧盟同中国社科院合作研究伙伴,她的"欧盟多层体系中的治理转变"一节体现了欧盟研究国际前沿水平;德国著名政治学学者慕尼黑大学首席教席教授赖纳·许尔塞先生在第四节中从语言和文化角度入手,指出了语言行为在国际关系中的重要作用,提出语言对社会现实具有建构作用的理论;而第五节"跨文化视角下的国际关系"对主流国际关系理论进行了反思,提出了关系性和跨文化性是国际关系两个核心特征,并由此出发界定了国家间问题形成的认知原因,指出文化与跨文化在当今软实力研究中的重要性。

第二章　欧洲文化起源、欧洲观念、发展动因

在论述理论框架和理论反思基础上,第二章的内容分为两部分展开。前两节分析欧洲文化起源、欧洲观念:欧盟"让·莫内"教授、德国欧洲一体化研究中心高级研究员米歇尔·格勒尔博士在第一节中阐述的古希腊和古罗马文化遗产对欧洲理念的形成产生的重要影响,对欧洲概念的起源、特征、欧洲意识所作的全面深入的解析,为我们提供了一个全新的视角;第二节从宗教文化入手,对基督教欧洲观念的多层次内涵进行阐述和

分析，讨论了基督教欧洲观念对后世欧洲联合进程的影响及其历史地位。第三节对欧洲文化概念的梳理和对欧洲文化概念与文化理论的发展所作的综述，无论对于我们了解相关思想学术史，还是面向现实解决实践问题，都有一定的意义。后两节阐述了作为欧洲统一观念是如何成为现实的欧洲联合，并以探析欧洲发展动因为出发点，勾略了欧洲一体化历史发展动因和欧洲和解的内外部因素。解读欧洲价值源头和价值体系的形成，有助于我们理解“欧洲性”；解读欧洲发展动因和欧洲和解与合作的互动关系和成因，有助于我们理解至今仍影响欧洲人的文化范式和价值理念，有助于我们更准确地理解欧洲政治和经济一体化的软实力背景。

第三章　欧洲文化建构：文化、教育的一体与多元

在阐述文化渊源基础上，反观现实，第三章研究表明欧盟如今如何注重软实力的建构。本章面向欧洲文化认同和欧洲政治文化认同建构，对欧洲教育政策、语言政策、产业文化政策进行深入的阐述，以此确定欧洲文化认同和欧洲政治文化认同的建构方式及其路径：通过文化认同建构增强欧盟公民的凝聚力，通过政治文化认同建构推进欧盟政治一体化进程。第一节论述了欧盟在 21 世纪如何进行欧洲高等教育共同体的建构，通过解读欧洲高等教育改革框架官方文件《博洛尼亚进程》，阐述了改革对成员国高等教育产生的影响。第二节面对欧盟的多语言现状，剖析了欧盟各机构章程中的语言规定，详细分析了目前欧盟五大机构的语言实践现状及存在的问题，包括各官方语实际地位的悬殊、翻译机构的人员等困难。第三节论述了作为一个整体的欧洲，不仅要在地理、政治、经济及社会方面发挥作用，而且还要通过欧洲文化和政治文化认同建构使欧盟成为文化实体。基于这一文化认知，欧盟一方面通过制定对内文化政策和措施保护欧洲文化多样性，维护各民族国家的文化特征，另一方面，又要促进欧盟政治文化认同的建构，增强欧盟公民的凝聚力，推进欧盟政治一体化进程。第四节阐述了欧盟把文化产业视为一个特殊的经济部门。文化产品既是能够创造财富和就业机会的经济产品和服务，也是体现其

文化认同和文化多样性的载体。在保护文化产业的同时,欧盟实施了一系列的援助和合作计划来鼓励和扶植文化产业,尤其是视听产业的发展。最后一节论述了欧洲一体化进程中的象征政治。欧盟通过发明和使用一系列的象征符号,塑造了自身在其公民中和世界上的形象与认同。本节以欧元为例探讨了欧盟象征政治中的核心问题。

第四章　欧盟制度文化建构

本章以欧洲制度文化为研究对象,研究成果涉及解读欧盟改革的《里斯本条约》、欧洲联合模式及其制度安排、欧洲安全战略文化、欧盟制度文化建构、欧盟新成员国关系特征和利益组合模式、欧盟规范性力量的建制等。第一节对《里斯本条约》(2007)文本的解读和对该条约基本内容的介绍和分析,为我们对现行欧盟体制中所作的重要调整与改革提供了一个清晰的、制度层面的理解框架。第二节论述了欧洲的联合模式及制度安排,体现了政府间和超国家这两种性质并存的特殊性。欧盟在这方面实行一套以制度建设为主的双重管理结构,通过分层和分权管理,保证欧洲联合目标的实现。第三节分析了以和平为最终目的的欧洲联合在安全领域所具有的传统安全战略模式,在分析的基础上提出在这种模式的影响下形成的欧洲传统的四种安全文化:中立文化、依附文化、力量文化和干预文化及其主要特征,指出这四种文化对欧盟形成共同安全战略文化的影响。第四节以欧盟制宪为例,展现欧盟制度文化在法律层面的建构。因为欧盟的政治文化是对各成员国多元政治文化的整合,真正的欧洲公民身份和集体认同的形成依赖于欧盟共同的政治文化背景和法律文化的建构。第五节分析了当前欧盟成员国关系的最新特征,以及东扩后成员国之间的利益冲突及其利益组合模式等问题,指出东扩后新老成员国之间存在尖锐的利益冲突,欧盟内部利益多元化现象更趋明显,有可能形成超越新老成员国的非固定的新的利益组合模式。最后,欧盟特性研究是欧盟作为规范性力量的研究,它是欧盟软实力研究的重要内容,如欧盟创造了一系列兼具独特性和普适性的价值与原则,它们在实践规范性力量

的过程中面临诸多现实的挑战。

　　本书的出版凝聚了中外学者的精诚合作,在此对各位作者提供的优质论文和协作表示最诚挚的谢意! 同时也特别感谢上外科研处为本项目研究提供的资助! 最后,感谢上海外语教育出版社和庄智象社长的鼎力惠助,使本书得以与读者见面。

上海外国语大学校长

曹德明

第一章

欧洲联合理论与前沿理论探析

第一节

国际体系的变革与欧盟的定位

伍贻康[*]

国际体系的概念主要属政治学研究范围,随着经济在国际关系结构和变量中的分量和影响力日益增大,随着政治和经济关系紧密交融,政治问题经济化和经济问题政治化现象已屡见不鲜。当今国际体系的态势在学术界歧见迭出,本节试图着重从经济视角对国际体系的当前态势和发展趋势进行宏观剖析,主要从格局结构和变量上简要论证,以求阐明国际经济体系发展和变革的态势,从一个侧面论证国际体系正朝向以全球化、多元化为特征,以经济中心扩散为特点的"三中心多极化"基本格局转变。限于篇幅,仅以欧盟作典型给其在全球"三中心多极化"格局中定位。

---

[*] 上海社会科学院欧洲研究中心名誉主任、教授,中国欧盟研究会会长,上海欧洲学会会长。

一、国际经济体系的当前态势和变革趋势

所谓国际体系就是由国际行为体(主要是国家)按一定制度规范和互动作用构建的一种政治、经济交织的关系组合形态。它具有相对稳定性,但又处在不断变革的动态发展中。严格意义的国际体系的形成可追溯到15世纪,真正具有全球性的国际体系到19世纪末才构建成形。现行国际经济体系是世界资本主义制度诞生和形成世界市场后的产物,是以欧美国家为主导的资本主义生产方式及其普世价值观为基础,随着世界经济的力量格局和国际经济关系的变动,国际经济体系的体制结构和主导力量也随之变迁。几百年来国际经济体系一直为欧美列强所主宰,战后美国凭借绝对优势在国际经济体系中独占鳌头,加上军事和政治的超强实力,在苏联解体后终于成就了前无古人的空前霸业,强化了其在国际体系中唯一超级大国的霸主地位。然而物极必反,盛极而衰,美国也逃不脱霸权周期规律的制约。这其中经济全球化是最大的变量因素,"成也萧何,败与萧何",全球化这一历史大趋势既是国际体系变革的大背景,也是国际体系变革的主要动力和最大变量。

美国的强盛和霸业成就主要得益于经济全球化。美国是经济全球化加速发展的主要推动力,也是与全球化相应匹配的一整套正式的政府间和非政府间国际组织、国际规制和行为准则的主要倡导者、决策者,更是牢牢掌握着国际经济贸易、货币金融,尤其是新兴服务业、知识产权这类关键领域的创制权和话语权。美国的富裕和强大得天独厚地依赖于并借助于经济全球化所提供的机遇和条件。某种意义上可以说,没有美国也就没有经济全球化,没有经济全球化也就没有美国的今天。但是经济全球化绝不是也不可能是全球美国化。

经济全球化绝非任何人任何国家主观创造的,它是生产力和生产方式高度发展的必然结果,是世界经济总体发展的必然趋势,是不以人们意志为转移的客观规律所反映的世界经济运行的主旋律。因而它具有一定的不偏袒的客观性,尽管可施加影响也可加以利用,但全球化不可逆转更不可独占。正因为如此,在经济全球化发展进程中,欧美国家在某些方面也受到冲击和损害,而一些发展落后的国家也可以抓住机遇,创造有利条件为己所用,得以迅速崛起,从而使世界经济力量格局显露此起彼伏巨大变化,推动了国际经济体系变革。经济全球化这一派生的成果,是美国始料所不及的。

经济全球化为一些具有较好综合实力基础的发展中国家提供了发挥后发优势和发展潜力,得以脱颖而出转化为新兴工业化国家的有利国际环境,多个发展中大国在经济发展上异军突起大有后来居上的发展势头,已成为时代的新现象、新特征。最典型的要数"BRICs",即美国高盛公司一份评估预测报告中把巴西、俄罗斯、印度和中国的英文第一个字母复合组成的新词。该报告认为这四国地域辽阔,人口众多,资源丰富,经济发展的基础和潜力较强,并把这四国与美、日、德、英、法、意发达国家六强的经济发展趋势进行分析比较,预测"BRICs"在 2038 年左右将在国内生产总值总量上赶上六强,2050 年将全面超越六强,届时欧洲列强都将被排斥在外,由中、美、印、日、俄、巴共列为世界经济六大强国。[1] 再扩大到整体发展中国家,据世界银行高级副行长、首席经济学家弗朗索瓦·布吉尼翁2005 年年底说,发展中国家占全球经济总量的比例,已从 1990 年的 13%上升到 2005 年的 20%,在世界贸易中的份额也相应从 18%上升到 25%。若按购买力平价计算,发展中国家在全球产业中所占比重已达 43%。[2]另据英国《经济学家》采取国际货币基金组织的购买力平价计算法,估计2005 年新兴经济体的总产值已增至全球的近一半。由此,该权威经济杂志哀叹:自工业革命以来"第一世界"的富国始终支配全球经济的时代"也许已经宣布结束"。

若干新兴发展中国家的崛起,预示着延续几百年的国际经济体系由欧美发达资本主义国家一统天下的局面被打破,预示着国际经济体系正在发生重大而带根本性的变革和转型。体系变革受制内外种种因素,这

---

[1]　Wilson D. & Purushothaman R. *Dreaming with BRICs: the Path to 2050*, *Goldman Sachs Global Economics Paper*. October 2003.

[2]　《环球时报》,2006 年 1 月 3 日。

次变革根源在经济全球化引发世界经济产业链连接环的结构性大变动，因产业结构调整转移而促成产业结构链接的新中心和新力量出现。新兴工业化国家迅速崛起不是靠传统的域外扩张，而是靠自身的改革开放，靠在现存国际经济体系内进行合法、合理竞争所推动。所以这既不是新兴国家的挑战性变革，更不是霸权更替性变革，而是适应全球化客观剧变的多元化变革。如果考虑到国际体系中非国家行为体这一因素的作用和权重的明显增大，可以说当今各重要经济力量几乎都与区域一体化发展相联系，区域一体化有利于区域整体凝聚力量并发挥集体作用，由欧共体开创的区域一体化已成燎原之势，形成蔚为壮观的区域一体化全球遍地开花结果的格局。以实现自由贸易、组建关税同盟为目标，以货币和科技合作作推手，具有一定制度化、机制化并有相当政治影响力的区域合作组织已不下几十个，具有代表性的主要有东盟、南亚区域合作联盟、南方共同市场、南美共同体、独联体经济联盟、南部非洲发展共同体、非洲联盟、阿拉伯马格里布联盟等，上述"BRICs"四国都依托区域合作和一体化不断壮大自己。这是当今时代又一新现象、新特征，是全球化时代多元化特征的典型表现。

新兴发展中国家作为最具活力和潜力的世界经济增长源在东亚表现得最为突出，近十多年来这里的年经济增长率遥遥领先世界各国，是经济合作与发展组织（OECD）国家的三倍。一批批外向型经济体的崛起，通过贸易的大进大出使资源和生产要素的配置优化，世界市场空前扩展，使市场经济地图和世界经济力量格局大大改观。达沃斯经济论坛创始人施瓦布教授就此认为，"全球化进程实质上是在世界水平上大规模重新配置经济的进程。到20世纪末，我们将进入美国、东亚和欧洲三者战略经济均势的时代"[1]。日本三极经济研究所所长斋藤进2006年7月撰文说："在21世纪中期，任何经济体都不具霸权地位，世界经济将彻底走向多极化。"[2]由此可见，国际经济体系正处于前所未有的重大变革中，以欧美发

①　美国《国际先驱论坛报》，1996年2月1日。
②　日本《中央公论》，2006年第7期。

达国家为核心和主导的国际经济体系正在向全球化、多元化为特征,以经济力量扩散为特点的"(美、欧、东亚)三中心多极化"基本格局的全新国际经济体系演变。这一演变是一个历史长趋势,过渡性进程是渐进的,预计要到 21 世纪中期才明朗。这一演进与传统的国际体系变化少有可比性,主要是经济全球化已改变了世界经济的基本运行方式和运行规律,国际经济体系内各种经济体之间生产和资本的交融日益加深,相互依存相互制约的关系越来越紧密,国际关系民主化在加强,多边主义的协调解决国际争端渐成主流。因此,在体系变革进程中,世界经济的国与国之间、区域集团之间竞争尽管是常态,但全球协调合作则是变革的基础。因此,新崛起国家既不是加入所谓西方欧美体系问题,更非自成体系争夺霸权问题,新崛起国与欧美国家之间不是你死我活的一场零和游戏,而是经济竞争和全球合作并存,共同应对日益复杂严重的全球性挑战,探索全球多边治理,开创共存共赢的新局面。美国国际经济研究所所长杰弗里·加滕对这一经济发展态势作如下评论:"我们正处于力量格局调整的巨大变化之中,这个格局正由新兴大市场所改写。就其含义而言,这是一场革命,与封建制度的瓦解、两次工业革命、19 世纪世界经济的增长以及 20 世纪三、四十年代的秩序的解体具有同等重大的历史意义。"[①]我们认为国际经济体系正在酝酿发生的这一重大变革和转型的深远历史意义和巨大影响,远远超过已往几个历史里程碑,它将开创人类社会经济发展史的一个新时代。

二、全球化与多极化互动关系

对日益复杂的国际形势的认识和评判往往产生诸多分歧,有学术观点和学术研究方法不同的因素,也有视角和议题差异的因素,还有词汇概念理解和表达存在差别的因素,所以出现意见分歧是正常的,关键在面对

---

① 宋玉华,汪振林.《新兴大国——历史性崛起的博弈与前景》.北京:人民出版社. 2004.21.

现实,弄清情况,采取切磋交流和相互理解的态度,来共同追求真理。真理是客观存在,真理会愈辩愈明,在分歧中寻求和探索真理是有利于学术交流和学术进步的。本着这一认识态度,从世界经济的视角谈论一下全球化与多极化互动关系,将会有助于认识和弄清当今世界的发展趋势和走向。

全球化是世界经济发展客观存在的一种越来越明显的发展态势,它既是生产力高度发展和生产关系交织融通的必然结果,也是适应生产力加速发展和生产方式寻求变革需求的规律性反映,是一种自然积累的曲折渐进的历史进程,应该说它是能与人类社会经济发展追求的宏大目标相对应的。但是经济全球化一旦落到实处,为人们所利用,其产生的效应却是双刃剑,它对于包括美欧在内的所有国家和各类人群并非利弊得失一律,全球化的利益导向不是均分均沾,客观上出现利害差异是显然的,存在祸福相倚相转,这是当前严酷的现实。所以对待全球化需要引导和调整,趋利避害,择善而从,把其负面影响尽可能降低到最小化。

必须指出,全球化绝非等同一体化,更非全球一体化,经济全球化不会使世界各国经济趋同化,使世界经济一元化、同质化,使世界成为一个均衡的整体。相反,经济全球化更促使各国经济的不平衡发展,促进了多元化、多样化,彻底打破了原有的均衡,现实已经证明全球化如同洗牌,已改变了世界经济的原有力量对比格局,促进世界经济向多元化、多中心、多极化方向发展。正是借助于全球化,若干发展中大国得以迅速崛起为新兴工业化国家,正是在应对全球化挑战中,越来越多的国家为趋利避害组成区域合作和一体化组织,当新兴发展中大国与区域一体化集团化相结合,一支支新兴经济力量在世界经济中逐渐成形。因此,我们认为经济全球化和区域一体化是世界多极化的催化剂,也是多极化的经济基础,发展中国家的区域一体化集团的不断发展壮大则是多极化的表现形态。新的极化力量的成长并不意味会出现一个绝对均衡的、等量齐观的力量格局,多极化的不对称性、不均衡性和不稳定性将客观存在,但多极化的发展趋势将会有利于促进在全球化冲击下不均衡的全球经济力量格局去寻求建立新的力量制衡关系,世界多极化可以阻止单边主义,在全球形成一种新的遏制霸权的均衡制约关系,以确保人类对世界和平、安全、稳定和繁荣的追求。这样多极化发展趋势反过来又能有助于防止经济全球化为强权所利用,并能抑制霸权的恶性发展,有利于国际关系的调理和重组,探索建立国际关系新秩序,并把全球化推向一个新水平。

因此,全球化与多极化是相辅相成,相互联系、相互促进的互动关系。这种积极的互动关系将推动国际经济体系的变革和转型,全球化是变革转型的动力和源泉,多极化则是变革转型的方向和结果。从某种意义上说,世界多极化是经济全球化发展到相当高程度的政治表现,全球化和多极化两者关系犹如一枚硬币的两面。

三、欧盟在国际体系变革中的地位和作用

欧盟是当今世界独一无二的主权国家紧密联合体,离开了赋予其权限的成员国,欧盟将什么也不是;没有了欧盟,这些欧洲国家包括法、德、英大国在内将在国际舞台上无足轻重,发挥不了多大作用,欧洲势必走向没落,并沉沦下去。就多极化而言,欧盟能否算作是一支极化力量,或能否称得上是一个战略行为主体,这还必须具体分析。由于欧盟在区域经济一体化方面已成长为一个货真价实的经济货币联盟,在国际经贸货币事务方面它应被看做并也有相当能量承担国际战略行为体的角色;但在政治、军事等方面欧盟在国际事务方面还无能为力,难有作为,被认为只是个"侏儒",根本说不上是个国际战略行为体,所以从总体上看欧盟只能算是个不完全的有限的国际战略行为主体。当代国际关系理论权威学者、前美国国际关系学会会长罗伯特·基欧汉教授最近在上海就单极、两极还是多极问题发表看法时明确认为,"在经济领域,欧盟与美国至少是并驾齐驱的"[①]。前述高盛公司谈论"BRICs"发展前景时,是完全按国别

---

① 《文汇报》,2007 年 1 月 11 日。

来分析论证的,它认为"BRICs"在今后几十年里将先后赶超上德、英、法、意等欧洲国家,到 2040 年世界经济六强中已无欧洲国家的位置。这一论点严格地说是不完全的、不准确的,因为衡量和表现经济实力绝不能单看 GDP 增长,还必须注重经济质量,必须联系社会经济全面发展来综合考察。就此而论,"BRICs"迅速崛起是难以否认的,不过单个欧洲国家的经济实力还不能过于贬低,其能量和作用不能忽视,更何况,如果按联合的欧盟来考察比较,假定一切发展正常,几十年后在国际经济体系中,欧盟和欧元区毫无疑问仍然将是一支令人望而生畏的、在国际经贸和货币金融领域能发挥重大作用的战略行为体。就世界经济多极化多中心来说,欧盟届时还是主要的全球三大经济中心之一和强大的力量,在全球经济合作和经济领域全球治理事务中欧盟是不可或缺的重要国际角色,甚至是关键角色之一。

如果换个角度进一步评估国际角色的力量对比,必须强调切不可忽视软力量这一越来越重要的因素。尽管软力量概念及其估量还有不少争议,但作为一个价值共同体,欧盟的软力量在国际上是无与伦比并显而易见的。区域一体化发展和区域共同治理模式的辐射效应和魔力般的吸引力,欧盟在国际舞台上倡导的战略和政策的理念和行动准则,欧盟身体力行所显示的制度力量、规制和秩序所发挥的效果,欧洲人的生活质量、生活方式和文化素养,欧盟致力于积极推行的基本价值观的精神、理念和原则……这些都毫无疑问是欧盟所拥有的软力量并已显示其价值,人们能感触到它的影响和作用。莫拉莱斯在当选玻利维亚总统后公开声称:"我们想要一个以欧盟为榜样的南美洲,有一种像欧元那样的、比美元价值更高的货币。"①类似言论在东亚、非洲、拉美不少,这是很有代表性的典型印证。

在谈论和评价一个国际角色的地位和作用时,绝对不能够低估软力量的分量,它虽是无形不定的,但有时也是有形可触觉掂量的;它虽是无可估量的,但又是分量特重特大的。1+1 不一定等于 2,可能等于 3 或更

---

① 德国《明镜》周刊,2006 年 9 月,第 35 期。

多,其原因就是软力量因素发酵所致。欧盟的实力绝非成员国实力简单之和。人们可以设想,如果没有欧洲一体化和欧盟,今天的欧洲和世界将会怎样? 这有和没有之间的巨大差异就是制度、规制、战略、秩序、模式和理念这些政治文化软力量所发挥作用所导致的。欧盟处理国际事务的理念原则是承认多元化、多样性,崇尚多边主义、非集权化、非霸权化,主张通过对话、谈判、协调和妥协的方式来解决国际争端,寻求和平和安全,这能起到武力所不能起到的作用。因此,欧盟作为世界经济多极化多中心中的一支强大力量,作为国际规制的主要创建者,作为探索创建国际关系民主化新秩序的积极推动者,作为人类某些社会基本价值观的引领者,正在当前国际体系的变革和转型中占据相当重要的地位,发挥其他国际行为体无法取代的重大作用。至少欧盟称得上是世界走向多极化的重要推动力量,在今后相当长一个时期里努力寻求建构一个合作性的力量趋于均衡的国际体系,对美国推行单边主义全球霸权是一个制约力量或扮演平衡者角色。进入 21 世纪以来欧盟的国际形象与美国相比形成越来越鲜明的反差,这无疑表明欧盟在国际体系变革转型中,在 21 世纪国际力量竞争格局基本定型的进程中,占据着不可替代的关键地位,可以发挥举足轻重的积极作用。

如果我们把思路视野更开阔一点,把国际形势发展看得更久远一点,那么战后半个多世纪欧盟实践体现出的一些积极精神和理念所拥有的价值就更值得研究思考了。美国著名学者杰里米·里夫金用"欧洲梦"概括和表达了他对欧洲人追求和实践其理想的理念和行为准则。他在对欧洲 20 多年深入调研和欧美比较研究的基础上撰写了富有哲理和前瞻性的专著《欧洲梦:21 世纪人类发展的新梦想》,书中讲述"略显陈旧的美国梦和新浮现的欧洲梦",他轻蔑物质,颂扬精神,认为"欧洲梦乃是一种创造崭新历史构架的努力",强调"羽翼初成的欧洲梦代表了人性对美好明天的最美好的渴望"。他把欧洲看作"探讨人类前景的最大实验室","呼唤我们进入包容性、多样性、生活质量、深度游戏、可持续发展、普遍人权、自然权利和全球和平的新纪元"。他在中文版的"致中国读者"中还预言,欧盟和中国携手交融将会开创

未来。① 里夫金这一超越时空的前沿研究对我们很有启示,使我们对欧洲崇尚的理念价值和实践经验加深认识,表明它是一份能供世人甚至后世共同分享的丰富的公共产品,它对于人类社会未来发展的历史大趋势将产生深远影响,预示在人类梦寐以求的崭新时代里欧洲将会作出率先和典范的贡献。

---

① 杰里米·里夫金.《欧洲梦:21世纪人类发展的新梦想》.重庆:重庆出版社.2006.
  1-14,271,343.

第二节

法国对欧洲联合的理论贡献

曹德明[*]

回顾欧洲历史,我们不难看到,"大欧罗巴"是欧洲人梦寐统一的理想,更是法国人希望在欧洲实现其大国霸权的梦想。早在中世纪时欧洲就孕育和形成带有政治意识的"欧洲"整体观念。战后启动的欧洲一体化进程正是法国人浪漫与雄心相结合的又一次具体实践。

一、法国早期的联合思想

欧洲联合和"欧洲观念"的形成是相辅相成的。作为一个整体概念,欧洲,或称"欧洲观念",出现于中世纪以后。在欧洲的文献中,"欧罗巴"一词的广义使用是在 13 世纪以后。"欧洲观念"最早形成于人们对欧洲大陆的认同意识,即对"欧罗巴"人的认同。"欧洲"概念来源于神话,神话中的"欧罗巴"少女,便成为生活在这片大陆上的人们对于传统根源的共同认识。欧洲历史文化传统可以见证"欧洲观念"的形成。欧洲人最早试图将整个欧洲,至少是欧洲的主要部分联合为一个整体,这一思想形成于 14 世纪。这一时期的欧洲,一方面面临文化上的融合,另一方面忍受国家间战争不断导致政治上的分裂。欧洲的思想家们开始思索实现欧洲和平的方式。法国在此领域作出了卓越的贡献。

1306 年,法国律师和外交家、法国国王腓力四世的法律顾问皮埃尔·杜布瓦（Pierre Dubois,约 1250—约 1320)建议,为了避免基督教国家间

---

[*]　上海外国语大学校长,法语系教授,留法博士,上海欧洲学会副会长。

的战争,欧洲各君主和城邦应组成一种邦联式的"基督教共和国",建立一个君主的常设大会。一旦国家间出现纠纷,应由一个由九名法官组成的法庭进行仲裁,并以教皇作为最终的上诉法院。但他的主张并没有引起人们的关注。15世纪法国国王亨利四世提出欧洲统一的设想。他主张建立一个拥有武装力量的总理事会,由欧洲15个国家君主委派的代表组成,对国家间关系进行仲裁。把欧洲重新组织成由法国领导的15个力量均等的国家的"宏伟计划"并没有得到邻国的响应,因为在这一理想主义色彩的主张中,亨利四世更多追求本国在欧洲的霸权。

公元5世纪到15世纪的中古欧洲同时具有两大特征:帝国的分裂和信仰的逐步统一。伴随着民族国家意识的增强,欧洲经历了各类宗教和世俗的战争,现代意义上民族国家的主权观念虽源于西方古希腊哲学家亚里士多德,但最早提出主权理论是当时法国最伟大的自然法学家、早期资产阶级思想家让·布丹(Jean Bodin,1530—1596),他于1576年发表的《国家论》(六卷)中首次提出"主权"这一法学概念。他根据当时法国"君主—主权—国家"三位一体的社会现状,认为主权即是君主对内"不受法律限制、对公民和臣民的最高权力"。主权是国家的最高权力,是永恒的、不能转让的,且不受国家的法律约束,而只受神法、自然法及万国法的约束。他的学说具有较强的国家主义倾向,他的理念至今对法国的外交仍具有重要影响。让·布丹最大的贡献是第一次确立"国家"与"主权"两者之间的联系,把主权视为国家最为本质的东西。17世纪,法国国王路易十六的大臣、"现代国家制度之父"黎塞留(Jean Armand du Plessis de Richelieu,1585—1642)提出了著名的"国家利益至上"观念,它取代了中世纪的道德观,成为法国国家政策的指导原则。黎塞留曾说过:"就国事而言,有权力者才有权利,弱者只能勉强顺应强者之意见。"①在摒弃了中世纪宗教和道德原则的束缚后,黎塞留使法国发展成为欧洲大陆最强大的国家,因此这一起初并不被普遍接受的国际政治原则逐渐深入其他国家之中,成为法国的对手争相模仿的强国之策。最终在欧洲,"国家至上观"取代了

---

① 亨利·基辛格.《大外交》.海口:海南出版社.2002.72.

"中世纪世界道德观","权力均衡观"取代了"大一统观"。

二、欧洲一体化理论的精神之父——圣－皮埃尔和卢梭

16 世纪开始,欧洲缓慢地经历着民族国家形成过程,与此相伴的是教会力量的削弱和政治世俗化的进程。分析欧洲人对一体化的夙愿,政治和安全一直是他们的主要动因。中世纪之前,基督教永久和平精神是欧洲的核心价值,进入 17、18 世纪,欧洲在联合与一体化方面出现了许多主张、思潮、流派和运动。欧洲开始探讨欧洲联合、联盟和联邦一类问题。

欧洲一体化理论的精神鼻祖可以说是法国思想家圣－皮埃尔(Charles Irénée Castel de Saint-Pierre, 1658—1743)。在 1713 年,圣－皮埃尔在其《争取欧洲永久和平方案》[①]中最早提出了建立欧洲联邦的思想,由此开启了回归古典欧洲大一统的政治思潮。圣－皮埃尔是法兰西学院院士、修道院院长。他生活在欧洲民族国家形成之际,他的欧洲观念和欧洲联合思想酝酿产生于欧洲的战争与分裂过程中。在他的著作发表之前不久,欧洲发生了四次大的国际战争,即三十年战争、西班牙王位继承战争、北方战争和奥地利王位继承战争。这些战争给欧洲人民带来了巨大的创伤和深重的苦难。圣－皮埃尔的欧洲联合和避免战争的思想集中体现在他于 1713 年写成的《给欧洲以永恒和平的回忆录》[②]一书中。该书共三卷,前两卷的题目是"给欧洲以永恒和平的方案",第三卷的题目是"在基督教国家君主间建立永恒和平的方案"。其主要观点主要体现在以下几个方面:(1)建立一个欧洲邦联政府是实现永恒和平的必由之路;(2)建立"欧洲邦联"的具体方案,即提出了建立"欧洲邦联"的五条通则;(3)欧洲邦联各成员国须保持实力的均衡和依靠日耳曼集团的作用。

圣－皮埃尔的欧洲联合思想对法国思想家让·雅克·卢梭(Jean-

---

① Saint-Pierre. *Projet pour rendre la paix perpétuelle en Europe*. Librairie Thomas-Scheler. 1713.

② Saint-Pierre. *Mémoires pour rendre la paix perpétuelle en Europe*. 1713.

Jacques Rousseau,1712—1778)有着很大影响,卢梭在继承了圣-皮埃尔的欧洲联合思想的基础上,对其作了批判和补充。他对圣-皮埃尔的著作作了详细的节录和研读,并写出了《永恒和平方案的评判》一文。让·雅克·卢梭的这部代表作后来又深刻地影响了德国哲学家、思想家康德,并至今指导着欧洲人走一体化道路的方向和行动。

在16世纪,法国政治家苏利(Maximilien de Béthune Sully,1560—1641)曾主张,按照古希腊的城邦国家模式建立一个安菲托里克联盟,通过欧洲国家间的合作,实现欧洲的和平。17世纪的圣-皮埃尔认为,欧洲社会的自然状态,将使欧洲统治者最终认识到,不是战争而是联合,才是保证它们利益的最佳选择。18世纪的康德和卢梭则从社会契约论出发,主张国家起源如同个人契约一样,欧洲各民族国家也可以通过订立一个社会契约,建立一个欧洲国家联邦体。如果欧洲国家联邦建立了,欧洲的和平就有了保障。17、18世纪后,随着资本主义革命的兴起和启蒙思想的广泛传播,国家主权理论逐步从针对神权转向针对封建王权,这一阶段对主权理论作出重要贡献的,除了英国的洛克外,就是法国伟大的思想家卢梭。卢梭的思想在实践中影响了法国大革命,在理论上对康德的伦理观乃至哲学体系产生了重大影响。①

三、近现代法国对一体化的贡献

欧洲启蒙运动倡导的世俗文化和法国大革命精神是法国对西方文明所作的巨大贡献。法国大革命的爆发有其历史必然性。从法国内部因素来看,法国大革命之前,欧洲国与国之间的事务由各国君主自行商量决定。针对这种状况,法国启蒙思想家认为,君主之间的关系并不能代表民族之间的关系。法国大革命之后,"普遍和平和正义原则"被宣布为法国对外政策的根本原则。至此,"民族国家"这个概念已经成为了欧洲一个非常重要的实体。至此,西欧资产阶级是以国家的名义分享或获得全部

---

① 王觉非.《欧洲历史大辞典》(上).上海:上海辞书出版社.2007.792.

权利的。这改变了 18 世纪末以前将国家与国王、国王与领土混为一谈的概念。民族主义在法国大革命和拿破仑时期得到最大的促进。

从外部因素来看,法国大革命所推崇的"自由、平等、博爱"思想以及革命中迸发出的民族主义思潮显然与当时的欧洲君主共同体观念支配下的列强的互不毁灭、互不干涉的观念格格不入。于是,武装干涉法国大革命成果的行动接踵而至。法国大革命之后的拿破仑战争,是法国人力图以武力实现欧洲统一的尝试。拿破仑战争是欧洲历史上第一次用武力统一欧洲但以失败告终的典型案例。从其思想观念来看,青年拿破仑受到法国大革命的洗礼,接受了启蒙思想家卢梭的"人民主权"、"社会契约"的思想。他深信,"人们尽可以在力量上与智慧上不平等,但由于约定并且根据权利,他们却是平等的"①。争取平等的思想是拿破仑早期活动的观念核心。在他执政期间,他又按自己的方式发展了平等思想,并把它发展为较完整的政治体系。伴随着武力征服,法国大革命的思想也借助于战争的方式传播到欧洲各个角落。

19 世纪中后期是欧洲联合、统一运动第一次广泛开展的时期。其主要原因是欧洲资本主义的迅速发展和国家间经济联系的不断密切。在这一时期,"欧洲观念"在欧洲大陆广泛传播。第一次世界大战的爆发对欧洲产生了极其深远的影响。一战后,欧洲四分五裂,政治、经济上都开始走向衰落,这激发了一些有识之士再次思考并反思欧洲联合和欧洲统一运动的发展。1932 年,当时的法国外长阿里斯蒂德－白里安(Aristide Briand, 1862—1932)的创意由法国政府提交国联。自此,20 世纪上半叶泛欧主义思潮的弥漫伴随着世界大战和经济危机带给人们的反思,使欧洲联合的思想得到进一步发展。法国一些知识分子和实业界人士在讨论如何在一战后通过欧洲联合方式来彻底根除战争的隐患时,就提出过一些方案,如法国学者库尔尼埃就主张通过建立经济组织,以关税同盟作为经济联盟的基础的方式来解决欧洲的问题。时任法国总理赫里欧(Edouart Herriot, 1872—1957)在 1924 年一次关于欧洲安全问题的讲话中指出,如果可能,我们要创

---

① 卢梭.《社会契约论》.北京:商务印书馆.1963.30.

造一个欧洲合众国。白里安于次年起草并主持了旨在避免边界冲突的《洛迦诺公约》，英、法、德、意、比五国都在公约上签字。白里安也是法德合作和"欧洲联邦"计划的最热心支持者之一。他从 20 世纪 20 年代初就一直"主张法国和德国和解"①。白里安计划是欧洲历史上第一个由国家政府提出关于建立联盟关系的计划。当时，英、德、意出于自身利益的考虑拒绝了这一设想。白里安于 1929 年在国联大会上提出的《关于建立欧洲联邦同盟的备忘录》在第二次世界大战后，为欧洲煤钢共同体的成立起到了一定的借鉴作用。1929 年，白里安担任了"泛欧洲联盟"主席，欧洲各国政要首次在日内瓦讨论建立欧洲联盟的可行性。东欧各国如波兰、捷克等发起成立"中东欧联邦"。没想到不久后欧洲又卷入了互相残杀的第二次世界大战，战时各国抵抗运动的政治家如戴高乐、丘吉尔等，竭力呼吁战后的欧洲必须建立欧洲联邦，才能永久消除战争。第二次世界大战血的教训，是促成欧洲走向统一的直接导因。

四、和平统一欧洲的经典案例：欧洲一体化

二战后，出于将德国与欧洲的安全捆绑起来的想法，欧洲联合的早期理念被付诸实践。1951 年成立的欧洲煤钢联营共同体便是这一实践的最初产物。作为大欧洲的最初倡导者和发起者，法国在半个多世纪以来的欧洲一体化进程中扮演了至关重要的领导角色。

1. 让·莫内和罗贝尔·舒曼

在战后欧洲的废墟之上，以法国为首的西欧国家希望建立一个可以将欧洲各国纳入其发展轨道的联盟。被誉为"欧洲之父"的让·莫内（Jean Monet，1888—1979）是此方案的核心人物。让·莫内系法国籍欧洲著名政治家，欧洲联合的积极创立者和早期领导人之一。1950 年让·莫内向当时的法国外长罗贝尔·舒曼（Robert Schuman，1886—1963）提

---

① 让－巴蒂斯特·迪罗塞尔.《外交史》.上海：上海译文出版社.1992.93.

交了一份计划,创造性地提出将法德两国的煤钢生产置于一个超国家机构的管理之下,并对西欧其他国家开放。① 让·莫内的计划对法国而言无疑是一个值得考虑的措施,因为德国在军事上凡有所动作势必反映在煤钢的产量中,这样"两国中的任何一国都能察觉到重整军备的初步迹象,这将对法国起到极大的安定人心的效果"②。

时任法国经济计划委员会主席的让·莫内在法国战后经济恢复中立下汗马功劳,他的"莫内计划"使法国经济明显提高。他的经济思想的核心就是通过合作来谋取发展。在欧洲问题上,他确信,有效的经济计划不能由单一的国家来制定,而必须依赖于国与国之间的合作,建立一个超越国家的机构,从而可以得到更广泛的调配权力。但要实现这样的超国界合作,就必须首先要求参与的国家将一部分国家主权移让给这个共同体。他看到,在欧洲各国关系中,法、德的积怨最深,当下双方最大的经济矛盾就是争夺鲁尔区和萨尔区的煤和钢。煤是工业生产原料,钢是军事工业基础,只有通过两国联合经营煤矿业和钢铁业,取消这两大领域的关税和运输障碍等,才能保障法国的原料供给,又能控制德国的工业与军事,还不违背欧洲统一的总方向。1950 年 4 月,他将建立德法煤钢联营的计划递交给法国总理,结果被搁置,因为战后法国的对德基本政策就是全力压制德国的经济和军事发展,主动与德国合作开发与联合经营的建议显然不合时宜。1950 年 4 月 16 日,莫内等人只能将历经 9 次修改之后的方案转交给法国外交部长舒曼,却得到了舒曼的热情支持。5 月 9 日,舒曼正式公布了这份史称"舒曼计划"的文件。舒曼曾就读于波恩、慕尼黑和柏林大学,第一次世界大战时还参加了德国军队,二战中才刚刚加入法国籍。所以他非常希望能在他手上结束法德之间的宿怨,而现在的方案正找到了具体途径。此方案很快在法国内阁通过,舒曼向国际社会宣布"舒曼计划"在当时成了一条爆炸性新闻。"舒曼计划"成为德法和解和欧洲联合的一个里程碑。1950 年 6 月 20 日,法、德、意、荷、比、卢六国发表联

---

① 　让·莫内.《欧洲之父——让·莫内回忆录》.成都:成都出版社.1992.
② 　阿登纳.《阿登纳回忆录》第 1 卷.上海:上海人民出版社.1994.375.

合公报,表示愿意成立六国共同管理、共同开发和共同经营的欧洲煤钢联营集团。1951 年 4 月 18 日,在巴黎外交部签署了有效期为 50 年的《欧洲煤钢联营集团条约》。这就成为欧洲、也是世界上第一个六国共同移让煤钢领域的国家主权、建立超国界机构的和约,即各国政府从此不能再直接干涉本国的钢铁业与煤矿业。1952 年 8 月,按照"舒曼计划"成立的超国家权力机构——高级机构诞生,莫内出任第一届高级机构的主席。在他的努力下,欧洲原子能共同体和经济共同体先后建立起来,它们与煤钢共同体合称"欧洲共同体"。还设立了专门法院,以仲裁其间产生的矛盾,首创了超国界的法庭仲裁,这就是今日欧洲法院的前身。

2. 戴高乐和戴高乐主义

1958 年,戴高乐创建了法兰西第五共和国。他调整了第四共和国时期法国历届政府在外交上追随美国的做法,奉行抗美独立的外交政策:反对美国控制西欧,注重西欧联合;反对美国把法国变成北约在欧洲的工具,谋求军事上的自主权;反对美国在西方的核垄断,发展独立核力量;反对美国的冷战政策,推行普遍的缓和政策。其结果是大大增强了法国的独立性,动摇了美国在西方的霸主地位。他为法国制定的外交思想和原则离不开法国当时所处的背景。

第二次世界大战使法国丧失了欧洲大国的地位,美国成了统治全球,特别是独霸欧洲的真正盟主,西欧许多国家都在紧紧地追随着美国。但是拥有大国之梦的戴高乐将军却极力为恢复法国的大国地位而不懈奋斗。他曾提出著名的"第三势力"构想,坚决捍卫法国的独立外交路线。从二战到战后,特别是执政期间,他不断探索和实践维护法国大国利益的独立外交思想和原则,成功地制定了能够提升法国大国地位和影响的外交政策与策略,对法国今后外交政策的发展产生了积极、重要的影响。

作为美苏霸权的坚决反对者,戴高乐把批判两极体系作为其外交政策的重要组成部分,认为美苏超级大国间的军备竞赛和军事对抗是以牺牲欧洲乃至世界其他国家利益为代价的不负责任的行为,而且由于美苏冷战而直接导致的欧洲分裂阻碍了欧洲国家长期以来基于地缘条件的相互往来与合作。戴高乐认为两极体系是不稳定的,希望以战前欧洲的多极格局取而代之,在他看来后者至少较前者更为稳定一些:它首先可以保证两个超级大国在欧洲的卫星国们获得更大的独立自主权利,从而使之在多极均势中发挥其权重作用。正是出于这些考虑,为更好地引导联合国在国际事务中的作用,法国以安理会五个常任理事国之一的身份积极参与国际事务,平衡两极力量。由此,在西方阵营中,特别是在处理大西洋两岸关系时,形成了一定程度上的三头政治局面。

如果说戴高乐仅仅是想打破两个超级大国的霸权,这还不是其根本目的。对于他而言,真正重要的是法国的地位和角色。戴高乐希望法国能重新成为欧洲的一流强国,找回昔日大国的尊严,并以促进世界和平与民族独立的推动者自居。在法国与欧洲的关系上,戴高乐关于欧洲联合的构想具有三层含义:多国家的欧洲联合、法国领导下的独立欧洲以及建立从大西洋到乌拉尔的大欧洲。戴高乐的"欧洲观念"是戴高乐为法国制定的对外政策思想和实践的重要组成部分,也就是戴高乐主义的核心内容,并至今对法国的欧洲政策仍具有指导意义。陈乐民先生指出,若非戴高乐扛起自由法国的战旗并使法国跻身大国俱乐部,今天的法国恐怕不存在了。[①] 因此,无论是"民族国家的欧洲"、"欧洲人的欧洲"或是"从大西洋到乌拉尔的欧洲",法国始终是戴高乐在关于欧洲秩序的所有构想中需要考虑的首要因素。出于以上考虑,戴高乐从 40 年代后期开始便致力于构建一个"大欧洲",这一概念基于欧洲分裂的现实,赋予法国以全欧洲代言人的角色。戴高乐认为建设一个联合的欧洲首先需要法德两国的密切合作,并为此奔走,终于 1963 年与当时的德国总理阿登纳签署了《爱丽舍宫条约》,标志着两国关系正式和解。从这个角度看,法德轴心理所当然地成为现实中西欧共同体的发动机。

戴高乐的核心思想已发展成具有法国特色的戴高乐主义,其基本点有两个:首先,法国是具有世界性影响的大国;其次,法国外交的独立自主神圣不可侵犯。法国外交从 60 年代以来一直以戴高乐主义为准线和指

---

① 周荣耀.《戴高乐评传》.北京:东方出版社.1994.2.

导思想,强调法国的大国定位,无论是蓬皮杜、德斯坦或是密特朗的关于大国权力的表述,还是希拉克的关于释放法国政治影响力以取代强权的说法,都遵循着戴高乐主义的格调:"法国如果不伟大,就不成其为法国"①。的确,这样的战略定位为法国在冷战期间保持独立自主捍卫国家利益提供了指导,同时对于冷战后国际新秩序的建构提供了参考。戴高乐之后,戴高乐主义的首位继承人是蓬皮杜。蓬皮杜在继承戴高乐主义的过程中,执行的是"紧缩的戴高乐主义"。虽然密特朗 1981 年竞选总统时曾宣称,将以法国式社会主义取代戴高乐主义。但在执政以后,密特朗又公开说自己"继承了戴高乐将军的政策"。在密特朗 14 年总统执政生涯中,他虽然时时不忘法国式社会主义,但终究没有脱离戴高乐主义的轨道。戴高乐主义的精神实质,是为法国制定的"维护民族独立和国家主权、争取恢复法国大国地位"的对外战略。密特朗追求的仍然是法国的"世界作用"和"全球责任",这与戴高乐没有多大区别。

人们将希拉克的外交称为"新戴高乐主义"。希拉克代表了在关于建立国际政治经济新秩序过程中的另一种声音,它对一心奉行单边主义,试图在 21 世纪构建一个唯我独尊的"新帝国"的美国霸权主义,是一种有力的制衡。在这方面,希拉克作出了很大贡献:1995 年西方七国峰会上,他首先提出了在全球化进程中关注"人性化"的表述,四年后的欧盟理事会科隆会议上,七国在保留不同实现方式的前提下一致认可了这一观念。人性化发展是法国政府在国际新秩序构想中着重强调的概念,在经济全球化的进程中,人性化自然包括了对人类发展的普遍关怀和对贫困国家发展的援助,它旨在防止出现个别个体和区域被排斥在全球发展之外,以及由此给世界和平带来的不稳定因素。由此,"新戴高乐主义"站在一个全球战略的高度,将以往法国在欧洲的绝对优势相对化处理;而面对全球化浪潮时则努力推广自身理念,将以往借助冷战体系而具有相对国际优势的法国逐步推向谋求全球化发展过程中的主导理念的角色。

---

① 夏尔·戴高乐.《战争回忆录》第 1 卷.北京:中国人民大学出版社.2005.1.

五、结　束　语

随着来自俄罗斯安全威胁的弱化,欧洲独立意识有所抬头。围绕着欧洲主导权问题,在欧盟内部又出现了大西洋主义和戴高乐主义之争。这实质是美欧矛盾在欧盟内部的延伸:即以美国为主导的欧洲,还是欧洲人的欧洲? 特别是随着中东欧国家加入欧盟后,大西洋主义和戴高乐主义之争更为激烈。中东欧国家的入盟,成为美国实现在欧洲,甚至全球战略目标主要借重的力量,并以此对坚持独立自主外交的法国和德国进行牵制,以加强美国对欧洲一体化进程的控制。同时,对外可以加大对俄罗斯的防范力度。至此,建立独立于美国的欧洲更需要法国式的独立外交,即以戴高乐主义抗衡大西洋主义。

第三节

欧盟多层体系中的治理转变

贝纳特·科勒－科赫（Beate Kohler-Koch）*

一、治　理

本节的核心是讨论两个问题：(1)在没有政府的情况下，如何在一个政治体系中进行治理？(2)由于介入到欧盟当中，各成员国治理的方式是否会发生变化？我们的目的是把握欧盟治理的典型特征并尽可能准确的评估其转变的方向和规模。只有用充分的理由表达出治理依赖于哪些变化以及怎样把这些变化归纳起来，我们的描述和所作的预测才是有说服力的。因此，我们用较多的篇幅来解释分析的方法。

显然，不应当把治理简单地等同于政府所做的事情。如果治理只是一种"国家的行为"，那么我们就既不能在国际关系中，也不能在欧盟中谈论治理。但即使在这里也存在着导致共同行动的集体意愿形成过程。这两种情况都是把那些自我确定的行为者的意愿按照有意选择的目标集中起来，使这种集体意愿通过决策或协调而具有约束力。"治理的本质特征就是有意识地确定并努力实现一个政治目标，并确保行为者的行为是在朝这个方向努力"。

这个过程如何进行，取决于参加的行为者、议事日程上的主题，特别是取决于实施这一进程的各种制度。基于方法上的原因，最好是把注意

* 德国权威性政治学家之一，德国曼海姆大学、曼海姆欧洲社会研究中心教授、博士。此节选自《欧洲一体化与欧盟治理》（中国社会科学出版社 2007 年第 2 版）第 10 章。此文的选用得到作者本人同意，并经作者努力获德国出版社和中方协作出版单位的同意。在此向作者本人和译者的支持表示衷心的感谢。

力集中到制度的差异上,因为行为者偏好在欧盟层面上由主题所产生的冲突格局与国家层面上的冲突格局不能系统地区分开。制度组织起集体的意愿,规定如何对行动资源进行分配,确定原则、规范和规则,以便依照它们合法地行动。这些原则和规范都是由各国宪法以及欧盟和欧共体的条约规定下来。宪法的真实性不仅是由宪法条文,而且是由其政治实践所确立的。一种制度性分析不会处于利益和权力冲突之中。这些冲突是由对政治的含义和集体行为的合法性等各种相互并行的观念或社会共同的观念所引导的。

基于以上的这些考虑,可以提出并验证以下三个论点:(1)在欧盟,由于其独特的制度特性和社会结构条件,产生了一种特殊的治理方式,我们可以称之为"在网络中治理";(2)欧盟的治理方式与各成员国主要的治理方式的兼容程度是各不相同的,这就产生了相应的摩擦损耗,形成了适应性压力,同时也给创新提供了机会;(3)欧盟的这种治理模式,即"在网络中治理",正在向各个成员国扩展,当然,这种扩展不是无限度的。

二、在网络中治理①

对欧盟政治体系的描述,包括其复杂的组织结构和形形色色的行为者介入到决策过程当中,会清楚地显现出这样一个特点:欧盟是一个完美的协商谈判体系。从结构角度来看,它始终是一个国家的联合体,这些国家紧密联系在一起,承担共同行为的义务,但是其运作不是通过等级式结构,而是通过关心其自主权的各成员国的协调来实现的。欧盟各个机构只是从书面上看有顺序安排,在实际当中,最主要的是部长、董事长和欧盟委员会相互配合,它贯穿于欧盟委员会提出最初的考虑建议,到最后实施部长理事会所做出的决定的全过程。现在,鉴于共同决策程序,欧洲议会也加入到这个协商谈判体系当中。如果对某一问题有重大的意见分

---

① Kohler-Koch B. *Catching up with Change: The Transformation of Governance in the Union*. Journal of European Public Policy. 1996. 3 (3): 359 – 380.

歧,协商过程最后便由调解委员会出面。如果这种分歧在欧洲议会和部长理事会之间继续存在,那么只有通过在小范围内谈判协商才能挽救这一立法程序。这种机制使相互之间的利益平衡在决策过程的初期就得到了加强。

在实际中,欧盟的谈判协调体系要比上述各机构之间的关系所涉及的范围还广泛得多,所有的决策都是由大大小小许多委员会事先进行商议。① 现在,各成员国的官僚机构已经深深加入到这个跨国的互动过程中,韦塞尔斯称之为"国家之间管理的缰绳",说在此看到了"国家变迁的信号"②。在这之前或与此同时,在国家层面上所进行的谈判协商是政府各部之间的协调,或者是与社会上有影响力的行为者进行协调。无论是在国家层面还是在欧盟层面上,各个利益集团都可以自愿加入到谈判协商中来。他们作为对话伙伴也是受欢迎的,因为他们对各国政府和共同体机构的利益也是有帮助的。他们提供专家建议和是否接受的信息,由于他们的参与,决策的实施才得以顺利进行。最后,欧盟委员会还有其自身的机构利益,其地位要通过与社会利益集团的代表相联合才能得到加强。

连续的和往往是多年的合作会形成各领域的"政策共同体",在对某个新问题开始进行协商或试图找出一揽子解决方法时,有时便围绕一些主题形成跨越不同谈判网络的这类共同体。欧盟作为一个多层面和多舞台体系的特殊结构,它不是通过权威机构的表决来进行控制,而是通过一种十分艰难的共识管理。

这种互动的结构来源于一种功能上的逻辑,也基于行为者的利益考虑。同时,行为者的规范性取向也是一个附加因素。实证研究已经证明,人们对两个主要原则已产生广泛的共识:(1)决策应该立足与取得共识,多数通过原则虽然有用,因为采用表决行为威慑会迫使人们超越

---

① Werner Weidenfeld. *Europa von A-Z*. Bonn: Taschenbuch der europäischen Integration. 2000.16.
② 同上. 17.

于局部利益之上进行谈判协商,不过应该尽量避免采用表决的方式;
(2)欧盟的治理需要合法性:部长董事会和欧洲议会现有的代表机制是
不够的,需要通过其他的因素来加以补充,如专家负责制、制度化的磋
商和功能性利益代表制。这些因素从一开始就已经纳入共同体的政治
体系当中,其合法性地位在共同体的讨论中已经成为共同财富。[①] 在欧
盟委员会发表的《欧盟的治理》白皮书中,认真总结了这些观点,指出:
"良好治理"应该少用从上到下的方法,而应该更加"兼收并蓄",即广泛
地使"公民社会"和地方及地区利益的代表参加进来;总的来说,需要建
立一种强有力的磋商和对话文化。这还意味着,欧洲的大量网络应该更
好地被共同体加以利用。

由此可以得出这样的结论:组织结构、实践及合法性观点都论证
了这样一个体系,这个体系试图通过谈判协商的途径让行为者全面介
入,以使参与者的利益达到最优。这个体系引人注目的表现形式就是
"在网络中治理"。

三、治理的类型

初始的命题是:欧盟中独特的治理方式在于它延伸到了其成员国,
这是因为治理的不同而对国家层面上产生了适应性压力。为了能够对
治理发生变化可能的起始点、转变的方向和规模做出评估,必须首先对
欧盟的治理类型和各个民族国家的治理类型进行比较。可以有不同的
方法进行比较。一种方法是对全部 15 个成员国进行仔细的结构分析,
并用个案研究加以补充,由此可以展现出具体的适应和转变过程。我们
这里则选择另一种方法。基于理论上的思考,我们提出了一种类型学,
把有根本不同的特征抽象地归纳出来。各成员国的体系会被归到不同
类型里。这种演绎方法首先要面对两个问题:(1)这样一种对特征的区
分有哪些构成性要素?(2)如果将这些不同的要素结合起来,会产生哪

---

① Hallstein W. *Die Europäische Gemeinschaft*. 5. Auflage. Düsseldorf. 1979.

些不同类型的治理？

比较政治学提供了一种对体系类型的系统分类,这对于第一步分析是有用的,但是对于进一步的分析研究就不够了。第一种区分是依据政权是否以及如何与被统治者相连的,由此可以产生代议制民主这种类型。第二种常见的区分是区分议会制和总统制,对此我们不做进一步探讨,因为它的区分标准,即一个国家内部的行政权和立法权之间的关系,与我们研究的问题无关。

我们需要找到一个更为普通的区分标准。作为我们类型的第一个因素,我们会问,一个社会是如何组织它的集体意愿形成。通过回答这个问题可以找到所需要的区分标准。由这个可追溯到李帕特(Lijphart)所提出的基本思想,那就是对“多数决定型民主”和“协商一致型民主”的区分。如果将民主定义为政权来自民众并服务于民众,那么我们还必须回答这样一个问题,那就是,由谁来代表谁的利益进行治理。如果只是由多数人进行治理,那么少数人的利益就会受到损害。而尽可能让所有人都参政的尝试则可能导致少数人阻碍多数人谋求其利益。多数决定原则的治理方式注重决策的效率。在这种情况下,政府会按照“最低取胜同盟”原则组建,因为在政府和议会中所需考虑的盟友越少,就越能尽快形成妥协。与之相反,协商一致原则下的治理方式强调尽可能使所有社会群体都参与到意愿形成当中,并且尽量保证意愿形成的过程经常反馈到被治理的民众那里。这种治理方式主张决策应由谈判磋商形成,而不是由表决产生,治理的目的不是尽可能无阻碍地实现多数人的利益,而是要顾及少数人的利益。重要的不是迅速高效地做出决策,而是要保证决策的有效性。因此,通过积极参与做出妥协会提高决策的适用度并更好地贯彻实施政治决策。

这两个原则的意义在哪里呢？我们的出发点和李帕特一样,假设这两个原则不是随意运用的,而是依赖于社会的结构而定。一个社会越是单一,被统治者就越能接受多数决定原则的治理方式,尤其是如果社会冲突的结构和获取权利的方式达到这样的程度,使在野党在一夜之间便可以成为政府的多数。竞争决定着政治气候,但多亏社会有基本的共识,使竞争不至于带来社会的分裂。相反,如果一个社会依不同语言、不同宗教等不同的认同意识而分为几个阵营,那么就始终存在发生政治分裂的危险。一个只由多数派支持的政权会认为是一种不自主的状态。因此,关键是要达到体系中的和谐一致;成立多党联合政府、少数派拥有否决权、按照比例分配行政职务和建立以达成共识为取向的协商文化,这些都是协商一致型民主的主要特征。

结构上的背景条件并不必然导致对宪政做出政治决策。这里,我们主要依据雷姆布鲁赫(Lehmbruch)的假说,即认为政治体系是由精英们建立起来的,尽管他们是从功能的观点出发进行决策,但同时也受历史经验和宪政观念的影响。为了理解一个国家的政治秩序,需要"重建支持其制度化的意义和解释"。

宪政的观念是区分体系类型的第二种因素,它们恰恰不是仅限于考虑一个政治社会是如何组织其集体行动能力的,而是还反思有关"政治的含义"或什么是"典范的"政治秩序这些基本的观点。从理想类型的角度看,可以区开两种理念:一种理念是把政治的含义视为让个人最大限度地自我发展并促进个人的福祉;另一种理念则是追求组成为政治联合体的全社会的福祉。这里所说的公共福祉并不是简单指个人利益的总和或某种多元利益竞争的结果,而主要是指共同体的福祉和以基本价值观为取向。

宪政的观念是在重大历史变革的过程中形成的,并且是在长期的宪政历史中发展起来的。这些观念已经写入宪法条文,并且体现在关于政治的含义及合法性的社会观念当中。宪政观念作为规范框架和主导思想是长期延续和十分稳固的,即它排斥变革,任何变化都是渐进的,并且是沿着已有的轨道。

组织原则的宪政观念是区分政治体系的两个构成性要素。如果将两者以不同方式组合起来,就可以得出四种不同体系类型的治理方式。

表1：体系类型的区分

		组织原则	
		多数决定原则	协商一致原则
宪政观念	公共福祉	国家主义	和谐主义
	个人利益	多元主义	交织主义

这种抽象的分类需要用一些具体的例子进行说明，为了简单易懂它们可能有些夸大其词。

"国家主义"：法国常常被贴上"国家主义"的标签。它在传统上自认为是"国家民族"，国家的任务是维护认同意识并实现国家的利益。一个强大和独立的行政体系为实现这些目的而服务。政府的合法性通过体现在选举中的多数人的意愿而得到确认。法国的政治体系对于组织利益集团并不陌生，不过"院外游说活动"始终有某种非法的味道。

"多元主义"：美国最为典型。美国社会的极为多样性决定了政治要尽可能少地限制公民的自由。利益集团的组织和表达是美国政治的基础。谁最终在多元化的竞争中取胜，也就是说谁能获得多数，谁就可以实现其目标。

"和谐主义"：瑞士是和谐体系的典范。从多方面特征来看，瑞士是一个分裂为许多小团体却能达成统一宪政的社会。各团体对其自主权的需求通过政治上的分权、奇妙的政党比例和扩大少数民族权益而得到满足。多党联合政府被制度化，从而削弱了党派之间的竞争。社会行为者在各个层面上都参与到意愿形成的过程中，因此可以说，经济政策和社会政策方面的一切决策实际上都是在协商一致的基础上产生的。

"交织主义"：我们把欧盟政治体系当作"交织主义"的实例。欧盟的社会结构要比单个成员国复杂得多。此外，各成员国都有根深蒂固的认同意识，因此顽固地坚持考虑其各自的特性①。这符合欧盟顺应成员国的

---

① 同时也要注意，许多国家中相似的利益集团已经愈来愈多地建立起跨国的联系网络。

利益要求和对政治做出功利主义的理解。在欧盟中,多元主义原则像在美国一样得到认可,但是与美国的不同之处在于,欧盟的运作不是靠多数决定原则,而是靠协商谈判体系。在这一点上,它与瑞士的和谐主义体系极为相似。

如果欧盟"进入到"成员国中去行使治理,只要各种治理的原则不能彼此相容,就注定会出现矛盾。维文·施密特(Vivien Schmidt)在她的实证研究论著中深入探讨了各种政治体系的相容性及不相容性。她所区分的类型部分地与我们的相似,只是她的划分更为精细,因为她在探讨国家与社会关系时,分别就政策的指定和政策的实施这两个不同阶段讨论了两者的关系。她把欧盟的体系称为准多元主义体系,这点与美国相近,只是对有组织利益集团仍然不够开放。她形容其决策文化是合作式的和技术官僚型的。在欧盟范围内,她认为法国、英国和意大利属于国家主义型,其特点是只是有条件地对有组织的利益集团开放,政治竞争着眼于冲突的产生,决策是出于政治角度从上而下形成的。相反,她把德意志联邦共和国归为合作类型,认为那些重要的利益集团拥有制定政策的特权,决策主要是在达成共识的基础上产生的,与其他国家相比较,决策不那么政治化,并且很少是在官僚等级的最高层做出的。如果说是在欧盟层面而不是在民族国家层面上实行政治调节,那么经验研究的结果就会得出这样的结论,即合作式的联邦德国体系比法国、英国和意大利的那种国家主义类型发生的摩擦要少。要保持政治与社会之间互不干扰的关系以及利益集团的效率,起决定作用的是提高社会行为者组织介入政治体系的能力,合作式的决策文化以及在联邦体系中始终具备的灵活性。在法国这样的国家,在政策制定阶段很少对其利益集团开放,只好在法律规定实施的过程中通过给予更大的灵活变通而予以补偿,或者是行政当局给予广泛的裁量空间,或者是允许出现很多例外情况。如果欧共体的有关法律规章不允许这类灵活变通,就会使社会行为者遇到难以容忍的情况,政府在指定政策的过程中也不听取其意见,使他们只能对政治进程的结果全盘接受。这样一来就会出现一种相互矛盾的结果,因为利

益集团不仅已经在欧盟层面上成功地组织起来,而且比起德国,那些摩擦损耗会产生更大的政治创新动力。

四、欧洲化带来的转变

从制度的变迁和治理的转变中可以看出哪些是有普通意义的推论呢? 一个假设命题是,欧盟进入到成员国的政治体系会导致治理方式的转变,尽管这种转变会依各国体系类型不同而有不同的结果,但是又会朝交织主义的方向发展。检验这个假设可以通过研究尽可能多的实证案例,看看到底发生了哪些变化,确认上面所说的那些因素是否对此起到了决定性的作用。在进行这种比较性研究中,所涉及的政策领域和民族国家越多,其结果就越佳。用这种方法所写出的《欧盟中治理的转变》一书对此已经先行一步。

案例分析这种研究方法的优点在于,它能够展现整个适应过程以及特殊条件和各种效果之间关联的全貌。它的局限性则是在进行比较研究时只能涉及少数的国家和案例,各个案例研究的结果也不能简单地砌在一起,因为它们所提出的问题、理论思考的出发点和方法是不可比的①。如果想要进行系统化的比较,那么要研究像欧盟这样一个包括 15 个成员国的复杂对象,就必须采取统一数据和进行评估的方法,例如可以采取问卷调查的方法。案例分析则能够进行广泛的观察和反复提问,甚至在研究过程中可以提出新的假设,而问卷调查只能得出有选择的回答,即局限于回答所提出的问题,因此,必须从一开始就对各种结果之间可能产生的关联提出假设。换句话说,在假设中不仅是要考虑到与体系类型有关的发生治理转变的可能,而且还要考虑到推动转变的机制。本节接下来首先对分析概念加以区别,然后再介绍在此基础上所进行的实证研究的

---

① Beate Kohler-Koch B. & Eising R. *The Transformation of Governance in the European Union*. London. 1999.

文化视角下的欧盟研究

结果①。

要得到比较分析所需要的数据,就必须对治理的发展所引起的制度变迁提出假设。第一个假设是,各种制度中不同的要素对于外部所引起的变化的开放度是不同的。第二个假设是,外部影响的形式不仅是多种多样的,而且与此相关所发生的变化也是多种多样的。思考的出发点是,用政治过程的组织形式和把政治权利分配到各个有关的政治实体上并不能完全解释政治的现实。治理一方面取决于在政治决策过程中事实上承认的各种原则,另一方面取决于占主导地位的"良好治理"的观念。此外,行之有效的解决问题的模式已经变成决策的战略,表现在行政机构的例行公事中,并依此进行治理。

表 2:政治制度的各种要素

宪政型政治组织	惯例和政治实践	合理性立面和行为合理性
在宪政上增加权限	成文的决策程序	制度化的代表规则
行之有效的解决问题的战略	做出决策及实施政策的熟练方法	经典的补选体系
良好治理的主导思想	恰当解决问题的公认标准	政治权威的论证

这种将政治制度从分析的角度进行分解使我们清楚地看到,政治制度并不只是由目标明确的立宪政治所创造的,它同样是社会进程的结果。由对此负责的行为者有目的地建设制度只是整个过程的一个方面。制度的发展也产生与许多参与其中的行为者的互动,行为者可能有目标,也可能没有什么目标。

这种划分也使我们看到了影响制度变迁的不同的可能性,归纳起来有三种途径:

(1)预先规定:这种情况是指欧共体已经做出具有法律效力的决策,例如关于使成员国层面的权限分配产生变化。做出有法律效力规定的还可以是针对不同政治层面之间或政治与社会之间的表决程序。这既

---

① 其基础是"地区是欧盟政治中的行动单位"这项研究课题。

可以适用于制定政策的过程,也适用于政策的实施过程(比如在实施环境保护政策过程中"依法"对一些极限值提起诉讼,或者"从行政机构角度"协调工业界与行政之间的关系,或者是规定生产商有提供信息的义务和公民参与来"进行干预")。最后,实质性的目标可以通过有约束力的方式确定下来,从而可以使行为者的行动原则发生变化并改变其地位。

(2)各方介入:重要的政治行为者和社会行为者在制定欧盟政策以及部分地在实施欧盟政策过程中始终要密切合作,他们不断面对新的思想,面对不同的行动战略和行为规则。因此,这不可避免地要产生学习的过程。学习也可以是有意识地进行归纳。在开始时,欧盟委员会只是在挑选出少数几个计划中加进了"伙伴关系"原则,而后才一步步扩展到其他政策领域,并通过指令和条约的形式予以正式确认。在实际中,这个原则意味着次国家行为者以及社会利益集团或非政府组织都介入到欧盟政治当中,这样,它们就有目的地与其他行动原则和行为模式形成了对照。欧盟委员会公开宣布期待着这种互动过程能形成新的方向,从长远看则能促成制度改革。显然,在欧盟范围内形成一种实践也会使成员国的常规做法产生变化。

(3)提出建议:施加影响最温和的形式是进行劝说。就像经济政策范式的周期变化及其逐步扩展到整个西方世界那样,秩序政策思想的发展和传播也可以产生十分多样的结果。欧盟委员会在过去20年中一直试图通过"精神上的领导"去推行其政策。无论是在统一大市场计划的推广方面,还是在落实欧盟科研促成或者欧盟发展援助政策的调整方面,它都相信说理的力量一再取得成功。欧盟委员会的政治推销不是只局限于单个的政策领域,自普罗迪(Prodi)任主席以来,欧盟委员会把推行欧盟治理的改革作为其战略目标。它积极宣传优先选择某些秩序原则,改变政治与社会的关系,对权限分配进行修正,以及在制定和实施政策方面采用新的程序。大部分改革要求是针对成员国提出的,因此,欧盟委员会在公众及各国精英中寻找同盟伙伴,以便将其观点付诸实施。

这会对政治制度的哪些因素产生何种影响呢?欧盟是一个国家联合体,它不能做出直接干涉成员国宪法的权利的决策。但是,欧盟层面上条约的任何变更都会对成员国的体系产生间接的影响。在立法领域权限的转移就是一个例子；这种转移像是在有目的地改变欧盟与成员国之间的权利关系，但同时却无意间打破了成员国层面上行政机构和立法机关之间的制度平衡。它不同于欧共体的规则性政策，因为如果是为了实施某项政策而预先制定出程序规则，那么其结果就是有目的的。如果是这样的话，人们就会问，所要达到的结果是否已经出现，它是否已经越过直接相关的领域，"溢出"到相邻的其他政策领域。各方介入或对秩序政策进行讨论的意义是很难把握的，因为其效果是间接的，而且这种效果对制度实践及主导思想所产生的变化很难从经验的角度加以把握。

表3简明扼要地列出了使政治制度不同的不同因素产生变化的可能途径。这里没有包括以上所有三种因素，因此不能把它看成是十字交叉表，而是选择了十分容易加以把握的一种因素。

表3：对制度变化的归纳

方式	程序	涉及范围
预先规定	修改宪法 • 条约变更 • 政府间或机构间的正式约定	正式的政治组织 • 权利和管辖权的分配 • 决策程序的确定 • 代表机制的选择
各方介入	建立并介入到政治网络中，在政治计划中进行中确立行动原则	互动 • 参与机会和关系结构 • 熟悉的常规做法
提出建议	积极宣传所希望的那些秩序原则	秩序政策的主导思想 共同体现政策的合理性标准 恰当解决问题的标准

对这些关系进行理论推导可以得出一个精细的分析框架，它可以用于系统地研究由于成员国介入到欧盟多层体系中而使治理的形式所发生的变化。首先需要发问的是民族国家的体系在多大程度上、以哪种方式接受上面所说的"预先规定"、"各方介入"和"提出建议"这三种途径。然后要对经验上所能看到的结果进行介绍和讨论。

五、欧洲化与民族国家体系的顽固性

如果要问采纳预先规定、各方介入和提出建议这三种途径的规模和动力,那么答案是很清楚的:对民族国家体系进行直接的宪政干预是不存在的,但是权限向欧盟层面转移导致了大量"公共事务的欧洲化"。尽管各个政策领域的情况不大相同,但是欧共体的调节权限明显扩大了。从而对成员国的秩序制度产生了深刻的影响。一方面。可以发现行政权和立法权的关系在不断变化,另一方面,权限转移中的一个"输家"是联邦制成员国中的州,尽管它们曾经抵制进行制度改革。德国的各州在对欧盟和对民族这两个层面已经实现了制度上的调整适应。

各方介入和提出建议这两种途径的结果则更难跟踪,在实证研究中它们也很少被考虑到。我们在此想详细介绍我们自己所做的关于地区的角色①研究课题所得出的结果,并强调这样一种研究所采用的方法步骤及其出人意料的经验性结果。研究的目的之一是要确定地区的治理是如何以及通过什么方式发生了转变。我们想知道:(1)"良好治理"这一主导思想;(2)国家行为者和个人行为者之间的互动关系;(3)在一定情况下,那些由于欧盟委员会所发生的范式讨论和地区行为者介入到欧盟网络中所引起的形式上的组织结构,是否以及在何种程度上发生了变化。

在1988年改革以后,由于良好的财政状况和有了明确的方向性纲领,欧盟地区政策的地位有了明确提高。欧盟委员会认识到伙伴关系原则只是欧盟委员会广为宣传的"合作治理"理念的一个方面。那么,这个新政策在主导思想、互动模式和组织形式这三个方面是如何反映出来的?

---

① 在"地区是欧盟的行动单位(REGC)"这项研究课题中,对有不同宪政结构的欧盟五大成员国(德国、法国、意大利、西班牙、英国)的9个地区(每个成员国均选择了一个高于和一个低于平均发展水平的地区,它们是德国的巴登－符腾堡和下萨克森,法国的罗讷－阿尔卑斯和朗多克－鲁西永,意大利的伦巴第和西西里,西班牙的加泰罗尼亚和安达卢西亚,以及英国的威尔士)各个领域的精英进行了问卷调查。

研究揭示了另一个令人吃惊的结果:一方面,主导思想得到极高的评价并被极广泛地接受;另一方面,在实际中又只有很小的重要性。令人吃惊的不仅是"合作治理"原则获得了极高的肯定(见图1),而且没有发现有多大差别。对国家层面和国内层面进行比较所选择的任何变量都没有发现多大差异:各国宪政的差异如同各地区经济发展水平的差异一样,都是无足轻重的。同时,行为者的国籍对其回答的结果也没有显著影响。

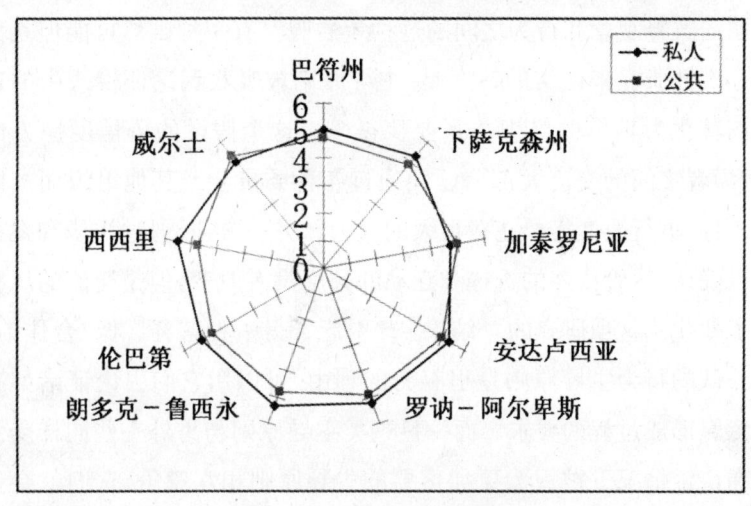

图1:对合作政策的肯定①

资料来源:REGE 数据,曼海姆欧洲社会研究中心,1996

这些观念是否也已经体现在政治实践当中?从上图中可以看出并不是一致赞成,而是有明显的差异②。在我们所调查的地区中,伙伴关系和合作关系上是有很高的选择性,其方式又很不相同。这些地区在其自我介绍中声称其相互合作和使国家角色发生变化的"新政策"不再是等级制的领导机关,而只是协调者和支持者,它们所维护的互动关系完全是另外一个样子。

---

① 这里选择的问题是对"国家与社会之间的互信合作"的量化评估。图1标识出六个等级,其中1等于"完全不同意",6等于"完全同意"。问卷调查中得到的数据证明这个结果。为便于显示,图中的各点连成线,并以零为原点。

② 出于方法上的原因,这里无法描述出发展的动态趋势,即随着时间的推移,欧盟范式的影响可能越来越大。

这里以德国的巴登－符腾堡州为例。国家机关尽管与社会组织联系密切，但是这种密切的联系网只涵盖社会的一部分，即经济界和科学学术界，连工会都只是位于其边缘。互动关系的密度、国家行为者的集中性，特别是联邦总理办公厅和经济部，这些情况都与关于"淡化官僚等级制"的宣传不符。与此相反，西西里是合作政治的典范：分析表明，那里密集的关系网涵盖了所有的社会组织，并且没有一个掌控一切的中心枢纽。

如何解释观念和行为之间的这种矛盾呢？有一种虽然可能但是无法通过一次性研究来证实的答案是：主导原则被吸收到论证模式中的速度比它们转化为具体的组织关系要快得多。这个假设的可信度一方面表明，行为者之间的交流大部分已经通过各种委员会或其他组织而被制度化了，对此进行改变需要花费很大的气力。另一方面，通过访谈和案例分析可以确认，尽管伙伴的选择和互动的频度没有改变，但是交流的风格却发生了变化。这项研究的总结果①却引起了另一种解释。像"合作治理"这种公认的行为主导原则是很有力的理由，可以用它们去论证诸如参与政治意愿形成过程的要求。而一旦这类主导原则与另外一些同样受到公认并在待定情况下被视为更加重要的主导原则相互竞争，它们就会失去其说服力，一个具体的例子是效率和热衷于对话之间的竞争。德国巴登－符腾堡州的政府机构自认为、同时在许多人看来也的确占有突出的地位，能够集中代表该州的各种社会利益集团去与布鲁塞尔对话。由于其物质力量雄厚、行政管理能力强，州政府机构就扮演了律师的角色，成为核心的力量。但是在西西里，地方政府却不可能拥有这种核心地位，因为政府既缺少财力、人力，也缺少行政管理的效率，与掌握各种资源及行动能力同样重要的是政治实力问题。实行伙伴关系的理念常常受到政党之间相互竞争的限制②。在巴登－符腾堡州，与政界、经济界及学术界相互联系密切的情况相比，工会处于边缘地位并非偶然，这是近十年来基督

---

① 其结果出之于对 1200 多份问卷调查以及访谈和若干案例分析所做的统计分析。
② 瑞典的政治发展可以作为证明：本来想通过宪政改革和选民偏好的改变使政府中的多数派定期更换，但与此同时，以国家和社会协调为特征的"瑞典模式"便走向瓦解。

教民主联盟和自由民主党联合行政所造成的结果。特别是在下萨克森州可以明显地看到,战略互动能力同样具有关键的意义。该州的公共行为者无论在本地区还是与欧盟层面,都没有能建立起稳定的沟通结构。

六、小结：治理的转变,多样化中的统一

从我们在曼海姆所做的研究课题以及对文献资料的研究①可以得出两方面的结论:其一,只有系统地研究了哪些东西可能发生变化,才能对治理的可能变化做出准确的评估。想对治理做出一般性评论的论著往往观点比较混乱,而那些研究某个具体案例(或对少数几个案例进行比较研究)的论著虽然可以有清楚的表述,但是从这些五花八门的零散结果中很难拼出一副整体图画。其二,这副图画以及我们的研究所表达的整体印象是:(1)欧盟政治所带来的变化是最迟自20世纪90年代初以来我们所经历的现实的一部分,也是政治行为者战略思考的一部分;(2)建立联系网络和进行谈判协商是大势所趋;(3)人们不是被动地接受欧盟的预先规定和提出建议,而是根据自己的设想转变为现有的模式。基于欧盟的宪政结构及达到全面共识的必要,建立联系网络的战略在欧盟层面占主导地位。欧盟层面所承担的公共事务越多,这种跨国的网络体系就会越大。换句话说,由于欧盟政治体系笼罩在民族国家之上,因此使治理的方式发生改变。如果一项政策不是在民族国家层面而是在欧盟层面决定的,协调各个宪政机构的游戏规则以及国家与社会的合作就会发生变化。

在宪政的制定阶段是上述这样。至于在政策的实施阶段,主管当局和程序过程是否同样发生变化,首先要看欧盟是否对政策实施已经预先作出规定,以及这些规定是否与成员国的规定有所不同。第一个简单的假设是:各个体系相互配合的能力是至关重要的,但是还有很多回避战

---

① 除了 REGE 科研项目外,还可以列出一系列研究课题以及博士论文,其研究结果吸收到本章的小结部分。已经完成以及尚未完成的课题成果请上曼海姆欧洲社会研究中心网站查阅:www.mzes.uni-mannheim.de。

略，以躲避适应的压力：人们把自己限制在只做出象征性的行动，把欧盟的预先规定仅孤立地运用到单独情况上，或者将其结合到原有的结构和程序中。流行的口号是"我用我的办法去实行它"，这虽然未必能够保持现有的政策，但是却可以带来创新。欧洲化充满了"国家特色"①，并且在不同的政策领域，欧洲化的程度也不同。人们不能根据"配合能力"的正式条件就预言出哪种特色会占上风。政治力量的对比和冲突结构常常起到决定性的作用，因为欧盟做出的预先规定，或者提出的建议对少数派的立场，可能产生非常大的影响，在某些情况下甚至可以使他们的立场出现急剧的转变。

各个国家、地区以及各个政策领域情况的差异不能掩盖这个事实，即欧盟层面和成员国层面上的治理至今仍有根本的不同。因此，"网络政治"不能简单地照搬到成员国当中。成员国政治的合法性通常来自于其政府的合法性，即对选举结果负责并且得到议会支持的政府。政府掌握着决策大权，因此权利之争是为了取得政府权利。这种获取权利的方式是政党竞争的结果，因此，政党竞争的逻辑决定了要积极接受欧盟的创新。治理的主导原则对于政党来说并不是中性的，权限分配和决策程序可以改变政治力量的对比关系，在不同的政治阵营中得到不同的态度。

在这种背景之下，甚至在出现治理转变的地方也不会导致民族国家政治的趋同，就不足为奇了。但是对跨国的治理转变过程进行评估权衡时，不应该忽视国家环境以及与欧洲化无关的社会变化这些因素。

---

① 这是前东德领导人针对苏联提出的，它是在为自身独立性进行辩护时常用的表达。

第四节
隐喻建构社会现实的功能

赖纳·许尔塞(Rainer Hülsse)*

一、引　言

政治演讲中隐喻无处不在。观察一下联邦议院关于欧盟扩大的辩论,人们便能发现,其中许多东西与理智的政治决议没有关系。)

鉴于政治学中定量观的说服力,人们期待对隐喻进行积极的研究。如今这类研究远远不够:虽然在政治学讨论中隐喻被频繁使用,但没有受到足够的重视,国际关系学情况也是如此。这方面令人惊讶的是,在"建构主义转折"过程中这一学科分支对语言和话语有着一定的兴趣。但如同建构主义视角下对国际关系的讨论一样,关于语言的讨论还处在较肤浅的状态。值得强调的是,这点不仅对建构主义温和学派,而且对建构主义激进学派都适用:两派虽然以话语内容和论据为研究对象,但几乎都未涉猎文体或语言手段。此外,这也适用于"话语行为"的概念,但不同于其名称的是,这个概念的使用也是以论证为研究对象的。总之,对于政治学学者来说,修辞学似乎无关紧要或不够体面。话语行为建构现实这一点却常被人忽略。现实不只是通过言语内容,而且也通过言语表达方式建构而成。国际关系学只关注和洞察建构现实这一话语层面。本节旨在揭示这些学科所疏忽的部分,希望以此唤起人们对迄今为止因被看做是修

---

* 德国慕尼黑大学国际政治首席教授。此文是他 2003 年发表在《国际关系杂志》(*Zeitschrift für Internationale Beziehungen*)的论文,本文选译了部分。此文翻译得到原文作者的授权和同意,在此表示感谢。译者是上海外国语大学德语系王志强博士、教授。

本节的核心观点是隐喻是社会现实的建构工具。为了解释这个观点，我将重点放在隐喻的现实建构功能方面：隐喻如何建构现实？这构成了本节的核心命题。这一命题让人想到建构主义核心问题之一——社会现实是如何形成的？随着以解释为主的现代建构主义盛行，在国际关系学中这一建构主义重要课题也被遗忘。本节旨在阐述，隐喻是如何借助人们所熟悉的日常生活现象建构社会现实的，如家庭机构被应用于像欧盟东扩这样的抽象现象。

从理论上分析隐喻如何建构现实，这对实证分析帮助不大。在此，需要一个隐喻分析方法。本节将奠定这样一种理论，以此弥补以建构主义为主的国际关系研究在方法论上的不足，建立一种"具有连贯性的建构主义方法论基础，以此提供可操作的方法"。虽然建构主义也被视为一种方法，在实证论建构主义和后实证论建构主义之间有过激烈的认知争论，但或许正是这一争论，至今对主体间现实的认知方法和其后果没有展开过讨论。

鉴于只有在实践中见证方法的实用性，本节试图通过实例，阐述隐喻分析法是如何被应用的。这方面，我将视角放在欧盟对中东欧国家和土耳其的扩大上，关注隐喻建构欧盟扩大这一现实，阐明隐喻理论和隐喻使用方法。因篇幅原因，本节不能对欧盟扩大隐喻进行全面的分析。

二、本节对理论和方法论的贡献之处

建构主义建立于国际关系学之中。在此，本节无需对建构主义进行详细的解释，也不需要去讨论建构主义支持者和反对者的观点。我将直接进入建构主义内部的辩论，在此确定本节的学术定位和其超越目前的辩论水平的程度。

社会现实是主体间建构的结果，这个普遍认同的观点构成了建构主义得以存在的基础。即便这一本体论的基本观点得到了广泛认可，在认识论上仍存在着一道深深的裂痕：其一边是温和的，或更精确地说，拥有实证观的建构主义者；另一边是激进或后实证观的建构主义者。前者试图将建构主义本体论与实证主义认识论互相结合,即用理性主义分析物质世界的方法或用自然科学方法去分析社会。后实证论则认为,前者的大胆尝试必然走向失败。在探讨治理理论时,弗里德里克·克拉托赫维尔(Friedrich Kratochwil)和约翰·杰拉德·鲁杰(John Gerard Ruggie)已发现本体论与认识论之间的矛盾。这一矛盾也必然存在于前者中:一方面假设所审视的对象(政权、规则、本体或观念)有着主体间性,另一方面出于研究目的又将主体和客体进行剥离。被说明的现象只要不是治理理论或具有实证主义色彩的建构主义研究对象,就具有主体间性特点,因为这类现象也可被看做是从外部视角可观察的客观因素。

建构主义温和派的实证研究主要关注以下几个方面:观念和认同解释,借助观念和规则对本体的阐述,规则效用和规则内化或面向理解的行为效用。简而言之:人们将视角更多地放在观念因素效用上。(……)对观念如何产生、现实如何建构等问题,建构主义温和派还欠思考。规则研究中值得注意的是,人们只研究国际规则的"建设性作用和调节作用",对"规则如何产生及其失效问题没有给予理论上的回答"。只要建构主义温和派不面向社会现实是如何产生这一问题,就不得不接受人们对其只停留在表面化的质疑,"建构主义看上去并没有深入研究社会层面"。

后实证论建构主义将社会现实的形成置于其研究中心,明显地涉猎社会世界,并从马克斯·韦伯(Max Weber)的研究基础上入手,以"研究意义和现实建构为主",由此奠定的建构主义可解决以下问题:埃马努埃尔·阿德勒(Emanuel Adler)当初错误地为所有建构主义者辩白,"所有类型的建构主义者都不关心事物现状,只关注事物怎么会变成现在这种状态"。但事物是怎样变成现在这个样子的呢? 激进建构主义观点认为,语言是理解这个现实变化过程的钥匙,我们借助语言对这一过程赋予意义。观念、规则、认同以及其他精神要素都是依靠语言建构的。现实只有通过语言行为和话语模式得以建构,也就是说,重塑观念的形成过程意味着对建构观念的话语形式进行分析。从这一角度看,"建构主义将视角放在语言上"或"话语建构主义"的说法是恰当的。

当然,后实证论建构主义者也并非提供最佳方案。因为,第一,他们的

研究也停留在语言字面理解上;第二,后实证论建构主义基于薄弱的方法。就第一点而言,后实证论建构主义实证话语分析只关注话语内容,即表达了什么。但现实不仅仅在文章的表层得以建构,而且也在表层下面,即以什么方式,如何表达。对此,社会学诠释学有着很有说服力的观点。对此,我将在下文给予详细的阐述。因此,就意义而言重要的是,不仅仅使用过哪些观点,同样重要的是,说话者在哪里停顿,以什么语调和音量说话,提出哪些话语问题,以什么方式使用哪些隐喻。话语分析没有关注句子之间生成的意义,而只是将视角放在文本表层,这样只重塑由话语方式建构的现实表层。话语分析应少一点表层、多一点深层,激进建构主义分析则应更关注语言的第二层面,即语言如何被应用这一层面。人们特别呼吁关注语言的话语研究,但令人惊讶的是,这个呼吁至今仍未引起人们更多的关注。对于激进建构主义研究来说,一种特有的矛盾得以证实:理论上已确认语言多于内容和观点,但话语实证研究忽视语言的话语层面。

后实证论建构主义的第二个问题涉及方法论。这里,既没有一个能引领我们去认识语言建构社会现实的方法,又没有对或许存在的方法进行过实质性讨论。与众所周知的标准化社会学方法相比,语言研究和话语研究不仅不够细致,而且也尚欠清晰。虽然也有类似于标准途径方法——话语分析,但如何进行,却较为模糊,如同杰尼弗·麦利肯(Jennifer Milliken)所说的那样,"显然缺乏对合适方法的审核和对话语分析的标准"。当然,把话语分析视为自由方法的委婉表达方式也过于夸张,少数论文对具体做法的解释占有过多篇幅,话语分析家如何进行研究,没有明确的阐述。即使在视野超出专业界限时,人们也弄不清话语分析是什么,是如何进行的。因此,社会心理学话语分析最著名的代表乔纳森·波特(Jonathan Potter)和玛格丽特·韦斯雷尔(Margaret Wetherell)将无法解释的情况视为话语分析的特点。话语分析与传统方法之间的差别犹如骑车和烘烤蛋糕之间的差别一样大:话语分析犹如骑车,做实验或分析调查数据犹如按谱烘烤蛋糕,这里没有从报告单档案中撰写分析结果的机械程序。如同骑车一样,将分析过程转化为抽象概念也并不容易。

与此具体做法及类似行为相比,赖纳·凯勒(Reiner Keller)认为,话语分析行为只提供"有限的辅助"。这方面操作方法的建议只局限于一般层面,它们"只能成为话语分析的某一特殊方法"。鉴于这一认知,凯勒(Keller)主张不应把话语分析看做是社会学方法,而更应把它看做是研究纲领,我觉得这也有道理。在这方面,除较少受人关注的称谓分析法和方法仍不清晰的隐喻分析外,在国际关系学中这一研究还不完善。因此,现在是到了更加完善后实证论建构主义理论的时候。

三、隐 喻 理 论

隐喻构建社会现实,这构成了本节的中心命题。为确定隐喻是如何建构社会现实,本部分首先概述古代修辞学和现代语言学对隐喻的不同理解。(……)为说明隐喻话语特点,本节将重点放在隐喻的跨文本性和跨话语性功能方面。最后对隐喻的作用作一阐述。

(……)

总体而言,对于日常生活世界外的事,我们一无所知;而理解感官也能感知世界的唯一途径在于,将日常生活世界同抽象世界进行相似性转换。这里可借助人们熟悉的参照物,使抽象世界被人理解。这种将已知运用于未知的原则构成了隐喻的本质。日常生活世界的概念及观念被用在抽象世界,使之成为人们已知的现象而被人接受。如在欧盟被喻为家庭时,其成员国如家庭成员一样便可决定,何人、何时、因何原因而被家庭接纳为成员。成员国从而行使着每一位家庭成员的权利和义务。

(……)

隐喻作用之一:自明性和去政治化。

(……)

如何使隐喻的自明性和去政治化与其不确定性相互协调? 因其模糊性,隐喻不能表达事情未公开的层面,这为误解和曲解提供了足够的空间。我认为,这两点是完全同一的:隐喻不仅有单义性(即自明性),也有多义性。隐喻单义性形成于其建构的现实现象领域,即便隐喻使用者,对此也一无所知。真实现象有着丰富的内涵,而这正是基于隐喻而得到的再塑造。(……)

四、隐喻分析方法

在对隐喻是什么、有什么意义和作用等问题进行探析后,本节将介绍隐喻分析是如何进行的。鉴于目前还没有一种令人信服的隐喻分析法,人们应在话语分析研究范围内确定相应的隐喻分析法。

在通常情况下,迄今为止的实证隐喻分析在方法上不易被人理解。虽然这方面已有一定的研究结果,但它们是如何获得的,对此人们还是较为模糊。人们怎样解释隐喻,如何确定隐喻特定意思,在试图理解隐喻时,人们又是如何去解读,这构成了隐喻分析的主要困难。在隐喻解释——我将它称为真正的隐喻解读,发生在主体间时,隐喻分析才有别于日常生活中的隐喻理解方式。不管是学术性的还是日常性的,就隐喻核心而言,其真正解释是个直觉的问题。因此,想创立一种借助严格操作规则从隐喻中获取意义的解释技巧,那是注定要失败的。另外,还要说明的是,让自身或别人弄清解释技巧,由此获取隐喻含义,这虽然是可能的,但目前隐喻的微观分析方法比较落后,对隐喻分析与话语宏观层面的结合也没有系统研究。这种结合是什么,这构成了本节所要关注的问题。

社会学视角下的诠释学和后结构主义

本节第二部分对后实证论建构主义理论进行了批评,其话语分析更多关注论点和内容,也就是说,只关注说了什么。我认为,现实是由话语表达方式建构的。这一观点源于社会学诠释学,它反对只关注文本表层意义的传统分析方法,认为在文本表层下还有意义生成的第二层面,即现实建构与"字里行间"意义相互关联。社会学诠释学旨在"在方法控制下穿越文本表层信息内容,挖掘出更深层次、潜在的或隐性的含义",由此更好地确定社会现实的建构特征。

社会学诠释学和后结构主义赞同转向语言表达方式。对它们而言,语言的这一层次同文本性的概念相互关联,它们反对以逻辑和理念为中心的传统文本阅读方式,要求关注语言话语层面。"一些读者将作者试图或宣称要表达的意思抛开,或忽视这些意思,或在特定意思下以流畅的句子去建构语篇"。后结构主义和社会学诠释学一方面对此看法一致,即意义不仅仅形成于在(逻辑)论证过程中,而且也生成于语言话语第二层面。另一方面它们对古典诠释学旨在确定主体所表达的含义的中心愿望也不感兴趣。一个人在说话时,无论他是有意,还是无意都在传播特定意义,在这方面他在撒谎或者说出实际想法,这都无关紧要,因为在字里行间有着语言话语第二层面。在特定条件下人们可以掌握它,但不能对其进行控制。对社会学诠释学来说,这一层面有着潜在的含义,后结构主义将之称为亚文本,说话背后的现实在这一层面得到建构,这符合上文所述的话语隐喻理解方式。隐喻所表达的内容要多于话语语言,我们说话的方式所表达的意思要多于我们在说什么。更准确地说:在话语行为中,我们所说的并不一定是我们想说的。

将隐喻分析与社会学诠释学和后结构主义进行结合,这为本人的方法奠定了坚实的基础,并提出了一种旨在挖掘潜在含义,即对亚文本解释的基本态度。对解释者在解释隐喻时做什么这一问题,至今仍没有具体的答案。

人为愚蠢法

在诠释实践中,隐喻分析者在做什么?这里所推荐的技巧是装傻方式,或者用乌贝托·埃科(Umberto Eco)的话来说:"一个隐喻解释者应该站在初次理解隐喻的层面上。"

科学家拥有丰富的知识,这也是成为科学家的原因所在。从社会学诠释学视角看,这无疑是危险的,这将导致科学家把许多事物看做是显而易见或不言自明的。其理解方式都是习惯性的。这种理解方式与日常理解方式没有什么不同。为了避免这一理解陷阱,社会学诠释学提出了"人为愚蠢法"。因完全理解不能做到,人们试图与原有的知识保持距离,对事情尽可能少一点理所当然的理解方式,排除常规知识,从民族学视角去分析研究对象。在这方面,文本也是获悉文本内容的唯一途径。在这种分析技巧中,背景语境显得非常重要。通过这种方式科学家摆脱已知知

识和背景知识,解释因显而易见性而被定量分析法所忽视、认为不需要解释的那部分内容,对之进行"原则性的怀疑"。通过这一人为愚蠢法,人们可以透析出文本潜在的含义。在这方面社会学诠释学和后结构主义彼此相距不远,虽然这一点无论哪一方都似乎没有意识到。人为愚蠢法让人想到后结构主义者所追求的对传统现实进行"去自然化"的目标。因此,要与因理所当然性而被人接受的事情保持距离,使之"陌生化"。这一陌生化(去自然化)过程不是一种方法,也不是一种引导人们如何去诠释的技巧,而只是一种诠释的基本态度,或按德·德里安(Der Derian)所说那样,是"组合策略"和"智力活动":"我们的组合策略是通过详细解释、解构或变更传承的语言、概念和语境。在国际关系中,这些语言、概念和语篇形成一种特别的话语。在这方面我们所采取的方法可称为后现代或后建构性方法。这一建构过程与其说是一种形式,倒不如说是一种智力行为,它对人们所熟悉的语言进行陌生化(以此表明话语是如何形成,而不是怎样反映事实)。这种方法打乱了国际关系中的思考方式和行为方式。"这里,本人依然没有发现后结构主义和社会学诠释学之间有着根本区别。在日常诠释实践中,即便在德·德里安那儿,文本分析也是模糊不清。我把人为愚蠢法确定为我的实证隐喻分析主导方向。

就隐喻诠释而言,应用这一技巧意味着,人们不再把习以为常的隐喻看做是某一表达方式的"自然"替代方式,而是在其主观假定的显而易见性后探寻其具体的背景,如入盟国接近欧盟的隐喻似乎在描述一件显而易见、不需要具体解释的事。就人为愚蠢法而言,如果假定人们对欧盟一无所知,那么对这一隐喻诠释是感知欧盟扩大意义的唯一途径。隐喻诠释也在激活隐喻所包含的日常生活特有意义,将之用于抽象对象。通过几个单独步骤,这一人为愚蠢法可减缓阐释过程,确定因在关注明显部分而被人忽略的隐喻含义,如入盟国接近欧盟的隐喻是按照入盟国单向接近欧盟而建构的。入盟国单向走近欧盟,欧盟则盘踞在大本营内。这一不对称性或许没有引起政治学的注意;另外,在扩大问题上欧盟被比喻为要塞,除欧盟被建构为与外界隔绝和拥有难以渗透的实体外,要塞隐喻还有一种含蓄的意义,即对欧盟来说入盟候选国是一种威胁,因而须借助要塞加以制止,保护自己。

从微观层面到宏观层面

本人上文所描述的是微观层面的分析,即隐喻和其关联语境①的分析法。如果本人只关注话语行为中的单个隐喻,而不是整个话语行为,即话语行为的宏观层面,那本人的做法不能被确定为话语分析。在话语分析文献中有人抱怨,实证研究要么将视角放在这一层面,要么放在另一层面,很少有人将微观层面与宏观层面进行结合,或进行这方面的尝试。语言学研究也不是在更大的上下文中探究语言意义,而是在语言细节中迷失方向;而"法国话语分析"在探索话语结构时不是更细致地审视单个文本。在此,本人认为,这里提出的隐喻分析法可以使微观层面和宏观层面相互结合。这两个层面如何相互结合,下文将作一介绍。

微观分析也要兼顾宏观分析两个步骤。在微观分析前要先审视整个话语方式或文本本身,确定话语情境中的隐喻,对反复出现的、明显的、约定俗成的隐喻进行归类。在这方面,约定俗成的隐喻对话语分析来说十分重要。它们与创造性隐喻的不同性在于其跨文本性,隐喻使话语行为有序化,让人理解话语对象的建构。例如,依靠宏观分析研究的第一步,人们便可为欧盟扩大确定隐喻范围和隐喻方式,如房屋、道路、关系和组织等。在微观分析第二步开始前,在关联语境下对隐喻进行详细的诠释。这里人们会用人为愚蠢法,到这一步隐喻分析也告结束。这些研究结果只是对不同的隐喻及其建构进行概述,所欠缺的是对单个结果进行跨文本分析,即转向宏观层面。本人的隐喻分析增加了第三步,即探寻各个独立建构方式所具有的共性,如在欧盟扩大话语隐喻中我们可以看到,几乎所有的隐喻都将扩大建构为一种长期的、不对称的过程,将扩大问题建构为认同问题,这构成了欧盟扩大话语隐喻的基本特征。这种建构方式巩固并扩大了话语方式,使所有文本以不同的方式强调扩大一致性。第四步是基于跨文本性,在宏观层面确定,隐喻在特定情况下是否与其话语方

————————

① 如隐喻所在的文本语境(隐喻)中句子或段落。

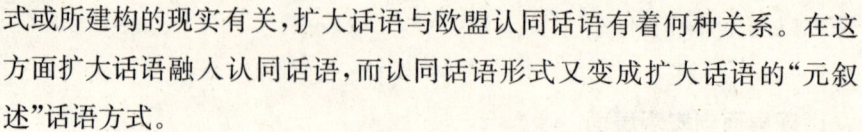

式或所建构的现实有关,扩大话语与欧盟认同话语有着何种关系。在这方面扩大话语融入认同话语,而认同话语形式又变成扩大话语的"元叙述"话语方式。

五、隐喻是如何建构欧盟扩大的?

本节论点是,现实(也)是话语生动表达生成的结果。对之本节将借助实例进行深入的探析,如欧盟对中东欧国家和土耳其的扩大问题:德语欧盟扩大隐喻是如何建构欧盟的扩大的? 换言之,扩大问题究竟涉及什么?

如同上文所述,欧盟扩大的隐喻将欧盟扩大建构为一个艰难的、不对称的和具有认同性的事件。在其他地方,本人已对哪些隐喻建构欧盟扩大作了详细的描述。这里,我想集中阐述扩大现实这一方面,即扩大问题被建构为认同问题。本人的分析文本是 1990 年至 2000 年联邦议院关于欧盟对土耳其和中东欧国家扩大的讨论快速记录。这里只对少量的、地区性的、阶段性的、来源受到限制的扩大话语进行截面剖析。由此获得的结果虽然有一定的局限性,并不能达到原有的设想,但仍有助于欧盟扩大话语微观层面的深入分析。

在第一段我将阐述,哪些隐喻参与欧盟扩大问题中政治认同的建构,鉴于隐喻的跨话语性,需要弄清隐喻是如何使扩大话语与欧洲认同话语联系在一起的。当然,隐喻不仅将欧盟扩大问题界定为认同问题,而且也决定了,入盟国在哪些方面须满足欧盟成员国的认同要求。

欧盟扩大问题是认同问题

总体上讲,家庭隐喻、回家隐喻和愈合隐喻构成将扩大问题建构为认同问题的三个传统隐喻,它们强调扩大问题,即只有欧洲国家才可入盟。由此突出了扩大问题的欧洲认同性,确定扩大话语(扩大决定)的中心层面,使扩大话语单一化,使扩大话语具有跨文本性。把扩大话语同欧洲认同话语连在一起,这佐证了隐喻所拥有的跨话语性作用。

文化视角下的欧盟研究

家庭隐喻将欧盟扩大比喻为"家庭团聚"，入盟候选国被当作是"我们的欧洲兄弟"，是欧盟成员国的兄妹。这里，欧洲被视为大家庭，入盟候选国和欧盟成员国同属于"欧洲大家庭"。在很长一个时期欧洲大家庭成员彼此分离，欧盟扩大才使它们彼此相聚在一起。把国家视为人这种比喻方式使国际关系更容易被理解和实施。

回家隐喻把入盟比喻为"回到欧洲家乡"，或者是"返回欧洲"。这里，入盟国被赋予了人的特征。对入盟国来说，回家或返乡的前提是，它们返回曾经呆过的地方。通过这种方式欧洲成为入盟国的故乡。它们曾经离开了家园或被赶出家园——隐喻不能让我们看到真正的原因，但欧盟扩大又使它们回到故乡，"在我们的意识中，布拉格、华沙和布达佩斯特又回到了原本属于它们的地方：回到不可分割的欧洲"。

最后，愈合隐喻将欧盟扩大解释为"融合欧洲"。这一隐喻将欧盟扩大不是界定为人际间的关系，而是生理愈合过程。这里，入盟候选国和欧盟成员国被想象为折断为两截的骨头。不管骨折原因是什么，通过欧盟扩大断裂的骨头又重新愈合。扩大便是这种愈合的过程，使"原本属于同一整体的东西又长到一起"。

这三个隐喻在多大程度上使欧洲扩大问题成为认同问题？按照我的解释，它们把欧洲建构为一个自然实体，使回归欧洲看似自然产生，优先于每一社会行为，因为人们不能选择出生地，也不能选择家庭。在认同理论语言中人们或许说，隐喻奠定了欧洲认同，给人们带来一种特有的幻想。

入盟国被建构为欧洲的一部分，是欧洲认同的最初载体，是欧洲自然一部分。由此奠定的欧洲归属性使入盟国同欧盟成员国之间不存在差异，彼此成为同一自然体。由此可见，欧盟扩大被建构为原始状态恢复的过程。欧洲的扩大旨在结束欧洲人为的分离，共同的政治机构在奠定欧盟成员国和入盟国之间的共同认同，或用隐喻方式说，欧盟扩大允许欧洲国家按其自然天性生活。

由家庭隐喻和回家隐喻共同建构的入盟国和欧盟成员国本源性也有情感性，即在家庭和乡村才感知到的"我们的感情"。如同认同研

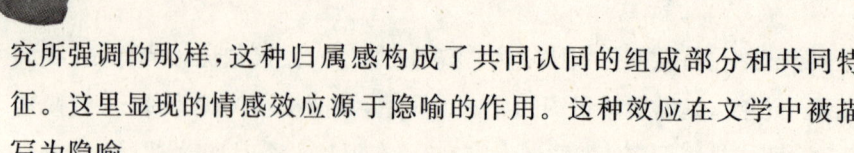

究所强调的那样,这种归属感构成了共同认同的组成部分和共同特征。这里显现的情感效应源于隐喻的作用。这种效应在文学中被描写为隐喻。

如上文所述,扩大隐喻将欧盟扩大建构为认同问题:这里欧盟扩大不再是在哥本哈根条款基础上做出的理性政治决定,而是接受原本属于同一整体、情感紧密相连的国家,也就是说,涉及欧洲认同问题。将欧盟扩大提高到欧洲重新统一高度,这使欧盟认同的意义远远超越经济和政治因素。把欧盟扩大解释为欧洲认同的重建,这可减少人们对欧盟扩大的反感。欧盟是否需要扩大,这已不再是需讨论的问题。"欧洲性"成为接受入盟国的唯一标准。入盟候选国是否是欧洲国家,这成为决定欧盟扩大的关键因素。

第五节

跨文化视角下的国际关系

王志强[*]

综观国际关系和国际政治主流理论,迄今为止,人们在审视国际关系或面对国际关系问题时,都绕不开权力这一核心概念。"一般而言,国际政治的研究传统主要偏向于两个方面,即结构和行动者。但是行动者和结构之间的关系通过什么方式彼此建构起来,对之国际关系学学者则着墨不多。也就是说,在国际政治的分析中过程被忽略了。"[①]政治行为体与结构之间的互动机制研究被忽略这一现象受到德国学派的重视,德国学派代表之一,弗兰克·斯莫芬宁(Frank Schimmelfennig)尝试在两种主流理论(理性主义和建构主义)之间的竞争和争论中架设桥梁。[②]而过程分析可拓展和丰富现有国际关系理论研究的视角。

带有西方"烙印"的"国际关系学"源于古希腊理性思维传统,其哲学理性被整个西方文化所继承。特别是工具性理性成为经济学和政治学的哲学基础。虽然当代国际关系研究出于学科建设的便利从新古典经济学吸纳了许多精神养料,但以工具理性为基础的国际关系理论的基本缺陷在于过多忽视国与国间的关系性。"建立在工具理性基础上的主流学派把国际社会的无政府状态、国家有固定偏好与利益等假定当作永恒不变的客观现实和研究起点,实际上已经对现实(尤

---

[*]　上海外国语大学德语系博士、教授。

[①]　袁正清.交往行为理论与国际政治研究——以德国国际关系研究视角为中心的一项考察.世界经济与政治.2006,(9):35.

[②]　Frank Schimmelfennig. *Rhetorisches Handeln in der internationalen Politik*. Zeitschrift für Internationale Beziehungen. 1997.(2).219 – 253.

其是冷战后的国际现实)越来越缺乏说服力了。"①奥努弗是对以理性主义为主的国际关系主流学派提出质疑的学者之一。"批判理论的发展使越来越多的学者意识到国际体系不仅是一种物质结构，而且也是历史事件的产物。"②

从跨文化认知视角看，国与国之间的关系不是一种"客观事实"，而是存在于国与国间的关系互动界定过程中。它不断变化，互相影响，互相界定。在这一前提下，国际关系是动态的，而不是静态的。因而国家利益和国家现状的变化会给国家间的关系带来变化。国家间的关系性是本国与对象国关系互动界定的表现形式，国与国之间的问题和摩擦也存在于关系界定过程中。国际关系的界定也受到地点、时间和人等因素的制约，国家是社会存在和历史存在，因此，"行为体的偏好不是持久不变的客观存在，而是在国家的相互作用之中被塑造和再塑造"③。如果说，国际关系以互动为特征，那么，国际关系中的核心行为体——国家在建立互动关系之前，各自是独立存在的"物自体"。就表现形式而言，国际关系有负面和正面之分：传统将之概括为战争与和平；当代将之概括为冲突与合作。权力和硬实力对他国的实施范围和程度在一定程度上取决于一国对另一国关系的界定；国家间冲突产生于国与国关系互动界定过程，也是人特有的文化认知的结果。

一、基本概念界定：国家间关系—国际关系

就国际关系概念而言，"国际关系"还是"国家间关系"的概念辨析在相关学科领域已存在很长时间。"布郎1997年指出，和自然科学家们研究类星体、质子或者蚂蚁等现象相比，社会科学家的研究对象缺乏明确的

① 刘力.试论西方国际关系理论演进的理性主义基础.世界经济与政治.2006,(7).23.
② 秦亚青.《文化与国际社会：建构主义国际关系理论研究》.北京：世界知识出版社.2006.4.
③ 刘力.试论西方国际关系理论演进的理性主义基础.世界经济与政治.2006,(7).25.

定义"①,他认为在术语的使用上,国家间比国际更为合适,即"国际关系"是指"国家间关系"。尼古拉斯·斯拜克曼认为"国际关系是隶属于不同国家的个人之间的关系,……国际行为是个人或集团的社会行为,这些社会行为旨在影响另一个国家的个人或集团的存在或行为,……或是受其影响。国际关系一词可以包括许多不同的活动,如国际往来、商业和金融交易、体育竞赛、旅游、科学会议、教育交流项目、传教活动等等。"②由此,国家间关系可理解为政府间的官方关系,而国际关系概念涵盖的范围更为广泛,层级更多。德国国际关系学学者克莱因施米特(Harald Klein-schmidt)认为,"国际关系是具有明显的政治传统的群体之间互动行为的总和,其群体成员之间以多数性和互动性为特征,并且都将对方看成是互动一方。"③他在其专著中指出:"长期以来,人们习惯于将国际关系看成是国家间的关系。虽然人们也看到国际关系的产生和消失,但是人们认为,作为整体制度,国际制度并不存在变化的可能性。但冷战结束后的世界经验告诉我们,国际体系是一种动态的制度,随时间的变化而变化"。④ 本着这一概念意识,国际关系既不局限于国家之间的联系和接触,又不能局限于对外政策的利益。国际关系这一概念包括所有群体之间的各种关系,作为行为体的任何一方都对政治具有传统的责任意识,其次表现出对传承功能机构的效忠。由此,我们可以做出这样的界定:国际关系包括国家间关系;在众多的行为体中,国家是国际关系中的核心行为体。关系的本质是以互动性为特征的。

如果说,国家是社会存在和历史存在,那么,关系性的"变化"就是一种常态。综观世界历史发展进程,行为体之间的关系性随时代的变化和国际体系自身的变化而有所不同。由此,我们可以根据交往的行为体分

---

① 詹姆斯·多尔蒂&小罗伯特·普法尔茨格拉夫.《争论中的国际关系理论(第5版)》.阎学通&陈寒溪等.北京:世界知识出版社.2003.21.

② 同上.

③ Harald Kleinschmidt. *Geschichte der internationalen Bezhiehungen*. Stuttgart. 1998:10.

④ 同上.

析关系的内容性质,如中世纪是以宗教为主体内容的宗教间关系;《威斯特伐利亚和约》之前的行为体之间的关系可称为"王朝间关系"。行为主体的划分与时代分不开。如把1648年《威斯特伐利亚和约》作为分界点,那么,国家主权的原则就是为时间划分的定位,以此区分宗教统治及等级制度的中世纪与世俗社会和自主的政治共同体出现的新时期。[①] 30年战争(1618—1648)以后形成的威斯特伐利亚式的国家制度,强调建构国土原则、主权独立原则和国家合法性原则,由此产生了现代意义的国际关系。[②]这些原则将世界分割成一个个彼此独立的政治单元,由国家主权支撑的民族国家构成了传统的现代国际体系。

21世纪,国家利益的内涵和实现手段已经发生了很大变化,传统的实力至上和利益博弈原则受到了很大挑战。在经济全球化、区域一体化背景下国家主权变得模糊,原属一国的内部事务问题,因其溢出国界的影响而往往受到外部势力的干预或需要国际化的解决方法(如非传统安全领域)。参与国际组织、缔结国际协定都是以一定的国内政治外部化、让渡部分主权为前提的。国际关系交往的内容也更为复杂和更为多元。国际关系中的非国际力量和行为体在不断增加。国际关系和国际政治研究的对象日趋多样化。与之相适应的是治理的多层、治理种类的增多、决策过程中行为者、介入者从单元到多元。就宏观层面而言,行为体对国际法和相关政策的价值取向取决于对本国国家主权的认识态度。在执行过程中也体现了复杂的主权观念。一方面,行为体希望国际法的内容能包括本我行为体在内的国家利益;另一方面又要维护国家主权,追求国际层面利益难以涵盖的国家自身利益。在这种情况下,矛盾即会出现。

后冷战的国际现实不仅冲击传统的国际关系理论,同时也影响以主权国家为主体的国家外交形式。无论从内容上还是形式上,国家间的外交都发生了很大的变化,新的外交方式也不断出现。这无疑要求扩大"国

---

① 王逸舟.《西方国际政治学:历史与理论(第2版)》.上海:上海人民出版社.2007.311.

② Ulrich Menzel. *Theorie und Geschichte der Lehre von den Internationalen Beziehungen*. Hamburg, 1999:18.

际关系"概念的内涵。如果说，国与国之间的交往称之为官方外交，那么民间的一切来往可称之为对国家间关系产生影响的交往和交流。这两种方式都以促进国家间关系为目的。但这两个层面的互动都离不开互动的平台和媒介——关系。

二、国际关系的关系性：物自体属性—关系性属性

国际关系的现象是通过关系而存在，是基于"本我行为体"自我意识确立的一种国家间的关系。所以，国际关系的根本特性是关系性。就国际关系的关系性而言，行为体、关系和人构成国际关系认知的三个层面，成为不可分割的主体，并奠定国家间的互动关系性。关系性中的"本我行为体"和"他我行为体"都具有两重属性——物自体属性和关系性属性。联结"本我行为体"和"他我行为体"是连词"和/与"。"和/与"是"本我行为体"和"他我行为体"之间建构关系性的结合点。"本我行为体"在同"他我行为体"互动之前，是独立于"他我行为体"存在的物自体。"本我行为体"在同"他我行为体"产生互动关系之后，作为"物自体"的"本我行为体"成为"物他体"，即互动产生的关系性属性。"物自体"的属性是行为体的客观存在，而产生于互动关系中的"物他体"是被感知和被认知的属性，也可称之为主观属性，这一关系性属性是"本我行为体"与"他我行为体"之间互动建构而成的。这一过程是跨文化认知的基本过程。

就国际关系而言，国家是国际关系行为体中的核心行为体。国家间的互动关系性也都具有物自体属性和关系性属性。国家的物自体属性是相对于关系性独立的国家特性，而国家的关系性属性是指国家间互动关系建构的属性。

假设国际关系的属性是"关系性"，那么，我们就可以推导出以下结论：权力不是一种物质现象，而是一种关系现象。权力是关系间的权力，不是一国独立拥有的，而是它需要互动关系中的另一方对一国权力的界定和认可，权力的有效作用依赖于关系性情景和关系性。在这方面关系是权力的媒介，权力的实施取决于关系界定，在国与国关系建构之前，一

国的权力对另一国失去其有效性。关系构成了行为体行动的环境。在关系中,行为体建构符合各自国家利益的权力关系,并经此关系实现各自对对方的互动了解或相互制约,实现自己利益,并给对方施加影响。也就是说,行为体行动的能力和权力在关系中才被感知。在互动关系过程中,参与国不再是独立存在的国家,而是存在于彼此关系属性界定之中。物自体属性和关系性属性这两个层面构成了国际关系研究的对象。就国际关系而言,国际关系和国家间关系的问题、矛盾、冲突存在于国家关系性属性层面。国家间的关系不是永恒不变的,而是一直处在变的状态。关系是互动过程,互动过程同时也是国家间关系的变化过程。一国对另一国的关系决定一国对对象国理解的程度和对对象国利益期待的选项。国家利益的定位决定了本国对他国物自体研究的内容选项。在许多情况下,关系属性的变化,对行为体也具有重大的意义。"本我行为体"对"他我行为体"的认知过程,也是"本我行为体"与"他我行为体"之间关系不断改变的过程。在这种情况下,即使"本我行为体"不知"他我行为体"对自己关系的变化,"他我行为体"的关系属性也在发生变化。

就国家间关系而言,工具性关系是互动的主要表现形式,将关系看做是达到本国政治目标的媒介和手段,通过关系让对象国接受本国的意图,接受本国政治期待和政治立场,或通过互动有目的地改变对方。如在冷战时期德国对东欧的"新东方政策"核心原则是"通过接近求变化",通过接触和互动媒介,达到改变对方的目的;国际贸易的互动在特定情况下也会给对方带来变化,即"通过贸易求变化",或出现"接触无变化"状态。从关系相对性角度看,国家之间的"对"和"错"一方面是基于本国立场审视他国的结果,另一方面也是由国家特性(物自体属性)的相距性决定的。相距性越大,"错"的判断可能性越大,相距性越小,"对"的可能性越多。由此可见,同一文化圈和文化价值,特别是具有相同政治价值的国家彼此更容易进行合作。在主观感知他国利益期待和立场背离本国利益期待时,一国会做出"错"的判断。在主观感知一国对外政策符合本国政治立场、利益期待时,会得出"对"的判断,在这方面主观感知的一国政策"错"和"对"不是客观存在的事实,而是"本我行为体"对"他我行为体"诠释的结果。

三、国际关系的跨文化性：文化价值—文化载体—认知方式

如果说，国际关系的关系性具有物自体属性和关系性属性的这一双重属性，那么，跨文化性也具有双重属性：文化具有物自体属性，跨文化性具有关系性属性。在文化的物自体层面，国家间的相距性越大，在关系性属性层面的跨文化性相距性也就越大，反之就越小。

文化物自体的属性是指各个国家的民族所特有的属性，是在特定时空由这一民族文化载体奠定的并反映了这一民族特有的价值体系、思维方式和生活、行为方式。每一国家的主流文化都有其特有的文化价值核心标准，它为人的行为提供取向，是这一民族和文化成员普遍接受的行为规范、思维和人际交流及对环境做出合理反应的主导取向。由此奠定的文化核心价值标准决定人们的感知、思维、判断和行为。文化核心标准的形成源于民族国家的历史、哲学、宗教，在其漫长的历史形成过程中随着社会、政治和经济环境变化而变化，如通过法律形式保护个人权利构成西方文化体系的一个基本价值观。这一法律和国家法制观念直到现在依然存在，成为西欧的政治体系、传统观念和保证政府的稳定及运转的重要组成部分。文化内涵和社会价值的变化会随时代的变迁而变化。文化核心价值往往也反映了文化的物自体属性，反映了一国的特性。

文化物自体属性和关系性属性的区别在于：文化的物自体属性用于文化界定，构成"本我文化"和"他我文化"互动关系的前提。"他我文化性"一方面是排斥非本我文化性的媒介，另一方面可以以此进行文化界定，确定和维护各文化成员特有的集体认同和文化认同。而跨文化认知视角下的关系性属性既要超越"本我文化"和"他我文化"间对比确定的差异性，又要使不同文化的共性进行互相联结。在这一视角下，关系和界限不是互相排斥，而是彼此互动。所以，国际关系中的核心问题是跨文化认知问题。跨文化认知问题产生于作为具有文化个性的物自体国家在产生互动关系后各自对对方的理解结果。这一结果是通过对方而产生的自我

反射。如"价值外交"和"人权外交"就是基于国家物自体属性奠定的国家对外政策,在关系性属性层面是本我价值取向应用于对象国,由此产生了国家间的跨文化问题。

从跨文化认知角度看,国家间的冲突与矛盾是国家间关系界定的结果,正如奥克沙(Oksaar)在《跨文化理解问题》一文所指出的那样,理解可被看做一种奠定关系的过程,是本我对他我解读的表述路径,在这方面,理解在一定程度上也反映了本我与他我的认知互动性,这种关系也制约互动理解。另一方面,从其性质看,国家间的关系是"人的关系、社会关系在国际层面的呈现"。作为文化载体,人的文化整体性和其文化认知方式制约和影响国家间的关系界定。国与国间的关系问题在一定程度上是人特有的跨文化认知的结果。

作为文化载体,个人与文化有着互动辩证关系。人的文化整体性包括文化认同、阶层认同和个人社会化三个方面,由此影响和决定人对文化价值取向体系和文化核心标准的接受和实施程度。在这一跨文化接受认知前提下,作为文化载体,每个人都在很大程度上有意识或无意识地恪守和实践本我文化规范和行为标准,但是在多大程度上激活和实施这些核心文化标准,这又取决于个人社会属性,即个人的社会认同、阶层认同和个人社会化(个人认同)。个人特有的社会化和个人经历影响和左右人们对宏观文化和文化价值接受范围和接受程度。在这方面,价值和观念,尤其是文化特有的文化核心标准,影响人们的感知、思维、行为和评价,在人际接触和人际交流时,对文化成员行为方式和反应方式具有指导和取向作用;每个文化和文化圈的核心价值和文化核心标准对人的行为影响不尽相同,并制约和影响决策者的决策和政策实施。在个人因素处于消极影响的情况下,国家间的关系建构会受其影响。在国家间交往中,由文化载体在个人社会化过程中被内化的价值,在实现国家利益和制定、实施国家对外政策时会自觉或不自觉地被激活,并依此评价他国和其对外政策的认知依据。在特定情况下,个人政治价值认同、个人政治价值取向和个人因素通过权力媒介会制度化和合法化,在一定程度上影响一国对外关系的发展方向。

另外,国家行为体对本我文化价值的认同和对他国的认同态度也决定一国对对象国和其对外政策的理解方式。这方面的理解形式主要有:客观理解、误解误读、回避理解、恶意理解(恶意误解)和互动理解。

客观理解是指以他我文化视角客观地理解他我文化的方式。这种理解方式以他我文化为背景,对文化现象以及文化与社会、文化与个人之间关系的客观事实进行"本意"解读。就国际关系而言,客观理解要求认可国家物自体属性层面和对存在于国家间的不同性持有宽容态度。正读、正解国家物自体层面,一方面可减少国家间差异性所致的误读和误解,另一方面有助于对对象国的客观理解。在国家间关系趋于合作或互惠时,人们会倾向于客观理解方式。

误解误读是指无意识地从本国立场去解读对象国,即在对对象国国家物自体层面不了解的情况下,人们无意识地根据本我立场和本我逻辑去解读对象国,由此带来的对对象国误解和误读更多源于对他我文化的不了解。

回避理解以主观假设为出发点,对他国与自己不同的立场和不同的期待及其利益有意忽略或视而不见。在对他国立场加以负面评论、拒绝或横加指责时,这种回避理解会转向恶意理解(恶意误解)。

恶意理解(恶意误解)是国与国之间负面的理解方式。其表达方式是有意曲解、故意误导、误释、歧视和贬低。在这无视国家间的差异性时,人们会有意识地将本国立场和本我的利益期待强加于他国,或由此恶意误解、误导、误读、恶意推理他国政策。在国家间关系趋向竞争或敌意时,恶意理解的可能性会增加,人们会采取恶意竞争方式阻碍对象国的发展,以此防范假想威胁的出现。对他国的妖魔化方式也是恶意理解的表现形式,在语言上会选用负面隐喻,如"流氓国家"、"无赖国家"等。

互动理解是本国与对象国之间的相互理解。在互动理解中,国家间的关系不是单向的,而是以双向和互动方式为主。这种互动方式以对话、交流、互信为前提。在解读对象国对外政策时,也反观本我的立场并避免忽视国家间的不同性。在这种情况下,对象国成为本国的反观对象。在缺少互信和对话时,一国会对对象国持有排他性,在这一认知情况下会滑

入恶意理解、恶意误解方式。

四、国际关系的冲突性：故意冲突—无意识冲突—个人所致的冲突

关系互动的结果有正面和负面之分。在这方面战争和冲突是国际关系负面表现形式，它们都产生于国家间关系性属性层面和互动理解认知形式（特别是回避理解、恶意理解（恶意误解）、误解误读）。鉴于国家间认知形式所致的冲突类型，冲突可分故意冲突、无意识冲突和个人因素所致的冲突。

故意冲突是指在国家间交往中，一国故意不理睬或不尊重另一国，或强行坚持本国立场和利益期待，特别是将本国的立场和利益期待强加于另一国，让其接受所导致的冲突。西方有些国家推行其"价值外交"和"人权外交"，甚至不惜动用武力让他国接受，是故意冲突的表现形式之一，其背后是西方国家文化价值和政治文化价值向外扩张的意识和本国立场和本国利益的追求。

无意识冲突是指由于对对象国缺少了解，人们会无意识地从本我立场误读和误解对象国和其对外政策，无意识造成的冲突。要理解国际关系中互动的行为体各方，意味着理解它的各自特征。理解"包括他我文化感知和自我评价这两个层面"①。国际关系中对行为体的正读和误读都是在这两个认知层面产生的，认知层面的差异性小，合作程度就大，反之，矛盾就多，误解层面就大，由此所致的无意识冲突可能性也就越大。

个人所致的冲突是指除国家立场和利益期待外，在国与国关系中，个人因素导致的冲突。除考虑国家战略意图、政治动机和国家整体利益外，在对外交往中组织者、决策者、实施者个人因素也影响一国对外政策制定方向和实施程度。尤其是个人消极因素会影响国家间关系的建构。在特定情况下个人政治价值取向会转化为国家的意志，主导国家对外政策的方向。从这一认知视角看，价值观外交也是个人政治价值认同在国家层

---

① Michael Gehler. *Europa: Ideen Institution Vereinigung*. München. 2005:13.

面制度化的表现形式,由此带来国际冲突和造成国家间关系的恶化。

五、处理国际或国家间关系的新视角

双重反思产生的认知新视角:超越本我和他我

超越于"本我行为体"和"他我行为体"这一跨文化认知新视角是避免以本我文化模式和本我逻辑理解他我文化模式的重要路径。它要求我们超越思维方式和制度模式。在国际关系的认知层面和操作层面可做到两点:一是除自己的视角和观点外,还存在另一种区别于本我视角的他我视角;二是本我视角和他我视角产生互动后,可以一方面通过他我看本我,另一方面可以通过本我看他我。在这互动认知过程中既包含本我视角也包含他我视角,在这一双重反思过程中达到自我启蒙和自我改变。在这方面,"关系"构成理解本我和他我之间的认知媒介,是跨文化理解的第三视角。如德法两国将两国的民族国家的利益放在欧洲的背景下进行考虑,双方放弃世仇和政仇,在双方放弃本我视角的前提下找到了解决两国关系的第三视角,最终达成和解。

承认国家的不对称性

文化差异性存在于本我文化和他我文化互动过程之中,文化不同性是这一互动过程的结果,在这方面文化差异性表现为文化间价值和文化行为不等性和不对称性,在缺少对他我文化了解的情况下,存在于文化间的不对称性会引发跨文化困境和跨文化冲突。国家间的不对称性存在于国家间的关系属性中,承认国家间不对称以客观对待国家物自体属性为前提,在国与国交往中应尊重因不同文化、社会制度、历史发展、国家体制所致的国家间不对称性,试图消除这种国家间的不对称性好比将不同的五个手指剁成同一长短,这会造成国家间的冲突。鉴于文化受到时间、地点和人的制约和文化有效区域的制约认知特点,国家间存在的不对称性都具有其存在的合理性,这种合理性是相对于本我文化而言的。要实现各国和平共处和文化共处,应须放弃民族中心主义,承认国家间同一时间的不同发展进程。

第二章

欧洲文化起源、欧洲观念、发展动因

第一节
欧洲起源、欧洲特征、欧洲理念

米歇尔·格勒尔（Michael Gehler）*

一、欧洲起源和特征

欧洲一词起源可追溯到古希腊罗马时期。此词源自希腊—腓尼基人时期，原本与"黑暗"并没有关联。按照闪米特人的"gereb"意为"进入"，狭义指"落下"，人称太阳落下的地区为"西方日落之洲"或"西方"。生活在地中海沿岸的腓尼基人、闪米特人这样称呼这个地区。希腊人则用"野蛮人地区"一词称其北面的不定形地区，但这个概念始终不明确，并且很少使用。

荷马时代希腊神话中的"欧罗巴"是腓尼基人祖先阿戈诺的

---

* 欧盟"让·莫内"教授，德国欧洲一体化研究中心高级研究员，德国 Hildesheim 大学欧洲史教授、博士。此文选自作者的专著《欧洲，理念，机构，统一》（*Europa Ideen-Institutionen-Vereinigung*）第一章：起源与特征。此文翻译得到原文作者的授权和同意，在此表示感谢。译者是上海外国语大学国际关系与外交事务研究院戴启秀副研究员。

女儿,是卡德摩斯的妹妹。一头美丽的公牛俘虏了这位美丽的公主。一个普遍的解释源自公元前150年生活在西西里岛息拉柯斯地区的诗人莫朔斯(Moschos)。在欧罗巴少女同这头公牛对话时,她问它是谁,要带她去何方,这个头上有角的美丽生物答道:"请放心,少女,无须害怕海浪。我就是宙斯本人,我能变成我想的任何形象。我对你如此思慕。克里特岛从现在开始将接待你和我。我们在那儿举办婚礼。你会生下我的儿子,他们将闻名天下,成为人类的统治者。"吞食自己孩子的克洛诺斯神的儿子履行了承诺:克里特岛出现了,宙斯变回了他原来的样子,解开欧罗巴的衣带。时序三女神为他们准备好床铺。女孩成为宙斯的新娘,为他生下三个儿子:拉达曼托斯、米诺斯和萨耳珀冬。

这个欧罗巴神话是否与现在的欧洲大陆有关还是个疑问。不管怎样,从公元前7世纪起到现在,欧洲艺术都还在描述这个传说中的诱骗。在委罗内(Veronese)、提香(Tizian)和廷多雷多(Tintoretto)的巨著中都能看到这一女子的艺术形象。

欧洲,这个曾经被保尔·瓦雷里(Paul Valély)称为"亚洲半岛"的地区,包括岛屿和内海,面积有1050万平方公里,是世界第四大洲,有近7亿人,是当时世界居住人口最密集的地区之一。从大范围说,作为第二小的洲,欧洲的人口规模处于顶尖状态。而对地理学家来说,边界问题十分困难。欧洲从哪儿开始,到哪儿结束?欧洲与亚洲没有一条自然分界线,而仅仅通过政治区域的相加也是不够的。

从古至今欧洲一直处于形态与内涵的不断变化之中,这意味着欧洲在其历史发展进程各阶段中都不是一成不变的。欧洲既不是自成一体,又不是非统一体,因此给予欧洲精确的定义是不可能的。欧洲没有给自己下一个客观准确的定义。想到欧洲,人们在脑海中会浮现出不同的画面、定势及冲突。因此,欧洲不仅仅是一个地理概念和特定人口的概念,它也涉及历史文化意识。在这方面有些人感受到了共同之处。历史学家哈根·舒尔策(Hagen Schulze)提出了一个自身不断变化的、存在与理念之中的集体构想。想象中的共同欧洲将涉及包括思想、观念、习性和文化诸层面的欧洲整体性;理解欧洲,意味着理解它的特征,这包括他我文化感

知和自我评价这两个层面。

二、古希腊、古罗马文化：欧洲文化的起源

尼科洛·马基雅维利（Niccolo Machiavelli，1469—1527）曾谴责亚洲的"顺从性"和"专制政体"，谈到欧洲人时，则赞美其"勇敢"、"美德"和"热爱自由"。这些评价出自希腊历史学家泰西阿斯（Ktesias von Knidos），他从公元前405年开始在宫廷担任波斯国王薛西二世的御医，国王还指派给他外交任务。根据马基雅维利的说法，只有在众多的共和国和有节制的王国，自由才能得到发扬。亚洲半岛西部受到了不同的评论和阐释。希罗多德（Herodot，前485—前425）第一次提出"欧罗巴（Europa）"这一地理概念。在古希腊罗马时期，这一概念却不像近代和当代具有身份奠定特性。把亚洲看做是"暴政"、欧洲看做是"自由和民主保护地"的想法虽然出自希罗多德，但他对之加以区别，认为亚洲和欧洲是两个政治统治方式各不相同的地区。

今天意义上的"希腊人"已不是当时的希腊人。在学术意义上，古代史中的"欧洲"与"未来的欧洲"有所区别，而且今天不能在政治上用来确定欧盟认同。当时有上千个不同的城邦，因此对希腊城邦及法规进行理想化备受劝阻。在当时，雅典民主只对城邦公民有效。希腊人的"欧洲意识"——即便那时真的存在，也不可能像我们今天理解的如此广泛——似乎显得精英化，并且只局限于古希腊和其地中海沿岸的殖民地。

关于"欧洲"的现代观点源于早期希腊罗马时代的理念。古希腊人发掘了万物最基本的要素，由此推导出普遍适用的法则。在认知的方法上，这种理论被称为"theoria"，认为认识应当通过理性获得，并应有理有据，可以控制。对规律的寻求不仅发生在自然科学领域，而且也在哲学与实际政治领域中。理论与实践的对立很快被人认识。对匀称的追求和对和谐的渴望构成了古代文化的重要组成部分。

柏拉图（Platon，前428—前348）把美看做是万物和谐，由此奠定了欧洲古典主义的开端。雄辩术和诗学是形式原则的表达方式。此外，出现了以探寻原因、起源和目的为主的思维取向。伊壁鸠鲁(Epikur)认为,理论始终要回归"本原"。前苏格拉底哲学家(公元6世纪)把不同的物质组合看做是宇宙的起源。在这方面,阿那克西米尼(Anaximenes)认为世界本原是气,对米利都学派的泰勒斯(Thales)来说,水是世界本原,赫拉克利特(Heraklit)则认为,世界本原是火;而德谟克里特(Demokrit)把原子看做是世界本原,对阿那克萨哥拉(Anaxagoras)来说,精神是世界本原,而柏拉图则把理念和形而上学思想视为世界的本原。探寻最终归属的问题自然而然地与探究世界起源的问题联系在一起了。这意味着人们对正确准则的肯定。早期基督教通过人的彼岸取向,关注人的最后归属问题,认为人的最终归属是极乐世界。这一思想成为人们追求的一种原则,它在循环世界观念中找到了其表达方式,诺阿方舟和终极归属构成了这种循环方式,它对希腊思想和欧洲思想史的发展有着重要影响。本着持之以恒的思想,在文学、哲学和神学领域形成了一种旨在使世界起源和终极世界统一的经典文献。在罗马时期出现的这种回潮架起了连通希腊与欧洲的桥梁。罗马文学和之后的欧洲文学再现这一思想。文艺复兴关注人、人的躯体、性格和肖像美术,"发现个体",从这一反思中得到发挥和发展。除了英雄史诗、戏剧、艺术散文、历史编纂学的文学形式外,民主思想也源于古希腊。同法治思想一样,如所龙(Solon,前640—前561)的法律作品,由古希腊人发展、古罗马人确定,并从中世纪开始流传的修辞学艺术构成了西方文化的起源。而古希腊法治文化源于东方法治文化。

雅典是希腊第一个拥有自由原则和自治权的城邦,即公民和集体拥有政治解放权。这一城邦的统治方式摆脱诸多小国家的狭隘性,使爱琴海的小岛和沿海地区发展为海洋国家。寡头政治、富裕的各部落统治方式转变为"民主"统治方式,它包括300个最富裕且好战斗的家属,通过阿提卡海上霸权,使之成为统一体。宪法和民主的威望减弱同战争的失败有着内在关系。根据古希腊历史学家修昔底德(Thukydides,前460—前400)记载,在阿姆菲城邦被雅典人占领,伯罗奔尼撒战争中的海军司令(前431—前404)被驱逐出境后,城邦国家一直还好,就像其成功的外交政策一样。

三、罗马和文艺复兴：古代文化的传承者

在文化方面暂时缺乏雄心壮志，但凭借相当的政治影响力、权力结构和一个辐射部分欧洲大陆的现代化公路系统，古罗马人实现了对外扩张，成为古代文化遗产（古希腊文化）的推进者和传承者。古希腊文化和古罗马文化间的发展，以及由此使权力由东向西的转移，并不是一个畅通无阻的过程，而是一个间接和分段发展的过程。即使当古希腊城邦被古罗马帝国吞并时，那里的人们仍过着自己独立的生活。古希腊人在经济和政治上的衰落使他们的权力由地中海东部地区转向西部地区。富饶的西西里岛（意大利），这个先后被古希腊人、迦太基人和古罗马人试图统治的岛屿，不但是他们相互争夺的目标，而且变成古罗马对外扩张的催化剂。在打赢了与迦太基人的战争后，古罗马人建立了一个疆域延伸至"我们的海"（地中海）沿岸，包括整个希腊东部的帝国。在取得长达118年的布匿之战胜利之后，古罗马人又赢得了对地中海西部地区的无限统治。凯撒大帝在高卢、日耳曼和大不列颠地区的胜利，使这些后来被认为是"欧洲"的地区归入罗马帝国势力范围。

罗马帝国的扩张使拉丁语人尽皆知，自由艺术得以传播开来。自由艺术，即人文科学，有"三艺"和"四艺"。前者指语法学、修辞学和逻辑学；后者指的是算术、几何、音乐和天文学。罗马法源于希腊法，并逐渐成为罗马人特有的精神创新财富，使之在法制史上占有重要的地位。罗马帝国政治权利的扩大是阿尔卑斯山脉以北地区文明化和脱俗化的前提条件。

6世纪以书面形式编撰而成的《查士丁尼法典》颁布于公元533年，由此形成了一种共同的法律有效区域。即便很少一部分人知道这部法典，但都从中获益。此法典主要适用于与今日欧洲地区概念不相符合的拜占庭地区，并由此影响当时的欧洲。

源自于古希腊文化的罗马法在欧洲各阶段都具有现实意义。西罗马帝国灭亡后（476年），罗马法对当时日耳曼统治阶层制定的习惯法产生了很大的影响。通过博洛尼亚法学院对《查士丁尼法典》文本的再发现和研究,《罗马法》的影响在中世纪盛期达到了顶峰。在 19 世纪,近代欧洲私法制定的过程中,《罗马法》也发挥了重要的作用。通过法律的形式保护个人权利构成西方文化体系的一个基本价值观。在帝国的拉丁语区域西部形成的法律和国家法制观念直到现在依然存在,成为西欧的政治体系、传统观念和保证政府的稳定及运转的重要组成部分。另外,源自罗马法的天主教法(宗教法)也成为了基督教会的守则。

作为教会的载体,教士阶层是欧洲社会的重要阶层。在这一背景下,后古代文化和上升的基督教共同发展。奥古斯丁(Augustinus,354—430)将柏拉图主义引入圣经的思想,并经意大利诗人、语文学专家、早期人文主义者弗朗西斯克·彼特拉克(Francesco Petrarca,1304—1374)得到发展。通过文艺复兴运动,欧洲文化的根源再次毫无保留地展示在世人面前:古希腊人又受人推崇,古代文献重新被发现,被全新注释,为中世纪时期后欧洲文化奠定了基础。比如,桑德罗·波提切利(Sandro Botticelli,1445—1510)在其名作《维纳斯的诞生》中,生动地再现了一位来自公元前4 世纪的古希腊画家阿佩利斯(Appelles)的形象,尽管作品带有个人色彩。

在后古代文化时期,"欧洲"这一概念再次出现,但没有重大意义。旺达尔人、哥特人和匈奴人骚扰、攻击和破坏罗马帝国的西部领土和北部领土。期间发生了"民族大迁徙"。此后,罗马文明与"野蛮人"的"文化"融合。历史学家和地理学家把数百年来经过迁徙、入侵和争夺的领土,即从罗马帝国西部被分割出来的地区,称为"欧洲"。这一概念由罗马教皇格里高里一世(Gregor der Große,540—604)奠定,它是指基督教化并将教皇视为精神领袖的罗马帝国的西部地区。倘若人们在后古代文化时期和拜占庭时期去界定欧洲概念,仍不能证明其较大范围的认同性。

中世纪持续不变的模式不能称为"欧洲"。拜占庭的陷落、土耳其人对君士坦丁堡的占领(1453 年)唤起人们重新认同欧洲的共同归属感和责任性。文艺复兴时期希腊古典文学的重新发现,使拜占庭东正教世界融入欧洲人的想象世界。鉴于这一原因,苏尔坦·穆罕默德二世(Sultan

67

Mehmed II)对拜占庭的征服激怒了拉丁语西方世界。法兰克皇帝的全权代表埃尼·西欧维欧（Enea Silvio Piccolomini）在法兰克福召开的帝国大会（1454年）讲话中也表达了这一观点。虽然后来东西教会分裂，罗马教皇皮亚斯二世（Pius II）把君士坦丁堡的损失看做是整个基督教世界的可耻损失，并呼吁人们团结一致，共同夺回失地。他认为，"希腊人的彻底毁灭"是"拉丁人的耻辱"。由于"太多人沦为奴隶"，所以"天主教信仰也以一种可悲的方式被人抛弃"。在欧洲，在"我们自己的祖国，我们自己的家园"，人们遭受凌辱。随后埃尼·西欧维欧从宗教的角度提出了"公平战争"这一概念。

四、"外部世界"的影响

欧洲的特征不仅仅在于强调自我，与他我文化保持距离，强调与其他大陆的对立，在文化交流过程中，欧洲也从外部世界获得许多发展的动力和促进其发展的决定性影响。这便构成了欧洲大陆为什么不能占有世界优势，企图用武力方式展现其势力但未达到目的的原因所在。世界的起源不在欧洲，而是在众多古老的高度文明地区（苏梅尔人、海地特人和亚述人）和思想中心（亚历山大城、雅典和巴比伦）。即便"希腊奇迹"也不是简单凭空产生的。从东方，希腊接受了有价值的、创新性影响，如字母表、雄伟的建筑、叙事诗、立法、天文学和其他许多文明成就。这里还须提到的是地中海东部海岸国家、欧洲和东方欧洲混合居民之间的互相交往。简而言之，"欧洲"历史始于希腊，这也是一种不公允的简单结论，对古希腊世界的研究也应包括东方文化研究。

这是一种自相矛盾。从外部经济和文化地区，欧洲大陆获得如此众多的成就，以至于人们似乎忘记了被誉为"欧洲科技铁路"的伟大的丝绸之路。它从中国到塔什干（乌兹别克斯坦），经阿斯特拉罕，通过伏尔加河和顿河之间的陆桥到基辅（乌克兰），再通过克拉科夫、布雷斯劳（波兰）、莱比锡和埃尔富特（德国）直到北海。通过这一贸易之路，不仅丝绸进入罗马帝国，而且茶叶、罗盘、面食、马镫、马颈圈、方向舵、水闸、火药、瓷器、纸和印刷品等也被运至西方。研究旅行者和贸易旅行者，如威尼斯商人的儿子马可·波罗（Marco Polo，1254—1324），与远东帝王建立了联系。在 2000 多年前的丝绸之路上，亚洲人、阿拉伯人和欧洲人相互认识，并沿着这条路线进行货物交换。

同阿拉伯世界的接触，欧洲内和欧洲同远东的经济交流不断增加，具有行业结构和市民执政特点城市的扩大和古希腊古罗马文化的再发现，给欧洲大陆注入了新的发展动力。

在人文主义和文艺复兴时期，以引进知识为基础，印刷技术得到发展。1450 年，美因茨（德国）金匠谷登堡（Johannes Gensfleisch zum Gudenberg，1400—1468）运用活字印刷术印刷了第一本圣经。著名印刷家，如安特卫普（比利时）的博兰廷（Christoph Plantin，1514—1589）、巴塞尔（瑞士）的阿么巴赫（Basilius Amerbach，1523—1591）和奥格斯堡（德国）的拉特多尔特（Erhardt Ratdolt，1443—1528），都从外来知识中获益。如果没有原料和其加工技术的引进，欧洲出版业就不可能发展到今天的程度。

欧洲同样受到世界其他地区影响。公元 711 年，穆斯林人越过了直布罗陀海峡。当倭米亚王朝（Omaijaden）被阿拔斯王朝（Abbasiden）所取代，倭米亚的一位王子流亡至西班牙，在那里建立了一个阿拉伯人的统治区。在政权巩固后，这一统治区便成了东西方国家文化交流的桥梁。天文学、星占学、数学和医学经西班牙、西西里岛和意大利南部传到欧洲大陆。伊斯兰世界的财政制度，特别是"阿拉伯数字"被欧洲接受。通过阿拉伯人，欧洲人了解了中国人发明的造纸术。13 世纪后期，源于东方国家的纸币由蒙古人传入到其近欧洲东部的统治区域。霍亨史陶芬·腓特烈二世（Friedrich II）开明地面对伊斯兰教世界。他会说一口纯正的阿拉伯语，维护教会所厌恶的伊斯兰人的生活习惯，通过"关于猎鹰艺术"的论著，让欧洲人更加了解穆斯林人更为先进的放鹰行猎方法。

13 世纪，在伊斯兰文化影响下，马术师阿尔布兰特（Albrant）在那不勒斯写了一本关于马的药典。在卡尔四世（Karl IV，1316—1378）的要求下，此书在布拉格使用，并借助印刷技术在中欧和东欧地区广泛传播。

如果没有阿拉伯文化的影响，中世纪欧洲将不可想象。阿拉伯文化从西班牙和西西里岛经法国和英国传至德国，推动欧洲文化的发展。在这一文化交流的背景下，地中海不再是东西文化的阻隔，而是一个活跃的空间，作为媒介，连接着伊斯兰文化通向欧洲之路。这一现象不仅存在于中世纪，而且也存在于古代文化和对希腊地域有着积极影响的东方文化中。

约翰·戈特弗里德·荷尔德尔（Johann Gottfried Herder，1744—1803）在其《人类历史的哲学观点》（1791 年）的著作中指出，欧洲文化是所有民族的共同作品。文字和数字体系等伟大成就都不是出自欧洲，在这方面，欧洲实现文明化需要来自东方的外来宗教，吸收犹太文化的传统、东方的拯救思想和宗教神秘崇拜。如同伊斯兰教一样，基督教也被视为一种融合宗教。欧洲领土面积是很难被精确界定的，更不用说它的文化和法律边界。欧洲依靠吸纳、交流和传播文化而得以存在。在那里，保守的"城堡"思想没有意义。

五、基督教的欧洲：和平与统一？

1593 年罗马出版的意大利人凯撒·里巴（Caesare Ripa）的《圣像学》一书中有关欧洲特征的描述，言简意赅地概括了欧洲文化的意义和价值，认为欧洲胜过世界任何地区，唯独这儿有着真正的宗教和上帝，艺术百花争放，智慧广泛传播；世界上最有权威、最重要的王侯，特别是皇帝和教皇都在欧洲。除了艺术和知识领域外，自古以来，基督教信仰也在这里落户。这种认同意识逐渐变成欧洲智慧、技术和艺术的对外输出，奠定欧洲基督教的扩张意识和传教意识。欧洲人这一要求与欧洲大陆的统一愿望相互结合，由此导致欧洲对外侵略扩张。

鉴于统一性和多样性互动的特点，欧洲统一曾有过三个重要阶段：一是希腊—罗马天才时代"完成的欧洲统一"，随着古代世界的消失而结束；二是依靠继承古代文化遗产的基督教思想实现的"欧洲统一"，随着中世纪的结束而终止；最后的努力也因国与国之间的权力之争导致欧洲内战和之后爆发的二次世界大战灾难而无果告终。作为过渡政治事件,第一次世界大战后产生的法西斯主义影响了欧洲的政治发展,给这个时代留下"意识形态时代"和"极端时代"的烙印。

地貌特征、生活方式、语言及文化习性多样性阻碍了欧洲的政治统一。与此相反,作为无所不在的永恒力量,基督教的福音无一例外地超越所有非基督教传统的民间文化。基督教福音具有普世性。与东方神秘宗教、罗马帝王的膜拜和希腊罗马世界相比,基督教这一"西欧的宗教及意识形态的新事物"被证明是成功的,是维持罗马帝国统一的世界观。基督教神学家奥古斯丁(Augustinus,354—430)区分上帝国和世俗国家,以此为解决教会摆脱世俗国家的问题提供了理论基础。上帝国家和世俗国家的并存对欧洲具有建设性的作用,使其避免东罗马和拜占庭帝国的状态,即既存在神权政治,这种统治模式以上帝意志及法律证明权力,在"上帝国家"中建立政教的合一统治,又存在集权政治,即教会的、世界的权力掌握在统治者一人手中。

罗马主教升为教皇、克罗维(Chlodwig)的洗礼和卡尔(Karl der Große)的皇位加冕,构成了罗马—拉丁传统和罗马—日耳曼传统融合的几个阶段。罗马天主教教会是罗马帝国继承国新帝国的"精神中心"。对日耳曼人来说,皈依基督教意味着进入了地中海的文明世界,被接纳进欧洲的起源地。基督教对欧洲人的思想、行为和生活方式产生影响,而它的发展表现出非常矛盾的方式。古典文化遗产的流传和西方文化精华保护与创立,与宗教分裂、宗教战争、十字军东征和宗教法庭是对立的。

基督教很难被视作欧洲经济增长及和平发展的原因。它既不是以利益最大化为宗旨的宗教(基督教主要思想是反资本主义),亦不是和平运动。耶稣带着剑来到地球,传教伴随着生理和心理的强暴行为。可怕的屠杀如同一条红线贯穿于基督教的历史,在基督教传教名义下,不间断地从欧洲开始的"圣战"变成具有种族主义性质的殖民掠夺和帝国主义剥削和强盗行径,并在19到20世纪达到了顶峰。这些战争对被征服者实施强制传教,奴役被征服者,破坏其文化。在这些侵略行径合法化上,基督教起到了一种具有灾难性的危险作用。从中世纪对异教徒、对反基督教

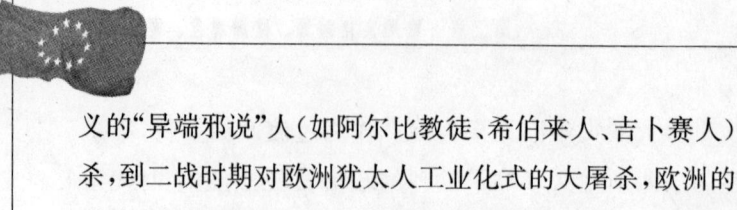

义的"异端邪说"人（如阿尔比教徒、希伯来人、吉卜赛人）的毫不留情的屠杀，到二战时期对欧洲犹太人工业化式的大屠杀，欧洲的基督教历史可以说是一部血腥史。马丁·路德和约翰·加尔文把基督教分裂为对立的两派，这给欧洲带来了宗教上甚至是政治上的分裂。在第三个千年之际，基督教不再充当对立角色，这对欧洲一体化进程不断向前发展无疑是一件幸事。有宗教冲突就不会有政治统一，不论是北爱尔兰边区的宗教冲突还是前南斯拉夫的种族肃清政策，都以震撼人心的方式显示了这一事实。

第二节

基督教视角下的欧洲观念探析

胡　凯[*]

一、引言：文化欧洲与基督教欧洲观念

学术界对欧洲问题的关注由来已久。随着欧洲一体化进程的不断深入，介绍、分析欧洲的发展及未来走势的专著与论文竞相涌现，可谓汗牛充栋，其中不乏试图界定"欧洲"概念外延的妙文佳作。何为"欧洲"？这是在进一步开展欧洲课题研究之前必须解决的基础问题。它反映的是存在于人们脑海中的"欧洲观念"，既体现了欧洲人的集体归属感，也是他们——当然也包括生活在欧洲文明圈外的人们——对"欧洲"与"非欧洲"之间界线的认定。

当然，从不同的角度切入，可以对欧洲观念的内涵做出各种诠释。德国哲学家雅斯贝尔斯的回答无疑提供了一种思考的方向："欧罗巴，它是《圣经》和古希腊罗马文化，是荷马、埃斯库罗斯、索福克勒斯和欧里庇得斯，是菲迪亚斯，是柏拉图、亚里士多德和普洛丁，是维吉尔和赫拉斯，是但丁、莎士比亚和歌德……是达芬奇、拉菲尔和米开朗琪罗……是奥古斯丁、托马斯·阿奎那、斯宾诺萨、康德和黑格尔，是西赛罗、伊拉斯莫斯和伏尔泰……"显然，将"欧洲"定义为诸多文化元素有机结合的雅斯贝尔斯所构筑的是"文化欧洲"的观念，其基础是对欧洲文化本源的一致认同。而作为支撑"文化欧洲"的重要支柱，以《圣经》为代表符号的基督教在整合欧洲分散机制方面所起的作用是不容小觑的。

---

*　上海外国语大学德语系博士、副教授。

以宗教为主体的基督教文化对欧洲社会生活的全面渗透催生了以宗教和宗教文化为核心的欧洲观念,或称之为"基督教欧洲观念"。虽然被冠以宗教之名,但是基督教欧洲观念的内涵远远超越了宗教的维度。从时间角度来看,它成型于罗马帝国中后期,其影响力伴随着宗教扩张在中世纪达到巅峰。带有宗教烙印的欧洲观念覆盖了几乎整个欧洲并向外延伸,同时使"基督徒"成为从不列颠到俄罗斯,从斯堪的那维亚到西西里一致认可的,甚至是唯一得到认同的身份标识。近代以来,宗教元素逐步退居次要之地。而且,威胁欧洲和平与安全的不再是来自非基督教世界,如土耳其的侵略,而是欧洲内部的分裂与对立。对此,基督教的旗帜显然无能为力。所以,基督教失去了在欧洲观念中的主体地位。但作为欧洲观念的重要组成部分,它对欧洲的影响仍在继续。在本节中,将着重分析基督教欧洲观念在其发展的黄金时代即中世纪的表现形式及历史地位。

二、中世纪基督教欧洲观念的内涵与表现

作为中世纪"欧洲共识"的集中体现,宗教界取得的一致认同是基督教欧洲观念形成的第一步,而基督教文化的形成则将散落在社会生活各领域的共性因素汇聚在一起。因此可以说,宗教的覆盖奠定了基督教欧洲观念的根基,统一的基督教文化塑造了基督教欧洲观念的主要内容。

宗教领域"大一统"的实现

作为一种宗教意识形态,求取宗教领域的独尊地位是基督教的首要任务,也是以基督教文化为核心的欧洲观念形成的基础。反之,中世纪的"欧洲共识"也首先反映在宗教层面,映证于欧洲人一致的信仰取向,直接表现为欧洲各民族放弃自己原有的宗教而普遍皈依基督教,由此使欧洲宗教界摆脱长期以来的无序状态而走向基督教领导下的统一,并且为基督教价值观成为欧洲人思维及行动的出发点和衡量尺度奠定了基础。

基督教发源于小亚细亚。然而经过近千年的历史演变,它通过与欧洲文化的成功融合,"脱亚入欧"并最终发展成为覆盖欧洲的普世宗教。在传入欧洲伊始,基督教曾一度遭到罗马当局的严令禁止,教徒亦惨遭迫害,因为它"否定了传统的帝国、氏族、家庭的神祇,也打破了帝国、氏族、家庭的神权统治,动摇了整个社会的组织和秩序"①。但到了公元 4 世纪,基督教不仅因为罗马统治者态度的改变而获得合法地位,更于 4 世纪末一跃成为罗马帝国唯一合法的宗教暨帝国国教。西罗马帝国灭亡以后,基督教再次依靠与世俗政权的联合巩固自己的地位。从法兰克王克洛维的皈依到教皇先后为查理曼和奥托一世加冕,从匈牙利、保加利亚的入教到基辅大公强迫其臣民到第聂伯河受洗,基督教在以其精神控制力和文化优越性确立蛮族统治合法性的同时,也依托世俗的武力将其影响力拓展到更广阔的地区。征服者的矛摧毁了当地的习惯势力,而接踵而来的教会则树立起一种新的、统一的价值观。基督徒每到一处,"即提倡一种共同的信仰,这共同的信仰,为所有合作事业之根基,凡政治统一,法律一致,莫不赖之而成立"②。就这样,基督教在中世纪中期完成了对欧洲宗教界的覆盖,并通过与其他宗教形式的接触和碰撞完成了对其扩张临界线的界定。于是,从古代延续下来的宗教多样性结束了,取而代之的是基督教在欧洲宗教界的一统天下。

必须指出的是,虽然外部的竞争者被扫荡一空,基督教却始终无法摆脱来自内部的分裂因素的侵袭。从最初的异端,到罗马教会与希腊教会的决裂,乃至由宗教改革引起的天主教各宗派的分道扬镳,"正统"与"非正统"之间的斗争从未停止过。恩格斯在分析早期基督教历史时便指出,早期基督教作为一种缺乏目的性和秩序的群众运动,无法避免内部诸多宗派的存在及斗争,而且这种斗争的残酷性"至少不下于对共同外敌的斗争"③。而十字军对阿尔比异端和君士坦丁堡的攻击和长久的宗教战争都是这种斗争的具

① 杨真.《基督教史纲》.北京:生活·读书·新知三联书店.1979.90.
② 杨昌栋.《基督教在中古欧洲的贡献》.北京:社会科学文献出版社.2000.202.
③ 恩格斯.《马克思恩格斯全集》.北京:人民出版社.1965.(22).537.

体表现。然而从宏观角度分析,我们完全有理由认定基督教对欧洲宗教界的统一一直延续到现在。因为如果将基督教当作一个有机整体来分析,不同的宗教派系将被视为包容在整体一致前提下的内部差异。不同宗派之间的争斗并未从根本上动摇基督教在欧洲宗教界的统治地位,因为无论是天主教、东正教,还是路德教派、加尔文教派,它们所倡导的都只是由基督教基本教义衍生而成的不同表现形式。尽管不同的宗教派别对于教义有着各自的理解和诠释方式,但他们毕竟读着同一本圣经,唱着同样的圣歌,用同一种声音与上帝交流。从这一点上说,欧洲的基督徒之间(乃至全世界的基督徒),无论他们属于哪一个教派,并没有本质的区别。

基督教文化向社会生活各层面的渗透

任何意识形态,包括宗教在内,都会视尽可能多地对社会生活各方面产生影响为己任。基督教对宗教界的占领及其对社会生活其他领域的渗透几乎是同步的。而由于欧洲历史发展的特殊性,基督教在中世纪获得了前所未有的发展机遇,并最终缔造了时至今日依然笼罩着欧洲的独特文化氛围。

西罗马帝国的灭亡令欧洲古典文明面临全面崩溃的危险。罗马帝国的统治留下的是"普遍的贫困化,商业、手工业和艺术的衰落,人口的减少,都市的衰败,农业退回更低的水平"①,古希腊罗马文化也已失去活力和继续发展的载体。而作为结束旧时代革命因素的日耳曼人,根据《日耳曼尼亚志》等史料的记载,他们的文明却仅仅达到原始社会末期的水平,他们对文明的破坏远甚于继承与发展。原始对开化的逆向征服和征服者与被征服者之间过于巨大的文明落差使双方都没有可能完整地继承古代文明的成果。而有能力承担这项使命的,只有基督教会。恩格斯视基督教为旧世界解体的产物,它的引力吸纳了旧世界崩溃时所释放出的各种分子,其中当然不乏有价值的文明积淀。科学的、文化的和思想的遗产通过与基督教精神的融合而被保存下来,并形成一种在中世纪欧洲具有强

---

① 恩格斯.《马克思恩格斯全集》.北京:人民出版社.1965.(21).169.

大生命力的文化形式——基督教文化。在欧洲西部,作为同时掌握了文化武器与物质力量并努力试图恢复被破坏的秩序的唯一组织,基督教会拥有充足的实力构织起符合基督教价值观的社会生活网络,并使基督教文化的血液伴随历史脉搏的跳动流向社会生活的各个角落。

美国历史学家霍莱斯特指出:"中世纪盛期欧洲活力最显著的表现,莫过于基督教信诚对欧洲社会越来越大的影响。"在个人生活方面,教会的"七件圣事"①在人生每一个重要时刻提醒欧洲人思考个人与宗教的联系。每一个欧洲人从降生之日起就无法摆脱基督教文化氛围的约束。在知识界,大马士革的约翰在其神学著作《知识的来源》中提出了"神学是最高的知识"的观点。他认为神学如同皇后一样需要婢女侍奉,而哲学和各种世俗的知识则应成为神学的婢女。如前文所述,作为古典文化唯一的继承者,教会完全有可能且有能力成为知识思想界的主宰。而欧洲中世纪初期文明的倒退更将教会推到了最受尊崇的地位。在东罗马帝国,尽管从总体上来看,对古代文明的继承与发展强于欧洲西部,但基督教文化仍然统治着社会生活的诸多方面。在汤普逊的《中世纪经济社会史》中有这样一段话,足以证明基督教文化对东罗马帝国社会生活的巨大影响:"那个时代,对宗教问题的讨论自然日益热烈,因为政府对政治的自由讨论加以压制以及正当的地方政治活动日益萎缩。结果,在当时的宗教问题上,人们就找到了讨论和研究的领域。各阶层的人们对当时流行的神学论题,热烈地讨论着,像我们今天讨论着政治问题一样。这项讨论的兴趣,从社会的最上层,延及社会的最下层。尼萨·格列高里有一篇关于群众对神学兴趣的有趣文章流传下来。他描写第四世纪的君士坦丁堡时说:'这个城市布满着手艺人和奴隶;而他们都是有学问的神学家,在店铺里也在街道上,进行传道。如果你要向一个人兑换一块银币,他会告诉你,圣子在哪些方面是和圣父不同的;如果你要买一块面包,他就会告诉你作为回答说,圣子地位低于圣父;如果你问浴室已否准备好,他的回答是:圣子是从虚无中生出来的。'"

---

① 七件圣事指洗礼、坚振礼、婚配礼、神品、终敷、告解和圣餐。

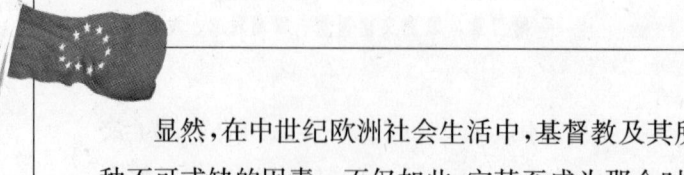

显然，在中世纪欧洲社会生活中，基督教及其所代表的文化形式是一种不可或缺的因素。不仅如此，它甚至成为那个时代"任何思想的出发点和基础。法学、自然科学、哲学，这一切都由其内容是否符合教会的教义来决定"①。它走出了纯宗教性的束缚，其触手已经伸展到社会生活的各个领域，并随着基督教在欧洲的传教活动向着更广、更深的地域扩张。在这个过程中，基督教文化在欧洲的整体代表性越来越清晰。"中世纪的欧洲在政治上虽日趋分散，在文化上却相对统一，而基督教对这种统一起着不可忽视的作用。在东方人或者洲外人士看来，欧洲各国由于其宗教和文化上的一致而基本上是大同小异的，或者说所同多于所异。这种比较符合历史实际的看法，往往不为近代以来经常怒目而视、甚至互相打得你死我活的欧洲各国人士所认可，也可说是一种'旁观者清'的现象吧！但是在中世纪的欧洲，这种基于宗教和文化的认同感，或者说统一欧洲的史地感却是普遍存在的"②。这种共识正是基督教视野下欧洲观念的重要内涵。

教会对世俗政治的干预

从基督教的视角审视欧洲，绝不能忽视中世纪教会与世俗王权之间时战时和的微妙局势。

宗教作为上层建筑的组成部分，往往被一定阶级所用，成为其夺取政权或维持统治的工具。除非在社会生产力水平极其低下、文明发展尚处蒙昧、人们缺乏科学认知手段的情况下，宗教才可能模糊精神统治与政治统治的界线。毕竟在本质上，宗教是一种具有"依附性"的力量。因此在强大王权的控制下，基督教的发展始终无法脱离政府的意愿。康士坦乌斯曾宣称："我的意愿就应当成为教会的经典。"即使在教会权力极盛的中世纪，在查理曼或奥托一世等强大的君主统治期间，教会也鲜有左右政局的机会。比如在查理曼执政期间，曾"亲自主持了 16 次宗教会议，宗教

---

① 恩格斯.《马克思恩格斯全集》.北京：人民出版社.1965,(21).545.
② 郭华榕,徐天新.《欧洲的分与合》.北京：京华出版社.1999.48.

会议的决议,由皇帝的《通令》予以颁布,其中如 789 年发布的《通令》共有82 章,对教会和神职人员的活动作出极为烦琐的规定,……甚至宗教信条和仪式的细节也由皇帝《通令》予以规定,违犯的由国家判罪监禁。高级神职人员全由皇帝任命,更不待说"[1]。

然而,如果王权无力维持局势,宗教的精神力量便可能发生实质性转化,教会蕴积的政治能量也会倾泻而出。在乱世中,罗马教皇"是行政长官,也是教长。他指挥警察,管理市场,铸造货币,主持民事和刑事法庭,修建城垣和引水管,补助学校和医院,统率民军,以及遭攻击时捍卫城市。那由教皇因领有广大土地而行使的权力,在帝国权力衰微时期,已差不多相当于一个主权者的权力了"。于是,教会开始觊觎操纵世俗领主的无上权力,并积极地从理论方面论证宗教干预政治的合法性,为教会攫取政权的计划造势。从圣安布鲁斯[2]"皇帝是教会的一员而非教会的主人"的格言、圣奥古斯丁的《上帝国家》和阿奎那"世俗权力之服从宗教权力,犹肉体之服从灵魂"的观点,到格列高里七世 1075 年发布的 27 条《教皇敕令》和英诺森三世"主交给彼得治理的不仅是整个教会,而且是整个世界"的主张,这种理论日益系统化。伪造的《艾西多尔文件》的出现,神圣罗马帝国皇帝亨利四世与教皇格列高里七世之间的斗争,英诺森三世废黜德意志皇帝和对英、法国王实行破门令的行动,卜尼法斯八世的失败和"阿维农之囚"都是神权与王权斗争的具体表现。

政治可以被视为社会生活的金字塔尖。教会对政治权力的染指可以说是基督教向全社会扩展其影响力的巅峰之作,也是欧洲中世纪史上的独特现象。教会在政治领域扩张势力,主要依靠基督教文化在包括宗教在内的社会生活诸层面的深远影响。而与此同时,前者又反作用于基督教文化在中世纪欧洲社会全方位渗透。基督教文化在发展过程中充分显示出其对民族和地域界限的超越,它将不同文化背景、来自不同地区和种族的人统一在

---

① 杨真.《基督教史纲》.北京:生活·读书·新知三联书店.1979.151.

② 340 至 397 年,曾任意大利米兰主教,与哲罗姆、奥古斯丁并称三大拉丁教父。曾因皇帝狄奥多西一世血腥屠杀塞萨洛尼卡地区的起义人民而开除其米兰教会的教籍,迫使他认罪求恕,由此开创了教会利用教籍问题干预世俗政治的先例。

一面旗帜之下。而作为基督教文化的代表,教会对世俗政治的干涉使其逐步具备超国家机构的性质。两种因素相辅相成,使基督教文化的整体代表性更为明显,同时也令基督教欧洲观念的内涵日趋完整。

三、对基督教欧洲观念的价值分析

在对基督教欧洲观念的内涵、表现及其特点加以解读以后,不难分析"基督教欧洲观念"的历史地位、价值和影响。对于后世"欧洲共识"的发展,"基督教欧洲观念"的作用主要体现在以下五个方面。

欧洲观念最早的完整表现形式

首先,在历史长河中,以基督教为内核的欧洲观念是欧洲观念最早的完整表现形式。当然,我们能够在更早的古希腊罗马时代捕捉到某些具有整体代表性的一致认同。但严格来说,它们并不具备被视为欧洲观念的条件。希腊人的一致认同是建立在民族共性的基础上的,而罗马人的一致认同则是基于政治统一前提下的区域共性。相形之下,前者强调内在文化的统一,其过强的排他性使认同的临界局限于伯罗奔尼撒;后者致力于政体和法体的统一,对异种文化的个性表现出宽容的态度,其认同的一致性集中在"罗马人"的身份之上。这种共性的外延等同于罗马国家的疆域。在那个时代,"欧洲"这个概念被掩盖在人们对"希腊"和"罗马"的认识之下,所以它们应当被更确切地称为"希腊观念"和"地中海观念"。直到中世纪中期基督教欧洲观念在欧洲范围内得以确立,地理界定和文化内涵统一在"欧洲"这个概念之中,它才成为思维与行动的基础与目标。也正是在那个时代,才出现了如十字军等以臣服于基督教文化的欧洲为单位的一致行动。从这个意义上说,"希腊观念"和"罗马观念"应该被视为后世欧洲观念的雏形,而通过它们的积累形成的基督教欧洲观念才体现出"欧洲意义"。

维系人心的黏合剂

其次,在相当长的一段历史时期内,宗教文化维持着一种将欧洲人联系在一起的身份认同，这便是"基督徒"的身份。随着罗马帝国的覆亡，罗马公民的头衔丧失了它原来的意义。过去由其维系的来自不同文化圈、颇具差异的人们失去了彼此之间的纽带，不免再次陷入纷争和割裂的境地。重新将他们聚合在一起的，不是古典文化的力量，因为古典文化已经堕落腐化并受到战乱的严重破坏。即使在文化保存比较完好的东部，由于文化承载者本身的衰弱，越来越多过去为其所不容的因素侵入其中，使其逐渐偏离原来的轨迹并异化。古典文化最后的亲和力也伴随基督教文化对它的继承而转移到后者身上。这种力量同样不可能来自国家政权。除了少数君主统治的时期，中世纪的西欧几乎完全处于分崩离析的状态。人们只知有领主，不知有国家。众多的独立领地各自为政，少有联系。而在东部，在查士丁尼之后，王权就鲜有振奋的时候。但是在这种情势下，教会却主张信基督者，不问出处，皆是上帝的儿子。它认为"上帝从一本造出万族的人"，无论"犹太人、希利尼人、自主的、为奴的、或男或女，……在耶稣基督里，都成为一了"。在欧洲人得到"基督徒"身份而达成理想中的"一"时，他们彼此之间本源的一致性得到了肯定，超越民族和地域的认同感也开始形成。如同未开化的野蛮人被排除在文明世界之外，非基督徒在中世纪的欧洲是没有任何地位的。因为在中世纪欧洲，基督教世界就是文明世界的代名词。"在这之前或以后，基督教定然延展到欧洲之外，但决不会存在游离于基督教之外的真正的欧洲。"①由于这个原因，尽管"基督教文明与各民族的政治经济的利益并不是重合的，但是基督教文明在各民族间起了'黏和剂'的作用。所谓'欧洲观念'在当初就是这个意思"②。

欧洲超国家机构的出现

　　再次，罗马教会在中世纪的作为为后世的欧洲提供了超国家机构的行为范例。在中世纪的欧洲，教会不仅根据自己的意愿调整欧洲各组成

① O. Halecki. *Europa. Grenzen und Gliederung seiner Geschichte*. Darmstadt. 1958. 10.
② 陈乐民，周弘.《欧洲文明扩张史》.上海：东方出版中心.1999.82.

单位(民族、国家等)之间的关系,影响着欧洲政治格局的形成,而且在对外行动方面,教会也是唯一能够扮演欧洲领袖角色的组织。教会直接介入对世俗君主,尤其是神圣罗马帝国皇帝人选的决定,国与国之间的纠纷诉诸教皇裁定也非罕事。当欧洲面临外部侵略的威胁时,教会也担负起整合欧洲分散势力、汇聚抵抗力量的责任。它狂热地呼吁基督徒收复被萨拉森人占领的伊比利亚。当欧洲为对外扩张的欲望或压力所驱使时,教会又成为行动的策划者和组织者。它所倡导的传教活动直接推动了欧洲文明影响力的延伸,而参与朝圣活动的热情深深地扎根在几乎每个欧洲人的心底。此外,"罗马教廷曾多次与希腊、俄罗斯、阿美尼亚的封建统治集团联系,企图建立基督教的欧洲大一统天下;还派遣传教士到波斯、蒙古和中国传教;又不断发动组织十字军,征服所谓异教徒国家"①。教会领导的十字军"以'圣战'的旗帜,把西欧各国上至君主国王、封建贵族领主,下至骑士再到普通教徒,统统调动起来,招聚到教皇的麾下,使整个欧洲呈现出一种由教皇领导的前所未有的一统局面"②。十字军运动可以说是历史上第一次(甚至也是绝无仅有的一次)欧洲人的一致行动。而在有关十字军的各种记录和史料中,几乎找不到"欧洲"的字样,取而代之用以标识欧洲各族人民的名词是"基督教"。中世纪的教会是一个"统一而又遍及各国的机构,它的管辖权是越过所有种族、民族、语言的分界线而通行无阻的。……在中世纪欧洲,除了犹太人之外(他们因各个不同的时期与情况而受到容忍或迫害),每个人是教会的属民,他须对教会效忠;如果他反叛了教会,他将受处罚。不管属于哪个国家,不管谁是它的统治者,每个人是属于教会管辖的"。可见,教会对欧洲的控制及其树立的权威是任何在它之后佩戴"欧洲头衔"的超国家组织所无法比拟的。此外,在中世纪及其后问世的各种欧洲联合方案中,教皇及教会也往往因其影响力

---

① 杨真.《基督教史纲》.北京:生活·读书·新知三联书店.1979.249.

② 李秋零,田薇.《神光沐浴下的文化再生:文明在中世纪的艰难脚步》.北京:华夏出版社.2000.227.

而被赋予特殊的权力。①

欧洲文明的传承者

第四,基督教欧洲观念构筑了欧洲古典文明向近现代文明过渡的桥梁。教会组织的活动保存了古典文明的成果,并通过基督教文化的形式将这种成果传递给后世的欧洲人。霍莱斯特指出,"基督教对罗马帝国的胜利是基督教与希腊罗马文化之间文化碰撞与调和的产物,其结果是产生了一个基督教化的帝国和一个希腊化的基督教"。基督教在欧洲的发展是它与当地文化彼此接纳的过程。因而,基督教文化本身是一种融合的文化形式,它充分吸收了希腊和罗马文化中有利于自身发展的积极因素。而在知识与文化陷入混乱与黑暗的社会转型期,基督教的功能发生了改变。"如果说基督教在罗马世界中的基本态势是学习的话,那么在日耳曼西方的基本态势就是教导别人,它传授给日耳曼人的正是它过去从罗马人那里学来的东西。"②基督教文化在引导日耳曼蛮族走向开化和恢复失落的文明的进程中所起的作用无疑应当受到肯定。"基督教的领袖如修道士等,无论是主张劳工神圣,教人当自食其力;无论是提倡农业,教人开垦种植五谷;无论是改良渔业,教人察酌海河之情形,教人撒网;无论是教人各种之手工,或教人修桥、铺路、建筑大规模的修道院和礼拜堂。凡他们所实行,所提倡的,无一不是改正蛮族的习惯和风俗之误谬,无一

① 比如,法国国王腓力四世的法律顾问杜布瓦(Pierre Dubois)于 14 世纪初以收复圣地为契机,提议由教皇召集所有世俗及宗教领主召开大会,挑选法官组成仲裁法庭以协调各领主之间的纷争,而最终裁定权则由教皇掌握。15 世纪 60 年代初,波希米亚国王波德布拉特(Georg von Podebrad)及其宰相马里尼(Antonius Marini)更进一步提出了在基督教的旗帜下统一欧洲各国,使其服从于拥有立法权的联邦议会及行使司法职能的国际法庭的计划,以避免欧洲国家之间的争端演化成为战争,并共同应对反叛、暴动等罪行以维护联邦内部的安定与和平。1623年,法国修道士埃默里克·克鲁塞(Émeric Crucé)发表了《新的大公会议——论国家:建立全世界普遍和平及贸易自由的机会及方法》一书。在书中,他建议在威尼斯成立由世界上所有国家参与的常设大会作为调解争端的仲裁法庭,常设大会的代表议席则以教皇居首。

② 约翰·麦克曼.《牛津基督教史》.贵阳:贵州人民出版社.1995.212.

不是弥补他们的缺点,亦无一不是集群策群力去修复中古早年的野蛮民族所破坏的建筑物。"①它不仅将古代农业、畜牧业和种植业等方面的技术传授给对此一无所知的日耳曼人,而且在一定程度上保留了古典时代的思想成果。将中世纪称为"黑暗时代"的史学家们过分强调教会在中世纪中后期对文明发展的压制,却没有客观地指出,如果没有基督教文化的过渡,欧洲的文明水平极可能一直倒退至文明发展的起点,并失去几乎全部希腊罗马文明的遗产。如果是这样,很难想象现代的欧洲文明仍能清晰地体现出本源的同一性,现代的欧洲人也不可能将古希腊罗马文明和基督教文化视为欧洲文明的共同基础。

基督教欧洲观念留下的历史烙印

第五,教会组织的作为既给欧洲的发展留下了诸多难以解决的问题,也在欧洲文明中刻下了深深的印记。在各种历史遗留问题中,最为突出的是东西欧的分裂。被教义之争所掩盖的东西部教会之间的权力斗争导致双方于1054年正式决裂。由此,继文化传统与政体的分裂之后,维系双方的最后一条丝线——宗教也被挣断了。这也是导致十字军对君士坦丁堡挥戈相向和欧洲西部坐视东罗马帝国被奥斯曼人吞噬而不施援手的诱因。历史的因素与民族的、发展道路选择的因素叠加在一起,令东欧与西欧之间的差异更加显著。当今欧洲一体化运动在东扩过程中遭遇到很多困难,追本溯源,病因其实早已深种在历史的沉积之中。另外,伴随中世纪欧洲扩张的传教活动也没有因为教会的失势而停止。在近代欧洲的殖民行动中,传教士依然是欧洲征服者的先锋。弗瑞塞的著作告诉我们,"20世纪初,英国教会对非洲传教士的训练手册中说到:'促进欧洲人的稳定统治方面,传教士往往是先锋和中人。'"而殖民地被征服者对欧洲殖民者的看法是:"传教士先来,然后是商人,最后开来了军队,屠杀征服,分而治之。传教士是白人用来哄骗非洲人昏睡的工具,白人趁我们昏睡,就抢去我们的土地和自由。"这些文字都充分显示出基督教文化在欧洲文明中

---

① 杨昌栋.《基督教在中古欧洲的贡献》.北京:社会科学文献出版社.2000.159.

的重要性和独特性。而这种特殊性也正是基督教欧洲观念留在后世历史中的回声。

四、结 束 语

"一个欧洲人可以不相信基督教信念的真实性,然而他的言谈举止却都逃不出基督教文化的传统,并且依赖于那种文化才有其意义。……如果基督教消失了,我们的整个文化也将消失。接着你便不得不痛苦地从头开始,并且你也不可能提得出一套现成的新文化来。你必须等到青草长高,羊吃了青草长出毛,你才能用羊毛制作一件新大衣。你必须经过若干世纪的野蛮状态。"艾略特的这段话道出了基督教文化的历史地位。美国学者伊迪斯·汉密尔顿认为:在欧洲,人们无法回避希腊文明的遗迹。其实,人们又何尝能够穿梭于欧洲而无视基督教文化的影响呢? 基督教欧洲观念留给后人很多值得研究的问题。尤其是那些将欧洲一体化运动作为研究对象的学者,更无法漠视它在历史中的存在。值得注意的是,当代欧洲国家的领导人已经提出通过文化领域的一致认同推动欧洲联合的设想。而要解析文化维度的"欧洲共识",则必然要面对基督教文化及其历史作用,并考察基督教对于当代欧洲整体走向的影响及意义。这也正是本节的目的所在。

第三节

欧洲对文化概念的界定及文化理论发展

王志强[*]

什么是文化,文化范畴涉及哪些层面,这是自古以来人们一直在探索的问题。欧洲对文化范畴界定至今仍影响欧洲人的文化习性、生活方式和价值理念,并在一定程度上也反映了西方文化的发展进程。确定欧洲文化范畴及其历史变化过程,将有助于我们更好地理解欧洲文化,解读欧洲的价值体系。

一、文化范畴界定

根据西方典籍,"文化"一词源于拉丁语"cultura"和"colera",最初指"土地耕耘"和"身体和精神护理",由此衍生出"物质文化"和"精神文化"。对哲学而言,文化是同"自然"相对立的概念,文化相对于"自然",指非自然界提供的,由人类创造的一切成就,文化又使人在思想和行为方面区别于动物。由此奠定的文化是指"由人在某一时期,在特定地区凭借前人赋予的能力,在环境和改变环境过程中,通过理论和实践创造的成就,如语言、神话、伦理、机构、国家、政治、法律、手工业、技术、艺术、哲学和科学,不同文化内容和典型文化模式,如价值规范、价值观、理想和与之有关的个人、社会的活动和行为方式",由此可得出以下文化界定理解层面:(1)文化受到时空和文化载体制约,即文化因素、文化理念和文化价值受到时间、地点和人的限制,它们是在特定的地点、时间、由特定的文化载体奠

---

* 上海外国语大学德语系博士、教授

定;(2)所有的文化都有历史承继性;(3)文化是动态的,不是一成不变的。从跨文化认知论或跨文化理解角度看,文化这三个认知层面在一定程度上决定我们的跨文化理解。在人类发展过程中,文化是在不同时空形成的思想、艺术、科技、语言和日常生活表达形式的总和,并具有地区和民族的特殊性;文化是一个全面的、充满活力的,但又趋以保守的概念;它来自过去,着眼当代,面向未来。从广义角度看,文化是人类在长期社会生活中创造和积累的物质财富和精神财富,它包括以下四个文化内容层面:精神心理层面——涉及精神信仰、思想意识、价值观念、审美情趣、民族特性及伦理观念;行为层面——涉及生活方式、家庭模式、礼仪准则、交际形式和人际关系等;制度层面——涉及政治体制、经济模式、社会组织和法律典章等;物质层面——涉及服装、饮食、居住、交通、工业技术等物化现象。在这四层面中,对人的文化行为、文化审视方式和文化认知假设产生影响的文化层面是文化的精神心理、行为和制度层面。

对民族而言,在特定时空由文化载体奠定的民族文化反映了这一民族特有的价值体系、思维方式和生活、行为方式。价值是民族文化的一个重要部分,它是产生民族效忠和民族认同的基础,而归属某一文化和文化圈也意味着受到这一民族和文化圈特有的思维方式和价值体系的束缚。这方面文化价值和政治文化价值是社会政治道德的基石,也是各民族和国家赖以生存的基本凝聚力,即经过千百年精心护理、培育和教化及维护,价值和伦理渗透在一个民族的日常生活各层面,化为民族的整体潜意识,并且支撑着整个民族文化,成为一民族最宝贵、最重要的精神支柱。就国家而言,其力量的凝聚力不仅需要资源、体制和权力,而且也需要精神凝聚力,即需要本我文化和本民族特有的价值观念、政治理念、哲学思想、法律制度、伦理规范、宗教信仰、民族传统和民族性格。另外,从价值规范作用看,价值也是对政府和国家行为的一种集体期望,鉴于价值这一特殊性,价值认同和文化认同具有建设性的文化作用,并成为当代国际关系中的一个重要制约因素。

不同的学科对文化有自己的定义。从政治学角度看,文化包括准则、信仰和政治风格。社会学视角下的文化范畴涉及习惯、生活方式和思维表达形式,文化对个人、群体、民族认同的形成起着十分重要的作用。跨文化交际学则将文化看作是一个影响和决定人们感知、思维、评价和行动的文化取向体系,其核心部分是文化核心标准,它们规定人们如何感知、评价所处的场合,如何对之作出合理的反映。也就是说,我们如何感知、如何思维、如何评价和行动,在很大程度上受到文化的影响,由此确定的文化取向体系,又确定和界定人的文化归属,即作为文化载体的人的文化认同。因时空和文化载体等制约因素,文化的文化核心标准在许多方面和很大程度上不同于另一文化核心标准。另外,文化也影响人们的习惯方式,这里不是指个人习惯,而是指集体、群体习惯,从这一角度看,文化可被看做是一个群体习惯的总和,并决定人们的交际、思维、感知和行为的取向。文化给人提供行为模式、行为条件和界限,这里文化既有普遍性,也有特殊性,它是针对社会、机构和群体的特殊取向体系。跨文化日耳曼学文化观认为:文化是一个不断变化、面向交流,不仅包括社会机构,也包括艺术品、生活世界中的日常行为方式、连贯的,但也充满矛盾、按社会阶层区别的规则、假设和有效体系,这一体系被理解为生活应对方式,它在很大程度上受到社会和经济等外部条件的影响,并通过相应的变化对变化作出相应的反映。① 同跨文化日耳曼学一样,现代文化学也将文化界定由"高雅文化"扩大至"日常文化",在这方面,文化不仅指"某一群体在某一时期创造的典型精神、艺术和造型、绘画成就等物化文化形式,如文学作品、绘画、建筑纪念碑、城市建筑及人文景观",此类物化文化可归入"高雅文化"范围。文化也包括人的日常生活方式,即日常文化,它包括个人、群体和社会的日常生活处境、行为方式,具体涉及生活情感诸层面和基本因素以及日常生活形式,如饮食、居住、睡眠、身体护理、着装、性生活和爱情以及反映一个社会群体的习惯范围,如节日、习俗、礼仪和行为方式。文化是社会生活的一个重要部分,从这一角度说,文化也包括个人和集体融入和参与社会生活的各种形式,被看做是人在生活世界的行为

---

① Alois Wierlacher: Internationalität und Interkulturalität. In: *Wie international ist die Literaturwissenschaft*, hg. v. Lutz Danneberg und Friedrich Vollhardt in Zusammenarbeit mit Hartmut Böhme und Jörg Schönert. Stuttgart/Weimar 1996, S. 550–590, hier S. 559. S. 559.

方式,"在生活世界,文化是指个人如何生活,如何工作,在何种条件下生产何种产品,用什么方式生产,如何养身、居住、着装,如何开发人的体能和智力,有哪些教育机会、医疗保险、养老保险,怎样确保就业,通过什么方式找到工作,媒体如何报道,提供哪些信息,科研以什么内容为主,个人如何分享科研成果,是否向个人开放艺术,人们创作哪些艺术,如何休闲和怎样建立人际关系"①。

在对"文化"和"文明"范畴的理解方面,欧洲各国给予不同的定义和界定,法语不区别"文化"和"文明",英语中的"文明"和"文化"概念也互不对立,唯独德语有"文化"(Kultur)和"文明"(Zivilisation)之分。这里,"文明"指科技成就和科技水平,"文化"则指价值、道德和再现人类精神生活的宗教、哲学和艺术,按德语对"文明"和"文化"界定,"文明"指的物质文化和表层文化,即有形文化,"文化"则指精神文化和深层文化,即无形文化,包括观念、价值和审美等。在二者关系中,表层文化也表达深层文化,但对整个文化体系起决定性作用则是深层文化。德国思想界对"文明"和"文化"的这种区别界定也构成了德国文化概念界定的一个重要方面。

二、欧洲文化概念和文化理论发展

综观欧洲文化概念和文化理论从古至今的形成过程,欧洲文化概念和文化理论在很大程度上涉及上文所及的文化和自然、物质文化和精神文化等文化范畴界定层面。

在古代欧洲,文化被看做是使人摆脱"动物性"和"自然性"的重要途径,如同古罗马哲学家西塞罗(Cicero,前106—前43)所推崇的那样,人可借助哲学陶冶精神。文化作为独立概念在欧洲文艺复兴和人文主义时

---

① H. C. Piwitt: Anstelle eines Vorwortes. 11 Thesen zum Vergehen von Hören und Sehen. In: *Aspekte der Kulturvernichtung Literaturmagazin 5*, hg. v. Peter Rühmkopf. Hamburg 1976, S. 12.

期得到确定,它首先以"cultura"和"colera"出现于拉丁语,并在 17 世纪末由拉丁语进入欧洲其他语言。这方面,德国学者普芬多夫(S. Pufendorf, 1632—1694)对文化的理解受到西塞罗的影响,把文化视作超越人的精神价值和义务的东西;意大利历史哲学家和法律哲学家维柯(G. B. Vico, 1688—1744)认为文化是人类特殊产物,因而只为人类所认识,自然虽然也可为人所认识,但不会有全面、彻底的认知,这只有自然的创造者上帝才可做到。鉴于文化和自然这一特殊关系,所谓"文化进化论"是指人日益加强的思维化、陶冶化和意识化过程,这一文化进化过程是人脱离自然性过程。人与自然性这一特殊关系也受到德国古典哲学家康德的关注,并强调文化使人摆脱人自然性这一文化的特殊作用,即文化是使人由其思想、精神和躯体受到自然性控制到人能控制自然性这一发展过程。从这一角度看,文化是由人奠定的、旨在规范人行为的道德价值,在这方面法律制度又使文化成为社会的价值体系和行为规范。另外,康德还强调艺术和科学对人的启蒙作用,人们可以"借助艺术和科学得到修养,并通过修养使自己具有社会适应性和礼节性"。而德国诗人赫尔德(J. G. Herder, 1744—1803)则在民族背景下审视文化,认为文化是人类历史中各民族形成的具有普遍人性的生活方式,在人性理想影响下,文化是一个时代、一个民族和人类精神成就的总和;德国诗人席勒的审美文化受到康德思想的影响,这方面席勒重视人的审美教育,要求保护人的情感,反对对自由的限制,但也要求人在无节制情况下控制人的自然性,通过情感与思想,素材与形式的传播,使文化创造出陶冶人情感和思想美的作品,达到文化教育的目的。由此奠定的席勒"审美文化"文化观由德国古典哲学家黑格尔(G. W. F. Hegel, 1770—1831)继续得到发展,黑格尔把文化视为精神原则,而思想和自然左右人的内部和外部自然性,并由此使人具有与此相适应的文化表现形式;就民族国家而言,文化形成离不开民族国家的历史发展;文化现象是文化发展过程中的个别现象,现有的文化是文化发展阶段,这方面既有相对性,又有可变性两大特点。黑格尔这一文化观对 19 世纪末和 20 世纪初形成的文化哲学和文化批评理论有着重要影响。

19 世纪以来欧洲文化理论发展迅速,出现了很多的文化理论学派,如以非欧洲文化为研究对象为主的民族学、文化等级理论、文化阶段模式、文化形态学、"文化圈学说"和文化人类学等。由德国民族学家莱奥·弗勒本尼斯(Leo Frobenius,1873—1938)奠定的文化形态学试图从时间和地域视角探索和研究历史文化,把文化解释为一种单一整体和"有机生物实体",即文化也如同人成长过程一样经历儿童、成人和老年阶段。而文化圈学说则在物化文化(文化遗产)、居住形式、社会秩序和宗教形式等方面确定文化间的相同性和相似性,并以此确定文化圈,并将之扩大到世界其他地区。这一文化理论也由文化形态学奠定人莱奥·弗勒本尼斯提出,在 20 世纪初逐渐形成。而介于社会学和民族学的文化人类学则以人和文化为研究对象,试图通过比较审视方式佐证人具有文化能力这一理论假设。由此奠定的"文化人类学"概念最初由泰勒(B. Tylor)在其发表于 1871 年的《原始文化》一书中提出。形成于 20 世纪 20 年代的德国文化人类学则以舍勒尔(M. Scheler)和普勒斯纳(H. Plessner)的哲学人类学为基础,其根源可追溯到赫尔德和狄尔泰(W. Dilthey)。在德国文化人类学学术视野下,文化是人的生活框架,人们可以在这一生活框架内弥补人的自然缺陷(感情薄弱)和能力薄弱。如果说以人为研究对象的文化人类学在方法上以史料研究、以实证主义和文化背景研究方式为主,那么之后形成的文化理论和文化讨论以融合为主。以此为理论基础的文化循环理论从循环发展视角审视文化发展历史,在很长一段时期,这一文化理论左右了西方学者对古代、中世纪历史和非欧洲文化史的研究。

如果说 19 世纪早期文化范畴不仅包括思想文化,也包括物化文化,那么,19 世纪以来的文化概念因学科分类而分类。文化范畴在一定程度上也反映了现代化所致的分类化趋势。在狄尔泰将学科分为自然学科和精神科学后,文化被确定为精神科学研究的对象。这种自然学科和人文学科对立划分遭到文化哲学的反对;文化哲学不仅反对文化直线发展形式,也对现代世界和其功能分类提出质疑。同文化哲学相反,形成于 20 世纪 30 年代的文化相对主义则把文化看做是一个完整的体系,并将不同的文化和社会现象看作是文化的不同表现形式。这一文化理论反对 17

世纪以来的"文化布道"和在"高雅文化"名义下对非欧洲文化的贬低态度。另外,文化相对主义理论不要求阻止现代世界分类化趋势。由英国民族学家马利诺夫斯基(Malinowski)奠定的文化研究以实证主义审视方式为基础;而由美国民族学家克勒贝尔(Kroeber)和克卢克赫恩(C. Kluckhohn)对文化概念的界定包括以史料为主的历史文化层面和以文化内在关系、不同文化活动、文化行为和文化现象的当代文化层面。后者也包括受到习惯、风俗和传统左右的日常文化,这同英国民族专家泰勒的文化定有相似之处,文化是"知识、信仰、艺术、道德、法律、习俗以及社会成员须掌握的能力和习惯的总和"。

至二次世界大战结束前,人们还在用物质文化和精神文化理解文化发展史;二战后形成的"文化产业"再度促进文化讨论。以消费为主的大众文化和与之相应的文化产品发展,一方面促进了文化通俗化和文化功能化,另一方面也将高雅文化置于功能化过程之中。在这一背景下形成的法兰克福学派以批判视角审视"文化产业",反对"文化产业"对人的约束。在这方面阿多诺(Adorno)和霍克海默尔(Horkheimer)反对社会对人的约束,因为这种对人行为的约束最终会造成人对社会的依赖,但让人从其行为的约束中解脱出来,又会使人重返"自然状态"。在此期间,文化不仅被看做是由社会确定的社会现实层面,人也在其社会化过程中领悟其行为的文化和人类生活的意义,文化也被看做是人们在社会权力和经济优势竞争所需的"人文资本",被看做是以文化意义为主的人的行为模式,以文化为研究对象的人文学科也是对科学技术的补充。

20世纪90年代以来的欧洲文化理论研究和文化理论发展面向全球化所致的文化问题,如民族认同、文化认同、经济全球化与文化多元化以及文化接触和文化理解等。亨廷顿的"文明冲突论"又唤起人们对文化圈理论的反思。在冷战结束后,文化因素在国际政治和国际关系中逐渐受到人们的关注,文化与国际政治、文化与国际关系已成为理论界研究的课题,在国际事务中文化越来越成为重要的因素。在人文学科,跨文化研究构成了欧洲90年代文化理论发展的新趋势,这里跨文化现象不仅成为文化研究对象,而且也成为众多学科,尤其是人文学科新的学术认知视角,由此产生了跨文化日耳曼学、跨文化哲学、跨文化交际学、跨文化教育学和跨文化神学等。这些新型学科理论虽然还尚未完善或还在形成之中，但他们因其面向全球化所致的文化问题，在今后一个很长时期内将成为欧洲文化研究和文化理论发展的重要趋势。

第四节

危机是欧洲一体化的发动机

鲁德格·昆哈特(Ludger Kühnhardt)*

一

从欧盟现有发展的各个方面来看,面对全球化挑战的欧盟在某种程度上仿佛发现了机遇。这让我想起了 15 世纪航海家亨利(Henry the Navigator)的壮举:他对博哈多尔角①以南的世界相当好奇,但并不确定是否能通过,于是怀着一种犹犹豫豫和小心谨慎的心情航行到那里。可以说,15 世纪时,欧洲推动了第一波全球化,然而 21 世纪初,似乎又是另一种情形:全球化看上去给欧洲一体化带来了一种新的理论,该理论使欧盟学得更快,看得更远,并更坚定地走到一起。

然而,欧洲这种状况似乎只通过危机方式和失败言论才出现。正如詹·齐隆卡(Jan Zielonka)在他的著作中恰如其分地指出,包括外交政策在内的欧盟政策都充满了自相矛盾。但欧洲一体化的进展正是由这种辩证的悖论和危机推动的。衡量欧洲一体化危机程度的标准只能从下列研究中寻找:欧盟领导层通过各种条约所确定的政治目标,欧洲法院的立法和司法审查以及有关欧盟峰会发表的蓝图和欧洲议会的声明等。在对"危机"进行简单明了的定义前,我们需要适当地区分"一体化的危机"和

---

* 德国波恩大学欧洲一体化研究中心主任。本文选用得到作者授权和同意,在此表示感谢。译者钱运春、李婧是上海社会科学院欧洲研究中心研究人员。

① 博哈多尔角(Cape Bojador)位于非洲西海岸北纬 26.7 度南,有强烈的潮流。欧洲探险家每航行至此,水手皆不敢再前行,有"恐怖之角"之称。在 1434 年航海家亨利到来之前无人越过此角。——译者注。

"一体化中的危机"两个概念。第一种类型的危机是本质性的,是挑战现有的一体化实践,或至少是挑战了现有的一体化理论;第二种类型的危机是非本质性的,只是指在一体化进程中执行具体政策目标遇到的困难,不具有因一体化进程脱轨或理论和合法性的背离而导致一体化目标失败的含义。由于本人无法建立一个科学模型去推定欧盟对未来危机将如何反应,也无法否认在媒体和学术界存在对危机的过度讨论——这似乎多与(主观与客观上的)对一体化的期望值和(主观与客观上的)实际执行不力之间的差距有关——本人建议在研究欧洲一体化经验时增加危机作为欧洲一体化发动机的内容。

本节分为四个部分。首先,本人认为危机是欧洲一体化进程中的发动机,提出挑战与回应这两个可解释的变量;其次,就一体化中最起决定性的危机和机会的角色和作用,提出一些有关欧洲一体化可能的历史分期的思考;第三,列举一些一体化中危机的事例,以便大家充分理解;最后,简要探讨欧洲一体化的危机和跨大西洋关系的调整期之间的相互关联问题。

在思考欧洲一体化前进的推动力量时,我们的思考混杂着希望和恐惧、偏见和动力。有些人可能会说关于欧洲一体化推动力的答案就像由圆变方一样简单。即便如此,那谁改变了圆,以及方形又是如何出现的呢?这仍然难以回答。正如我们所知道的,青蛙会跳,而欧盟的发展却不能像青蛙那样跳跃。但欧盟不止一次地运用了这种辩证法,甚至有时令人相当惊讶地发现,其一体化新的动力是源自无法预测结果的强大的和具有讽刺意味的逻辑。有时欧洲一体化的进展是试错的结果,但更多时候,一体化的进展并不是顺理成章,而是源于危机。这似乎可以充分利用挑战和回应的经典概念——由阿诺德·汤因比(Arnold Toynbee)在其开创性的世界史研究中提出的——以便更好地理解和思考一体化进程,尽管这个进程常常被认为是不可理喻且毫无理性的、不鼓舞人且令人可疑的。但总而言之,欧洲一体化非常成功。

在失败和成功之间、在挑战和回应之间,欧洲一体化的迂回曲折印证了汤因比所说的——在一个完全不同的语境下——那个"运动和静止的

交替节奏,是宇宙的本质"①。汤因比睿智地解释道,从世界史的角度来看,用挑战鼓动回应,有可能合适也有可能被误解。根据回应的本质,对他们提到的方式,挑战将导致负面或悲惨的结果。但如果对挑战的回应是合适的并很有针对性的,那将会复兴和强化其原来的形式或影响。挑战和回应与"是"和"成为"的概念一样,是相互交织的。汤因比用如下文字阐述了这种关系:"用科学的语言我们可以说,外因的作用是提供一种最佳的刺激,可以导致最富有创造性的变化。"有鉴于此,举例来说,法国和荷兰否决欧盟宪法条约,但这并不意味着制宪的结束,而是产生新成果的开始。本人确信,应该没有什么新的社会科学理论能更有资格解释危机的含义。也就是说在过去的 50 多年里,欧洲一体化的成就是在荆棘载途、道路崎岖的条件下实现的,走的是一条挑战与回应的道路。根据一体化理论,这个趋势表明是构成论者而非本质论者、是理性制度论而非功能决定论引导了一体化实践。对欧洲一体化危机含义的研究有助于我们思考一体化中危机的长期影响并从中获益。

我们不知道哪种危机具有一种根本的特质,将导致欧洲一体化事业毁于一旦,我们只知道这种终结性的危机尚未发生。反之,一体化的所有危机和一体化中的所有危机最终都巩固了一体化。很明显,如果对这种说法有争议,也是源于对危机本身的定义、一体化目标和对危机解释之间的关系,以及共同利益和适应危机之间的关系等方面存在分歧所致。

强调挑战和回应的含义并不意味着一体化的基本原理——或这些过程更加重要——可以简单地归结到一个解释变量中。如果是这样的话,我们将会屈服于历史决定论,将会确定无疑地与社会理论与人类行为背道而驰。不过,根据其回应突发挑战的常规步骤,把欧洲一体化历史概念化也并非难事。当然,这些回应还是通过一系列伴有务实战略和策略逻辑的政治过程进行的。但是,在面对欧洲一体化事业结构性的挑战时,这些应对过程总是机械的和功能性的。总之,简单地说,增加"挑战和回应"

---

① Arnold Joseph Toynbee. *Studies of History: Abridgement of Volumes I – VI*. London: Oxford University Press. 1947.51.

的逻辑和危机的思想作为激发思考的催化剂，可以帮助我们对欧洲一体化进行概念化理解：为什么会开始一体化以及一体化是如何排除万难发展的。

二

现在来谈第二点。对欧洲一体化最严重的挑战可以追溯到一开始。两次大战对欧洲的破坏，在美国开明的自利政策（马歇尔计划）帮助下，在美国作为"欧洲强权"的持续战略存在的条件下，西欧（包括西德）的民主复兴了。但是不要忘记，欧洲在全球的殖民统治的终结才标志欧洲第二次复兴的开始。通过对达芬奇见河造桥的雄心以及通过帕斯卡（Blaise Pascal）对幽暗深穹的夜空的恐惧，我们对第一次复兴很好理解。而欧洲的第二次复兴在一开始就是以希望和恐惧为动力的。

如果冒昧地用最明确的期限对欧洲一体化的第一个 50 年进行分期的话，我们会不可避免地陷入挑战和回应的辩证关系中，陷入危机里成功的悖论中。在本人看来，有两个主要的、明确的分期形成的、我们今天熟知的欧洲一体化，都与实质的危机和忧虑有关：似乎可以说"1957 年"是回应了与"1945 年"有关的危机（同样也是机会），但较少人会认同"2004 年"也是给了"1989 年"机会（同样也是危机）的结构性答案的看法。两个时期都是因寻求欧洲一体化的原理而被划定的，都是因外部实质的压力、挑战和机会影响了欧洲一体化的思想和实践方式而被确认的，都是因对一体化成功和作用的不同解释而被关注的。

1957 年《罗马条约》的签署和欧洲经济共同体的建立显然是对 1945 年二战结束和西欧议会民主制度复兴的明确回应。至于在 2004 年通过前所未有的欧盟东扩以及同年签署的史上第一部欧洲宪法开始的欧洲联合，在其意义和成败的评判上还存在争议，没有形成定论。但欧盟的扩大和为欧盟制宪的努力都应当被看做是欧盟领导集团对铁幕的崩落和寻求把国家层面上的议会民主和宪法权利同欧盟层面上的民主透明性、高效性和责任性相结合的回应，这一点是没有什么值得怀疑的。扩大和制宪

已经而且应当被看做是 1989 年革命变化的必然和逻辑结果。尽管对欧洲东南部的扩大还没有完成,2004 年对于欧洲联合而言仍然是关键的一年,因为在这一年定下了未来将会持续的路线和方针。尽管对欧洲宪法以及它最终的命运的看法还存在许多争议,2004 年的宪法由欧洲 25 个国家签署以及以多数票在大部分欧盟成员国被批准通过的事实已经是正在进行的欧盟宪法化和政治化过程中独一无二的,具有重大革命意义的。从结构角度看,2004 年已经成为漫长的并且还未过完的一年,一旦这一年在真正意义上结束,历史学家们将对此做出有趣的评论。正如 1989 年不是开始于 1989 年一样,2004 年并未在 2004 年结束。

具有讽刺意味的是,欧盟宪法 2005 年在法国和荷兰遭到多数选民反对,从而在欧洲引发了有关宪法的第一次公开争论。法国和荷兰的全民公决延长了 2004 年,使它的结果变得更加难以预测,为欧洲的危机史掀开了新的一章,也加速了欧洲一体化朝新的方向发展。比方说,建立关于整个欧洲范围内全民公决的提议被多次论及。有时候这个问题比宪法本身更加重要。因此,我们不能排除这样一种可能性,即欧盟宪法批准危机最终会比构成主义者在"好的天气条件"下发动欧洲群众加强欧洲公共领域更为有效。如果这样的发展能够成为持续的事实,我们就不得不对没有预期结果的法律的新的应用进行探讨。现在,一些学者已经开始研究在没有宪法条件下的欧盟制宪。宪法批准危机的结果目前还不明朗,因此保守、谨慎地说明问题是明智的做法。尽管如此,当所有结果出来时,有一天我们会接受这样一种观点,即接下来能与 1957 年一体化欧洲的最初建立相提并论的就是和发生在 2004 年的两件大事密切相连的一体化欧洲的进一步建立。

无论如何,欧洲一体化的两个关键阶段:1945 年到 1957 年和 1989 年到 2004 年涵盖了复杂的历史发展过程。如果我们更细致地分析这两个阶段,就会很快发现每一个过程最初的开端和最终的结果之间都不存在线性关系。如果从某一特定年份的政治意义及其相关的事物角度考虑,那么该年的开始和结束都无法界定清楚。顺便提一下,过去 50 年欧洲一体化过程中许多其他的次要或主要阶段及危机也都是如此。欧洲一体化过程中的关键阶段的结果和中间许多重要的或不那么重要的危机的结果类似。它们大部分已经通过把表面上相互排斥的趋势辩证地结合起来得以解决，尽管不时绕了或远或近的弯子。我们也会惊奇地发现一体化危机的结果一次又一次地强化了一体化的基本原理和已取得的形式。那么，认为危机最终总是欧洲最好的和最可靠的盟友的说法是否真的过于牵强了呢？

三

这把我带到了我要提的第三点。《罗马条约》的最初形成从欧洲经济共同体起步，发展到欧洲共同体乃至最终发展成为欧洲联盟。令人欣慰的是，所有 1957 年以后同时发生的危机之所以成为可能只因为 1945 年的最初的危机已经被解决。抵制苏联的扩张，特别是在美国通过"北约"提供的保护伞下这样做是对欧洲 1945 年后恢复和重建能力的最令人沮丧的检验，是欧洲自我毁灭的化身。1957 年或者随后的年份都不构成欧洲历史，或者事实上应该说是欧洲一体化危机史的完结。相反，这些危机中最严重者恰恰标志着欧洲一体化在过去 50 年发展历程中的重要转折点。

有人也许会说欧洲一体化的历史不过是最初提议的危机的发展及其后果的历史。以下是支持本文观点的一些最明显的例子：

• 1954 年在法国国会否决两年前它自己曾提出的欧洲防卫共同体之后发生的危机。此次危机最终通过 1957 年欧洲经济共同体的建立得以解决；

• 六个成员国政府反对在 1961 年和 1962 年它们自己参与了的"富歇计划（Fouchet plans）"中明确提出的两个政治一体化的提议，政治一体化的概念无法维系。这次危机最终的结果是 80 年代和 90 年代一系列条约的修改，从而建立了欧盟宪法的雏形；

• 由于在法国提出的农业政策上存在的分歧，法国退出欧洲经济共同体，直到 1965 年卢森堡妥协，法国才重归欧洲经济共同体。正如后来

显示的那样,这次危机的最终效应是多数投票原则和对欧盟法律首要地位的逐渐确认,即使最坚决的国家主权倡导者也不例外;

• 欧共体在 70 年代没有能够立即驶入"沃纳计划(Werner plan)"中描绘的通往货币联盟和单一货币的轨道。正是经历了 80 年代和 90 年代的货币危机,才得以最终引入欧元来回应沃纳描绘的挑战;

• 在 1992 年丹麦的全民公决中,大多数人拒绝通过《马斯特里赫特条约》。这一度被认为是标志着政治联盟的所有希望的破灭。而对此次危机最终的解决办法是通过一个很有实用价值的特殊豁免条约,促其第二次投票,使大部分丹麦人回到一体化的道路上;

• 2003 年 12 月,欧盟国家和政府首脑对 2003 年 6 月宪法大会提交的宪法条约草案无法达成共识时出现的制宪危机。对此决定延迟了半年,直到 2004 年年中此次危机才得以最终解决。这六个月的时间被用来形成体面的折中方案,尽管这些方案不比半年前已经能够形成的方案好多少。这也是 2005 年和 2006 年预算协商的争议的最后结果,在整个一体化过程中这只是一个小插曲;

• 最后,欧盟宪法批准危机。如果欧盟能够重新从它的机遇的角度进行界定,而不是像过去几年那样常常仅从它的限制角度界定,此次危机有可能最终得以解决。我们完全有理由相信欧盟能够通过寻找新的方向和加强欧洲公共领域的办法度过此次危机,无论是在有宪法还是没有宪法的情况下。

只要在隧道的末端有一丝光线,我们就可以肯定欧盟中会有人延长隧道。然而,这个隧道已经建成,我们作为欧盟的公民,或者至少我们的政治精英们,应该通过这个隧道。在此过程中,受我们已经经过的光线的指引比受新的视野或强大的领袖的指引更好,而且我们充满信心,走出隧道的信念必将同最初把我们带到此条隧道的希望同样可靠。从长期历史结构的角度着眼实现欧洲一体化的基本原理毕竟仍然有效,即建立一个基于民主原则的、统一的和自由的欧洲社会。这个社会保护人权,支持有着很强福利国家稳定因素的市场经济,逐步把经济和政治联盟结合起来,重建全球责任,把美国作为欧洲最重要的合作伙伴,在国际政治中尊重多边主义。简言之,正如提摩西·加顿·阿什(Timothy Garton Ash)所提到的那样,建立一个欧洲联盟本身不是结果,而是通往更高级的结果的通道。在他《自由世界》这本新书的另一个序里,他用自由和源于自由的义务来解释欧洲经验的要旨。"自由的扩大是二战结束60年来欧洲最大的成功。它也是接下来20年的核心目标。"这句话也适用于欧洲一体化。本人唯一要加上的问题是:为什么是接下来的20年,正好同我们退休的时间一致而不是同我们孩子们的预期寿命一致?

四

非常有意思的是,在欧洲一体化过程中最重要的危机和转折点都以这种或那种方式同跨大西洋关系的基本发展和适应危机相联系,这也正是我要谈的第四点想法。首先,从1949年(北约建立)到1957年(罗马条约签署)对于我们后来称之为"西方"的这个概念至关重要。1989年到2004年及其以后(2006年)之间欧洲一体化的第二个转折点本质上也同跨大西洋关系的重要变化相关联类似。简言之,建立共同的大西洋文明的第一个阶段是完全和谐的,而第二个阶段之所以具有重大历史意义则仅仅是因为它可以看做是跨大西洋关系的破裂。从柏林的封锁到苏伊士危机,20世纪40年代和50年代的跨大西洋的事件记载被混淆了。另一阶段的事件记载也被混淆了,这个阶段以有关前南斯拉夫继承问题的四次战争和两次伊拉克战争的爆发、北约前所未有的扩充以及试图将大中东地区的变化定义为新的跨大西洋项目的努力为标志性事件。2006年,大西洋两岸仍然在为处理全球事务未来的合作框架找寻新的思想框架。但在大部分情况下,当跨大西洋关系发展得不好时,欧洲一体化显然也跟着遭殃。

在跨大西洋关系中最重要的适应危机和欧盟一体化过程中重要的适应危机和关键阶段是彼此交织的。从1945年到1957年和从1989年到2004年这两个时间跨度对于跨大西洋关系和欧洲一体化的发展同等重要。

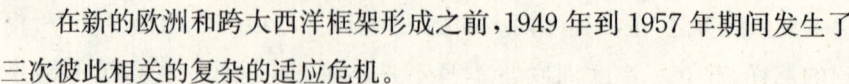

在新的欧洲和跨大西洋框架形成之前，1949 年到 1957 年期间发生了三次彼此相关的复杂的适应危机。

冷战和苏联的扩张以及接下来发生的使法国和英国在痛苦中意识到它们在全球事务中所受的限制的朝鲜和印度支那战争和苏伊士危机，促成了美国对欧洲安全的保障。

通过煤钢共同体生成的功能，欧洲一体化非常成功地把一系列相互矛盾的一体化的观念同把西欧重建成一个富裕、自由的社会中的各个国家的利益在以法律为基础的单一市场上统一了起来。

将北约作为重建西欧的战略和军事保险政策，将欧洲议会作为欧洲价值观念的一个松散的组织，以及将欧洲经济联盟作为通往欧洲一体化的第一步，这一系列举措加强了新的、可持续的欧洲和平秩序。

在 1989 年到 2004 年期间，又是三次具有决定性意义和彼此相关的适应危机形成了欧洲一体化和大西洋合作未来的发展道路。然而，我们对于结果的各个组成部分还不确定，因为从结构上来看，2004 年是非常长的一年，持续到 2006 年或者很有可能还将超过 2006 年。

欧元的引入开创了欧元和美元间的货币平价。比如，近年来通过贸易谈判，美国和欧盟之间或多或少的经济平价已经明显得到根本确认，尽管失业、经济增长和生产力的数据仍然显示出一些不同的结论。

尽管疑虑重重，尽管捕风捉影的讹闻无所不至，然而由 26 个北约成员国和 25 个欧盟成员国构成的欧洲大西洋合作委员会并没有放弃它在大西洋地区以外的地方应起的稳定作用，而且北约和欧盟都有望进一步扩大。在当今这个面临着全球化带来许多机会同时也面临着来自失败国家新的严重挑战，各种自然的和人为的灾难，大中东地区的现代化危机，伊斯兰极权主义恐怖主义威胁，大规模杀伤性武器渗透的世界，它们的作用仍然是不可替代的。

2002 年到 2004 年期间在伊拉克问题上，"西方内部的冷战"比南斯拉夫继承问题的四次战争以及俄罗斯政治体制和对俄罗斯在高加索地区的角色的分歧问题所附带的影响更棘手。但最终大西洋两岸的同盟各方不得不承认它们彼此相互依赖的关系。

　　本人不想把对时间序列和类比概念化的做法过长延伸。有些东西可能是有争议的,甚至是难以相信的。确定的是,本人的观点本身并不是为了加强人们对欧洲和跨大西洋适应危机关键阶段之间的联系的认识。但它们毕竟还是关键阶段,因为挑战最终会转变成机会或者处于这种转变的过程之中。这种观念对于一个中国人而言一定不会陌生,因为据本人所知,在中文中,他们用一个词来表述危险和机会——危机。

第五节

欧洲和解：超越历史的欧洲一体化

戴启秀[*]

从传统的国际法角度来看,国际争端有着不同的分类。根据解决国际争端的手段的不同,解决争端的方法可分为和谐解决方法和强迫解决方法。和谐解决方法是指以非强迫性的手段或方法解决国际争端,即用政治方法,也称外交方法或法律的方法来解决国际争端。政治、外交的方法是指谈判、协商、调查、调解、和解等方法,和解就属于这一外交范畴。

回顾和反思欧洲走过的50多年一体化过程,一体化是欧洲超越历史的选择,是欧洲50年和平的保障,是欧洲和平、繁荣和发展的重要前提。在这方面,和解政策的基础是建立信任,"和解"是欧洲一体化的基石。在曾经千年战火连绵的欧洲大陆上,曾经习惯于以冲突和暴力方式解决生存危机和生存问题的欧洲人是如何和解的? 欧洲人为什么会从对抗走向融合? 历史事实告诉我们:和解是关键。和解包含了"和"和"解"两层含义:"和"是和平、和谐,是目的,"解"是理解、宽容,是"和"的基本前提和条件,即通过理解达到和解。欧洲的和解是历史的选择,它走过了历史和解、政治和解、经济和解、文化和解的历程。本节主要解读欧洲二战后走过的历史和解。

一、和解的基本历史条件

综观欧洲过去50年走过的一体化历程,我们看到,超越历史的和解

---

[*] 上海外国语大学国际关系与外交事务研究院副研究员。

构成了欧洲政治联合的基本历史条件,在这方面和解是关键。欧洲和解也离不开历史条件和认知前提。首先,欧洲和解基于欧洲人观念的变化:为了避免战争,他们从反思第二次世界大战开始,到反思欧洲冲突、分裂和战争的历史,在观念上形成了欧洲新意识,即走欧洲共同联合、共同发展之路。欧共体的出现,体现了欧洲外交政策的重大变化和转折,也预示着二战后欧洲国际关系新范例的发端。第二,从方法上考虑解决历史上不断出现的战争苦难,避免历史上的悲剧再度重演,特别是要解决困扰欧洲数百年的"德国问题",使德国融入欧洲,实现稳定的和平,并通过一体化方式走出困境。"它表明,放弃基于民族的传统解决方法,而使民族的自身利益在国际框架内得以实现"。[1]这从方法上改变了以往从民族国家出发,各个国家出于维护民族利益,如领土、资源、人口等的要求而相互争夺产生冲突和战争,实现解决冲突方法上的突破;即以和解与合作化解矛盾,达到双赢。这是以理想主义为基础的联合思想对二战时期以现实主义为基础的权力思想的胜利,更是欧洲超越民族国家的胜利。第三,冷战是促使西欧走向联合的大背景,西欧联合是共同防御的需求,欧洲一体化寻求以一种更强大的力量来维持冷战时期在美苏之间进行周旋的能力。在逝去的历史里,法国和德国多次想靠挤压对手而谋求自身的发展;在二战结束后,面对欧洲在政治上的四分五裂,经济上由于战争的破坏也急需重建和复兴,德法两个欧洲大国认为,原来的想法已不合时宜。更为严峻的是,二战结束后,美苏又使欧洲成为冷战战场,这使法、德感到没有自主权和安全感,"欧洲自主"的要求被提上日程。这是欧洲政治家们不得不思考的问题。欧洲有识之士呼吁法德两国必须走出冤冤相报的怪圈。对二战的反思给了欧洲统一运动以强大的推动力,促进了人们对欧洲联合的探索与追求。

历史和解离不开政治框架,并在政治框架内采取措施消除历史积怨,推动联合与合作,这首先是一种自上而下的途径。1950年5月9日,法国

---

[1]　杰弗里·帕克.《地缘政治学:过去、现在和未来》.刘从德译.北京:新华出版社.2003.73.

外交部长罗伯特·舒曼提出了建立欧洲煤钢共同体的"舒曼计划"。法国希望通过煤钢等重工业领域的联合经营,取消民族状态的重工业,服务于法德两国民族和解,避免两国之间发生新的战争。此计划符合阿登纳的欧洲重要工业一体化的思想。该计划的重大历史意义和现实意义在于将引发法德百年冲突的两国领土和边境问题,即将欧洲第二大原煤出口区阿尔萨斯—洛林地区的煤钢资源置于两国共同参与管理的联合机构之下,也就是在一个较高的层级上,交由两国联盟共同解决问题。煤钢共同体向西欧所有国家开放。"舒曼计划"一方面结束了两国争端的根源,另一方面又将战争的重要资源控制在一个机构内进行管理,法德之间的关系得到了根本的纠正,最终结束了两国人民过去由于互不信任、竞争所造成的彼此一再兵戎相见的状态。从 1950 年舒曼首次提出建立欧洲煤钢共同体的"舒曼计划"到 1951 年 4 月 18 日,法国、联邦德国、意大利、荷兰、比利时和卢森堡 6 国在巴黎正式签订《煤钢联营集团条约》(又称《巴黎条约》),"舒曼计划"得到了具体实施。1952 年 7 月 25 日欧洲煤钢共同体正式成立,在此基础上 1957 年上述 6 国在罗马签署了旨在建立欧洲经济共同体和欧洲原子能共同体的条约(又称《罗马条约》)。1958 年 1 月 1 日,欧洲经济共同体和欧洲原子能共同体正式组建,并开始了欧洲一体化进程,走出了欧洲一体化最坚实的一步。

二、欧洲的"德国问题"

"德国问题",首先是一个"德国"概念的界定,如"丘吉尔理解为战前的德国,杜鲁门理解为 1937 年以前的德国,斯大林则认为 1945 年的德国"[①]。它的概念界定首先涉及德国的地理边界问题。其次,德国问题也是一个历史概念,因为德国的历史多数是由一系列德国问题产生、演变和解决的过程构成的;各个时期德国问题都有着不同的内容和不同的结果。欧洲的历史也表明德国人的问题一直都是欧洲人的问题,也是欧洲安全

---

① 王绳祖.《国际关系史 第六卷》.北京:世界知识出版社.1995.370.

问题。从允许德国加入北约和欧洲建立欧共体，目的都在于解决"德国问题"。导致这一现象的，除其他一些因素外，最主要原因则是德国的地理位置常使欧洲的历史改变方向。德国的地理位置以及德国对地理位置的认识构成了德国历史的重要组成部分。德国问题的产生和解决都与其特定的地理空间有着密切的关系。地理空间上的认知使德国人更加关注其周边国家和与邻国的关系。冷战时期，德国外交上的对欧政策面对西欧的历史和解重点是法国，面对中东欧的历史和解主要是苏联、波兰等前华沙公约组织国家。在冷战时期东西方冲突与对峙中，德国因特有的地理位置，在美苏两极之间拥有关键的地位。冷战结束，随着柏林墙的倒塌，德国的国家统一和主权统一得以实现。在欧洲实现稳定的和平体系后，欧洲数百年的"德国问题"亦得以解决。美欧双方为德国不再是一种威胁而感到高兴。但东西方冲突和对峙的结束，改变了德国对美国的战略意义。今天，德国的作用仍基于二点：一是德国位于欧洲的中心，仍具有地缘政治的脆弱性；二是"随着冷战的结束，整个地缘政治区域化的问题再次呈现出来"①。作为北约成员国和欧盟成员国的德国仍会在欧盟及北约的框架内参与周边地区及欧洲以外地区未来危机的解决。

三、历 史 和 解

战后，德国被夙敌所包围。德意志民族要想重新自立、生存和发展，首要前提是要实现与欧洲各国的睦邻友好。为此，战后德国历届政府都不遗余力地通过实际行动化解德国与法、英之间的世仇，与以色列建立了正常关系，消除了与东欧各国之间的历史积怨。正是因为德国政治家在历史问题上表现出了勇气和智慧，使德国赢得了欧洲乃至世界人民的信任，也使德国在欧洲合作的框架下"突出重围"，重新成为世界上一个有影响的国家。

---

① 杰弗里·帕克.《地缘政治学：过去、现在和未来》.刘从德译.北京：新华出版社. 2003.116.

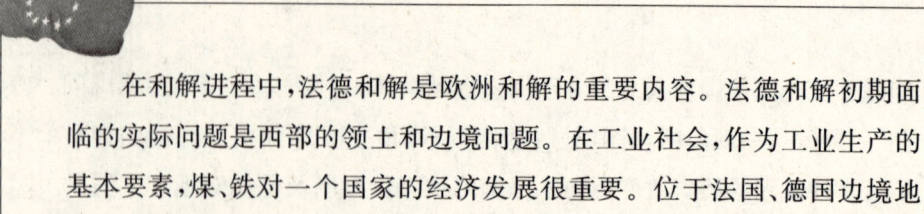

在和解进程中,法德和解是欧洲和解的重要内容。法德和解初期面临的实际问题是西部的领土和边境问题。在工业社会,作为工业生产的基本要素,煤、铁对一个国家的经济发展很重要。位于法国、德国边境地区的阿尔萨斯—洛林和萨尔相联系的地名都与"煤"和"铁"有关。历史上也使两国围绕煤和铁的争夺发生了冲突和战争。

同西欧和解：德国与法国

同西欧的和解,主要是同法国的和解。从国际关系的角度来看,除法德这两个大国争夺欧大陆霸主地位为主要特征的政治因素以外,还有法德疆界问题。法德疆界问题是 300 多年在法德之间不断引起纠纷和仇恨的问题,即始于 1648 年的领土和边界的阿尔萨斯—洛林问题。法国于 1635 年介入了主要战场在德意志领土上的 30 年战争。战争以 1648 年签订的《威斯特伐利亚和约》为结束标志。根据和约,法国夺去了德国西部最富饶的地区,包括煤矿丰富的阿尔萨斯—洛林地区(斯特拉斯堡除外),实现了法国"将王国的疆域在东北和西南方向继续向'天然疆界'推进,为法国打开通往邻国各邦的大门"[①]的目的。这样,法国控制着欧洲最大的铁矿产地洛林地区。法德边境富饶铁矿资源地区成为两国百年恩仇的根源。1870 年,俾斯麦发动普法战争,使四分五裂的德意志实现了国家统一。不仅如此,法国被迫割让铁矿区阿尔萨斯—洛林,也就是说,德国又夺回了 1648 年失去的法国经济赖以发展的煤铁矿区阿尔萨斯—洛林地区,这使法德关系更加敌对。20 世纪初法国要求收回阿尔萨斯—洛林地区。

"收复阿尔萨斯和洛林是第一次世界大战爆发后法国在 1914 年 12 月宣布的对德作战目的之一。法国的这两个省是 1871 年被德国夺去的"。[②]第一次世界大战结束后,根据 1919 年签署的《凡尔赛和约》的规定,

---

① 张芝联.《法国通史》.北京:北京大学出版社.1989.107.

② 王绳祖.《国际关系史第四卷(1917—1929)》.北京:世界知识出版社.1995.67—68.

德国被迫将阿尔萨斯和洛林地区归还给法国。此外,还将萨尔煤矿区划归法国所有。莱茵河左岸的德国全部地区由战胜国共管。这样,对德国的西部边界,法国除了要求再次收回被德国占领了近半个世纪的阿尔萨斯和洛林外,法国还要夺取德国煤矿富饶的鲁尔地区。但法国对德国的复仇使两国矛盾不断积累和加深。特别是在希特勒的煽动下,民族复仇主义在德国不断高涨,法德再次开战。在第二次世界大战期间,德国又收回了该地区。二战结束后,又出现了一战后出现的同样问题,此问题的解决和煤钢联营的形成有着直接的关系。正是由于存在着对煤、铁的不断争夺,人们试图在经济上使两国相互渗透,以此避免新的战争爆发源。战后联邦德国第一任总理阿登纳强烈地感到,法德两国应共同享有两国边境的煤铁资源,解决两国关系中引起冲突和战争的根本问题,达到两国最终和解。基于这一认知,法德在 1950 年 3 月 7 日提出在经济领域建立"法德联盟"的建议:"法国和德国之间建立一个完整的联盟,并把它视为消除萨尔以及其他问题上分歧的一种手段。"①当时法德的和解不可能从政治领域起步,而只有从经济领域找到合作的突破口,才能逐步走向政治和解,这是一种共识。

西欧的和解,其主要基础是由前西德总理阿登纳和法国总统戴高乐制定的政治框架。对德国而言,最初和解思想由阿登纳提出:1949 年 11 月 3 日阿登纳利用会见美国《时代》周刊记者的机会,提出了著名的"破冰解冻"的政治主张,表达德国要与法国重建友好合作关系的愿望。这也基于阿登纳的"三重政策",即德国要重返西方、重建家园、重新武装。政治上的重返西方,即保持同英、美、法西方三大国的友好关系,这三大国也是西德占领区的占领国。阿登纳的外交方针同战后西方盟国对抗苏联,实现西欧的联合基本是吻合的;重建家园是重建和恢复德国经济的基本经济政策;重新武装是恢复德国国家主权和追求国家统一的必要准备。这些都离不开同周边国家,尤其是同法国的和解,以化解邻国对德国的疑虑。1955 年德国加入北约,阿登纳实现了重新武装的目的。

---

① 康拉德·阿登纳.《阿登纳回忆录(一)1945—1953》.上海:人民出版社.1976.35.

阿登纳和解政策基础在于建立信任，"我们的任务是要消除西方各国到处存在的对我们德国人的不信任。我们必须努力逐步建立起别人对我们德国人的信任。我认为，达到这一点的基本前提是，始终如一地，毫不动摇地明确表示融入西方国家"①。而法德的和解则是通向这一目标的根本选择。"对其他主权民族国家来说，放弃主权是一种牺牲，而对联邦共和国（西德）来说，这些超国家的联盟是通往取得更大程度的民族独立和政治上重要地位的道路。至少在她诞生的最初几年里，从欧洲的角度进行思考和行动，对联邦共和国的民族利益有巨大的好处"②。德国要融入西欧必须排除的障碍是法国等邻国对德国的安全要求和安全担忧，所以阿登纳确立了以美国保护、法德和解和欧洲联合为主导的一边倒的融入西方的外交政策，并主动提议解决法德边界的历史问题。地处法德边界的洛林地区是法国主要的钢铁工业基地，但法国缺煤，尤其缺焦煤炼钢，以往一直从产煤丰富的鲁尔区和靠近法德边界的萨尔地区进口。而德国的鲁尔区历来是德国的重要工业基地，但鲁尔区的铁矿不丰富，鲁尔区的铁矿石重要来源之一，一直又是属于法国的洛林地区。所以，两国的重工业经济的发展是紧密相连，具有互补性。所以，除外部压力外，经济上和政治上的相互需求也是两国战后重建的一个重要内因，为两国经济复兴创造有利条件。正因为如此，"阿登纳政府把化解同法国的冤仇列为对外政策的头等任务"③。阿登纳的政治作用和个人作用突出地表现在解决萨尔问题的过程中，并参与了"舒曼计划"的讨论和煤钢条约的签订。

从法国方面而言，戴高乐也认为，跟处于危险境地的欧洲利益相比，萨尔问题毕竟还是微不足道的。"我们要采取行动使法国同德国建立密切的特惠关系，逐渐促进这两个民族相互了解和相互尊重，正如一旦他们不再用自己的精力来相互厮杀，就会本能地推动他们向着这个方向发展那样"。④ 1958 年 12 月，戴高乐就任法国总统后，竭力推行独立于美国的

① 康拉德·阿登纳.《阿登纳回忆录（一）1945—1953》.上海：人民出版社.1976.99.
② 库特·宗特海默尔.《联邦德国政府与政治》.上海：复旦大学出版社.1985.206.
③ 丁建弘等.《战后德国的分裂与统一：1945—1990》.北京：人民出版社.1996.117.
④ 夏尔·戴高乐.《希望回忆录》.北京：中国人民大学出版社.2005.153.

"戴高乐主义"。作为具有战略眼光的领导人,戴高乐同样知道,要想使法国恢复大国地位,并使联合的欧洲成为独立于美苏的力量,必须取得德国的谅解和支持。随着美苏冷战愈演愈烈以及欧洲统一的呼声越来越高,法德加快了和解步伐。戴高乐从原来的解决法国人的"恐德症"而主张"肢解德国"的政策转为"法德和解"政策。法国政府对德政策的转变为法德和解和合作提供了可能性。同时法国认为,西欧联合将加强欧洲在世界上的地位,而法国在一体化欧洲中的主导作用也有利于其大国地位的恢复。1958年9月14日、15日,戴高乐在法国与前西德总理阿登纳举行了第一次会谈。德法两国领导人都表示,在有美、苏两个超级大国的情况下,不能永远指望美国;加强法德合作,建立一个统一的欧洲是绝对必要的。阿登纳与戴高乐的会谈结束了法德两国长达百年的敌对历史,开启了两国和解和互信的新篇章。1962年7月,戴高乐说,法德之所以要联合,首先是法德直接或间接地受到由于美苏冷战而对欧洲造成的威胁;其次,要使欧洲自信和强大,除法德合作外,别无其他基础;第三,要使欧洲保持和平、均衡与发展,关键是西欧要有一个具有活力的、强大的欧洲共同体,而这个共同体的轴心就是法德合作。从1958年秋到1962年,阿登纳与戴高乐之间的通信达40余次,会晤15次。1963年1月,阿登纳三访巴黎,双方签订了《德法友好合作条约》,标志着法德和解这一政治框架的完成。从此"德法轴心"开始形成。政治和解的标志性成果是这一条约在国家制度层面制定的和解框架。从1963年《德法友好合作条约》的签订,法德关系与和解进程逐步形成了一整套行之有效的成熟的政治磋商、协调平台、决策和运行机制,对欧洲走向联合和处理各类重大危机,法德两国联手共同努力取得了令人瞩目的成果,并被誉为"一体化的发动机、火车头"。法德的和解成为欧洲和平与稳定的关键,是欧洲安全的主要保障之一。欧洲一体化是以法德和解为前提的,合作是一体化的主要形式之一。欧洲一体化从它的酝酿、初创到后来的发展,始终是建立在法德和解和合作的基础之上。法德之间在经历了长达几个世纪的对抗和竞争,通过真正的和解,使法德成为当今世界上国家关系联系最为紧密的典型,彼此之间建立的承受力极强的机制,如法德政府定期举行的内阁联席会议

充分反映了两国间的互信和合作深度,这为不断化解双方出现的分歧和矛盾提供了政治机制平台和渠道。

同中东欧国家的和解:"新东方政策"

除融入西方世界外,阿登纳的对东方政策的内容主要包括对东德(苏联占领区)的三不政策:不接触、不谈判、不承认。第二,阿登纳对德国统一的梦想从未放弃,在制定基本法(宪法)时也对德国统一问题做出了具体的规定。在第 23 条中还规定德国合法边境是 1937 年以前的边境。也就是说,他的疆域诉求也是要求恢复 1937 年的边界而不是《波茨坦协定》所规定的奥德河—尼斯河边界,即 1945 年的德国边界。正因为此,战后德国有争议的只是东部领土和边界,因为这部分领土被苏联强行划入了波兰版图。波兰被苏联划去的土地又从德国东部地区获得相应的土地补偿。阿登纳政府对东部领土和边界的政策一直是德国和波兰和解的障碍。另外,1955 年 9 月 23 日,阿登纳在政府宣言中推出了"哈尔斯坦主义"。他确立的苏德谈判最高标准是对西方信守条约,对西方联盟决不动摇,以此表达阿登纳政府面向西方的基本外交政策。

同东方的和解,主要包括苏联、波兰等东欧国家。解决德国统一问题主要涉及东德的保护国苏联,解决德国东部边界主要是波兰。1945 年波茨坦会议决定将波兰的版图西移 200 公里,数百万德国人被集中遣返回德国。二战后波兰遣返其境内的德国人,有近 1000 万人背井离乡,这是美、英、苏三大国重划欧洲版图造成的结果。这一事实也是德、波两国的《边境条约》的基础。要求德国对这一边境的认可是波兰不可放弃的底线,是德波双边关系的基础。

1969 年联邦德国社民党的维利·勃兰特(Willy Brandt)上台后给德国外交政策带来了巨大转变。社民党提出了新东方政策设想,即与华沙公约组织的东欧国家进行跨域意识形态的和解。这样,在一些过去阿登纳时期毫无谈判余地的重大问题上做出了相应的让步,这一新政策也得到自民党的支持。1970 年 12 月 7 日,阿登纳的继任者,联邦德国总理维利·勃兰特在访问波兰华沙时,在纳粹受害者纪念碑前的惊天一跪让全世界为德国的忏悔姿态而震撼,这一举动对德国民族正确认识历史具有重要意义。也就是从那一年起,德国联邦议院开始为纪念 5 月 8 日而每年举行特别会议。维利·勃兰特勇于面对历史谢罪的行为不仅化解了德国与波兰这两个相邻民族的战争夙怨,更在全世界人民面前表明了西德政府和整个德意志民族对战争行为的忏悔和自责。勃兰特曾在 1968 年指出:民主社会主义运动从开端之日起,就以确认各国共处的正当性和合乎道德标准作为它的目标。这意味着社民党认同各国可以超越意识形态,实现和平共处。具体而言,各国应当在国际社会中承担责任,共同维护国际安全,这一外交思想一直延续到今天,并在 1989 年《柏林纲领》中上升到了超越传统政治的高度,要求不允许将战争作为政治的延续手段,和平政策不仅意味着没有战争,也包括所有民族在经济、生态、文化和人权方面的合作。社民党的这一外交构想和价值观念是实现其和平政策的重要手段之一,提供了实现和解的政治基础。

对德国而言,德波和解同法德和解有着不同之处。从历史发展前提看,历史上的普鲁士领土问题成为德波和解的问题所在。德意志在追求大国地位时都涉及此地区。因其特有的地理位置,解决波兰问题是德国追求帝国目标不可放弃的前提。特别是第一次世界大战后波兰再次复国,波兰在领土方面,从德国获得波兰走廊,使东普鲁士因此同德国本土分离,两国冲突和矛盾趋向激化。冲突最后又导致第二次世界大战的发生,使两国关系降到了最低点。近 50 年来边境问题是德波关系的核心。对波兰而言,边境问题是安全问题;对德国(西德)而言,边境问题是统一问题。这在很大程度上导致两国关系的不稳定性。

二战后波兰人和德国人从来也没有像历史上出现过的这样不能相互理解。1950 年,前民主德国(东德)承认了波兰的西部边界,并官方宣传同波兰的友好关系,这一事实并没有改变德国同波兰敌对不和解状态。对德波关系来说,德意志联邦共和国(西德)也是一个重要的相关层面。这时的西德同波兰的关系是无关系状态,是以东西方冲突、对峙的现实为特征的。德国要求波兰就边境问题先搁置不解决。而这一种观点在波兰引起了人们的不安。因为根据波兰人的战争经验,承认边境,就意味着承认波兰人的安全需

求,承认边境这一点对波兰人来说是一个非常重要的生存问题。

德波两国 1970 年签署的《华沙条约》为德波关系和解带来了重要转折点。这一条约表明了联邦德国放弃用武力方式改变现存边境的立场。这方面的政治标志性行为是前联邦德国总理维利·勃兰特在华沙犹太人殉难纪念碑前下跪。这清楚地表明了德波关系的根本转折。两国从官方到民间开始为和解和关系正常化做出努力。真正的和解过程也是此时开始的。接近和接触的过程使得那些肇事者或受害者以及他们的后代都走出了自己的角色。特别是青年接触和交流以无声的方式化解了双方的敌对和民族对峙,共同编写历史教科书也改变了扭曲的历史经验。两德统一后,德国政府于 1990 年 11 月与波兰政府签署《边境条约》,确认了两国目前的奥德河—尼斯河边界线为两国最终边境。两国政府相互承诺放弃对对方的领土要求。1991 年两国签署了《睦邻友好合作条约》,承诺积极发展两国友好合作关系。维护良好的德波关系是战后德国与欧洲和解的一个重要标志。德国统一后,德国和波兰共同致力于欧盟的扩大以及系统地推进波兰加入欧盟的进程,同波兰的关系由此发生了根本性的变化。目前波兰已是北约成员国和欧盟成员国。

民族和解和欧洲和解:德国统一与欧洲统一

在战后长达 40 余年的冷战史中,因其地处东西方分裂的前沿和德意志分裂状态所引发的一系列政治矛盾,使德国处于风口浪尖的位置。从上世纪 50 年代的柏林危机到 60 年代的新东方政策,可以说在战后一直到两德统一期间的德国和解外交政策可以被看做是冷战历史演化的缩影。德国的统一有两个层面的意义:对德国而言,统一实现了民族和解和内部和解,重新获得国家主权的统一;对欧洲而言,德国的统一改变了欧洲半个世纪的政治版图,结束了冷战对峙状态。"统一欧洲"是欧洲几百年来的梦想,不仅欧盟现有国家希望统一,中东欧国家也渴望"回归欧洲"。对中东欧国家来说,加入欧盟意味着"回归欧洲"。中东欧国家的历史文化传统与欧盟原成员国有共同点,加入欧盟可谓历史、文化、文明的回归。德国统一带来了欧洲的统一,欧洲的统一又使中东欧国家回归欧洲获得了新的机遇。这样的两厢情愿实现了欧盟历史上最大的一次扩大,在统一欧洲、实现东扩的过程中,表现最积极的国家是德国。由于地缘政治的关系,这些中东欧国家都是德国的邻国,它们夹在德国和前苏联之间,成为两国缓冲地带,具有重要的地缘战略意义。东扩使目前的欧盟成员国增加到 27 个,向统一的大欧洲迈出了一大步。

从欧盟角度讲,除了有统一欧洲的愿望外,东扩也意味着更大范围内的和解。它既有经济原因,又有政治原因。经济原因是发展经济,实现区域的共同发展与繁荣。从政治角度看,欧盟通过东扩可以进一步巩固一体化所取得的成果,继续维护地区的稳定与和平。两者之间的关系是:经济既是手段,也是目标。通过发展同东欧国家的经济,缩小区域内的差距,使中东欧国家加入欧盟后可以在单一市场的框架内,进一步发展。在这方面,和解、合作、发展互相影响和互相制约,在这基础上给欧洲带来稳定、安全、发展和繁荣,促进欧洲一体化,实现欧洲地区和平的终极目标。

四、和 解 启 示

如上文所述,欧洲能实现和解,在很大程度上离不开联邦德国对历史的反思和对历史的严肃态度,在主观上德国重视反思纳粹历史,客观上采取对受害国和受害人的赔偿,并积极发展对发展中国家的援助。在和解的经验上,阿登纳和戴高乐的经验表明,以联合模式共同发展能剔除边境、资源问题所致的合作障碍。德国和法国的历任政治家都积极推动欧洲一体化,并共同致力以一体化方式促进和解和合作,正确处理和解与和平、和解与合作的关系,确立和解的框架和原则,推动和解进程,实现欧大陆的永久和平。今天,法德和解已成为国际和解的经典案例之一。

勃兰特的"新东方政策"给我们的启示是,以国家利益和地区和平为重,同波兰、苏联的和解跨越了意识形态,使和解成为可能。此外,积极创新和推动实施和解的措施:如青年学生交流、共同编写教科书等,积极在各代人中建立互信,以化解历史积怨。

在全球化背景下以内部和解、民族和解为前提,实现欧洲和解。在这

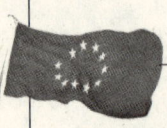

方面欧盟东扩是在更大范围内实现和解。欧洲一体化的过程从超越历史,经济上超越地理疆界和资源共管、共享,到政治上跨越民族国家、民族文化,再到更高一层级上形成共有的政治文化,此过程缓解了成员国对民族国家利益的追求和弱化民族国家意识,在欧洲共同的政治机制框架内实现共同治理。

从安全角度看,欧盟东扩是"和平和安全共同体"的扩大。东扩是后冷战时期欧洲和平的需要。因为只限于西欧的欧洲联合,"只会引起欧洲国家间的分裂","使中东欧国家重返面向民族国家、被迫结盟、传统利益和民族认同的均衡体系,从中长期角度看,这种传统的东欧冲突线最终也将推至欧盟境内",影响和破坏欧洲安全和和平。欧洲人正是通过追求地区安全实现国家安全,欧洲一体化的不断深入,建构了这样一个跨国界的地区"安全共同体",从这一角度说,欧盟东扩是实现地区安全的途径之一。从欧洲近50年没有战争这一历史事实看,欧洲地区机制对维护和平方面有着十分重要的作用。欧洲寻求地区安全和地区繁荣的方式,为世界地区安全机制提供了一个新的安全模式。

今天,人们已认识到,民族国家的格局已经不再适应当今世界经济发展的需要,只有突破民族国家的樊篱并进而在更大的范围内实现政治上的联合,才能适应全球化时代的经济发展。如同哈贝马斯所指出的那样,欧洲一体化发展的新动力应着眼于在经济全球化过程中,"民族国家的活动空间与世界范围内一体化的生产关系之间的矛盾"[1],这促使欧洲的政治家和精英阶层从原来的区域视角走向全球视角。

① 曹卫东.后民族民主与欧洲的未来.《欧洲为何需要一部宪法》.北京:中国人民大学出版社.2004.70.

第三章

欧洲文化建构：
文化、教育的一体与多元

第一节

欧盟高等教育改革：博洛尼亚进程[①]

曹德明[*]

在欧洲一体化的进程中，教育的问题一直都占据着非常重要的地位，欧盟采取一系列举措不断加大欧洲高等教育改革力度，通过促进欧盟各成员国高等教育机构间的合作，全面提高欧盟高等教育质量，增强其办学、科研实力，加强欧洲高等院校在国际上的竞争力。于是博洛尼亚进程应运而生。博洛尼亚进程是 29 个欧洲国家于 1999 年在意大利博洛尼亚首次提出的欧洲高等教育改革框架协议，该协议的目标是在欧洲范围内统一实施高等教育改革，创建欧洲高等教育共同体。博洛尼亚进程的发起者和参与国家希望，到 2010 年，欧洲博洛尼亚进程签约国中的任何一个国家的大学毕业生的毕业证书和成绩，都将获得

[①] "博洛尼亚进程"（Le processus de Bologne）是欧洲高等教育改革框架官方文件。

[*] 上海外国语大学校长，法语系教授，留法博士，上海欧洲学会副会长。

其他签约国的承认，大学毕业生可以毫无障碍地在其他欧洲国家申请学习硕士阶段的课程或者寻找就业机会，实现欧洲高教和科技一体化，建成欧洲高等教育区，为欧洲一体化进程作出新贡献。

一、博洛尼亚进程的由来

博洛尼亚进程正式发起于 1999 年。1999 年 6 月 19 日，欧洲 29 个国家在博洛尼亚发表了联合声明，声明中就各签约国统一学位制度、统一学制、统一学分制、推动各学校师生交流、加强欧洲各国间教学质量评估合作、扩大欧洲高等教育的影响等六大项目达成共识。早在签署博洛尼亚联合声明之前，法、德、意、英四国于 1998 年共同签署索邦联合声明，该声明被视为博洛尼亚进程的雏形。在签署博洛尼亚联合声明之后，成立了处理后续事务的办事处，并约定今后每两年召开一次部长级会议。2001 年，第一次部长级会议于布拉格举行，选出一位总联络人负责落实博洛尼亚联合声明中的计划的实施情况。各国分别举办了"博洛尼亚学术研讨会"。相关会议主要有：

布拉格会议。2001 年 5 月在布拉格召开会议。将克罗地亚、塞浦路斯、列支敦士登和土耳其四国纳入成员国名单。各国部长共同发表布拉格公告，明确接下来两年的主要工作。布拉格峰会为博洛尼亚进程添加以下几点新内容：(1)进一步明确高校学生作为博洛尼亚进程完全的参与者，享有就各项决议发表意见的平等权利；(2)强调博洛尼亚进程的社会意义；(3)强调高等教育是一项具有公共责任属性的公共资产。

柏林会议。2003 年 9 月在柏林召开，接纳阿尔巴尼亚等 7 国为新成员国，至此成员国总数达到 40 个。会议决定，凡是已签署欧盟文化协议的国家，只需提交申请和一份执行博洛尼亚进程计划书便可自动成为成员国。会议特别强调学术研究在欧洲高等教育中的重要地位。

卑尔根会议。2005 年 5 月在卑尔根召开，乌克兰等 5 国成为新成员国，使成员国总数达到 45 个。会议决定继续扩大咨询成员国的范围。卑尔根会议标志博洛尼亚进程已经由设定计划阶段转入具体实施计划阶段。

伦敦会议。黑山加入博洛尼亚进程，至此，共46个国家加入此进程。此次各国部长级会议内容包括制定博洛尼亚进程实施的全方位战略，对进程第二阶段的实施情况进行总结；就博洛尼亚进程所覆盖的社会层面及人员流动范围、教学资金的流通方式、资格认证的标准，以及质量保障机构的设置等各项内容达成共识。

为实现欧洲高等教育于2010年一体化，欧洲议会也需做如下工作：在资格认证方面，取得ENIC的网络支持，同时为各国实施里斯本协议提供支持；推进管理机制的设置，组织举办有关官员（博洛尼亚进程执行者或协定实施报告人）研讨会；对新加入博洛尼亚进程的国家或地区提供帮助；对博洛尼亚进程在实施过程中出现的问题提供解决办法。

二、博洛尼亚进程的定义

博洛尼亚进程是一项旨在2010年之前，在欧洲范围内统一实施高等教育改革，创建欧洲高等教育共同体的框架协议。由于它的组织架构较为松散，由46个国家协同欧洲议会在内的一系列国际组织共同合作实施，是一个非同寻常的庞大工程。从协议生效之日起至2010年，欧洲各国高等教育体系内部应当依照下列目标进行整合：（1）在欧洲高等教育领域中，使各国之间工作、学习往来更为便利；（2）增强欧洲高等教育的吸引力，以便吸收大量欧洲以外人员来欧洲进行工作和学习；（3）欧洲高等教育共同体应当为欧洲打造坚实的高精尖端知识基础，努力使欧洲成为一个既追求高度发展又不失宽厚平和胸襟的实体。这些目标皆雄心勃勃，虽不仅仅与博洛尼亚进程相关联，但在该进程中，为努力实现这些目标的工作正在逐步展开。

在这方面，博洛尼亚进程并非构建于某项政府间协议的基础之上。虽然许多文件由各成员国的高等教育部长共同拟定，但这些文件不具备法律效应，而政府间协议通常是具备法律效应的。即便存在来自国际社会的、同业的不容低估的压力，各国、各学术团体完全可以自主采纳或摒

弃博洛尼亚进程提出的原则。

该进程并未规定在 2010 年前欧洲各国采用相同的教育体系。相反，欧洲尤为令人称赞之处，在于它注重保持各成员国的多样性与欧洲统一性的平衡。博洛尼亚进程致力于帮助各高等教育团体人员的流动，为他们在各国之间、各教育体系之间自由往来铺路搭桥。即便各国高校的学位制度趋于统一，仍应当保留各高等教育体系的特色。在博洛尼亚进程框架下所做的工作就是在欧洲范围内，为大学生和高校教师从原有的教育体系过渡到另一种的教育体系创造便利的条件，促进各国间师生往来，同时提供更多就业机会。

三、博洛尼亚进程的框架结构

博洛尼亚进程的具体实施需要从各成员国间、各成员国内部及各学术团体三个层面共同努力完成。第一，各成员国间主要利用现有的多种合作模式与组织来推动博洛尼亚进程向纵深方向拓展。官方命名为"博洛尼亚学术研讨会"的系列研讨会将在全欧洲范围内举行，学者们将围绕博洛尼亚进程进行深入探讨，分析具体实施过程中所遇到的困难及进一步合作的空间。每两年召开一次各成员国高等教育部长级会议对已经完成的工作进行总结，明确目标，布置下一阶段的工作重点。第二，在各成员国内部，由政府与教育部长牵头，发动组织大学校长论坛和学术团体会议，同时邀请学联、质量保险公司及企业主参加，共同商议博洛尼亚进程后高等教育的发展方向。已经有相当一部分国家依照博洛尼亚进程的精神修订了相关的法律条例。第三，学校和学生代表将是落实博洛尼亚各项目标的关键所在。

加入博洛尼亚进程的 46 个国家和地区先后是：奥地利、比利时、保加利亚、捷克共和国、丹麦、爱沙尼亚、芬兰、法国、德国、希腊、匈牙利、冰岛、爱尔兰、意大利、拉脱维亚、立陶宛、卢森堡、马耳他、荷兰、挪威、波兰、葡萄牙、罗马尼亚、斯洛伐克共和国、斯洛文尼亚、西班牙、瑞典、瑞士、英国（1999 年）；克罗地亚、塞浦路斯、列支敦士登、土耳其（2001 年）；阿尔巴尼亚、摩纳哥、安道尔、波斯尼亚－黑塞哥维那、梵蒂冈、俄罗斯、塞尔维亚（前南斯拉夫马其顿共和国）（2003年）；亚美尼亚、阿塞拜疆、格鲁吉亚、摩尔达维亚、乌克兰（2005年）；黑山（2007年）。参与博洛尼亚进程的国际组织主要有欧盟委员会、欧洲议会、欧洲大学联合会、欧洲高等教育机构协会、欧洲学生联合会、联合国教科文组织、欧洲高等教育研究中心、欧洲高等教育质量保障联合会、国际教育协会和欧洲工业与雇主联盟。

博洛尼亚进程规定，在所有国家开设大学第一阶段和第二阶段学习，其中第一阶段的学习至少为期3年；建立欧洲学分转移系统；实现学生和教师的自由流通。

博洛尼亚进程的三个主要目标是：

大学机构自主权利及责任的条例（2007年12月12日颁布）

增设大学生择业及从业指导中心。学校行政委员会由20—30名成员组成，含7—8名校外人士，其中有2—3名地方行政区代表，一名来自地区委员会，另一名必须为企业主或企业高层主管。大学生学习和生活委员会职能范围扩大，负责有关教学评估的咨询工作。委员会副主席须由在校学生担任，由其负责协调解决大学生同大学福利事业管理局（CROUS）之间有关生活方面的问题。由学术委员会指定学术人员组成选拔委员会，负责教学研究人员的聘用及教研基金的发放，保证不同学习阶段的教学和科研活动的紧密一致。学术委员会成员必须包含有在校博士生。除校长以外，任何人不得同时在两个委员会中担任成员。

校长由校务管理委员会的代表选举产生，校务管理委员会的代表包括学生代表、行政人员代表和教研人员代表；校长担任学校三大委员会的主席；校长可从教研人员、校内或客座教授或讲师，或校外人士中选出，国籍不限；校长可以指定校外人士作为校务管理委员会的成员；学校的长期合同由校长制定和签订，校长有权否定学校的任何人事任免决定；校长最终负责学校的安全工作，并且为残疾师生的正常教学提供保障。校长连任不得超过两届。

学校改革日程

　　按照第 43 条规定,现任校长将继续在任至期满。同时规定,截止 2008 年 2 月 11 日,完成如下工作:培训学生代表;选拔一名在校生担任大学生学习和生活管理委员会副主席;设置大学生从业指导办公室;按条文规定开展招生工作;按条文规定发放博士生学习奖学金;建立劳资技术调解委员会。截止 2008 年 8 月 11 日,完成如下工作:改选产生新一届行政委员会;选拔在校博士生担任科学委员会部分成员;聘用教学科研人员;设置校内培训机构;科学委员会、大学生学习和生活委员会履行各自咨询职责;学术委员会负责学校员工的管理工作;新一任校长由校务管理委员会代表投票选举产生。

有关学校各院系的新规章条例

　　教学及研究机构的设置由学术委员会提议经校务管理委员会评议后决定,院系的设置须获得高等教育部长的批准;医科教学及研究机构单位遵循另外的新规章条例。有关海外领地大学的条例规定:法规中的条例 1 和条例 3 适用于海外省区大学,条例实施期限 2008 年 2 月 11 日;在瓦利斯和富图纳群岛、新卡喀里多尼亚和波利尼西亚,相关法规的实施期限为 2008 年 8 月 12 日。

四、博洛尼亚进程的影响

　　从欧洲一体化角度来看,博洛尼亚进程的出台是在欧洲范围内创建欧洲高等教育共同体,实现欧洲高教和科技一体化,建成欧洲高等教育区,为欧洲一体化进程做出的新贡献。它的改革涉及目前欧盟成员国高等教育体制,因此改革必将给成员国各个大学带来重大的影响。本节将以法国为例,通过解读 2007 年 12 月 12 日颁布的《大学机构自主权利及责任条例》,分析博洛尼亚进程对高等教育改革的影响。

改革对大学合作伙伴的影响

首先,通过改革,地方政府从财政层面,而且从教学政策制定、招生和学生就业方面参与大学管理,因为法律规定这些地方政府委派两到三名代表,其中一名来自地方委员会,进入大学校务管理委员会。不仅如此,改革还能更好地将大学与经济合作伙伴结合在一起。法律规定两名经济或公司人士,其中至少一名企业负责人或管理干部,参与大学校务管理委员会。再者,改革可以加强学校和科技界的联系。

改革对大学人事的影响

改革会影响包括工程师、行政、技术和图书馆的各层面人事关系。首先,能使员工更好地参与大学校长的选举。法律规定成立一个校务管理委员会,代表学校的教职员工,让他们参与大学主要决议。其次,法律规定在每所大学成立技术委员会,由数量相等的行政代表和工会组织代表组成,目的在于为大学规划、内部组织,以及人事管理提出建议。第三,改革明确并订立招聘合同雇员的条款。第四,改革规定由校务管理委员会在征求上述技术委员会的意见之后,实施更透明的奖金制度。第五,改革明确了大学校长负责学校安全和环境的职责,使教职员工享有更好的工作条件。

改革对学生的影响

第一,改革规定学生在校务管理委员会中拥有三到五个席位,参与学校的战略决策,让学生更好地融入大学生活。第二,改革为学校的公共服务和高等教育增加了两个新的职责:升学和就业指导,以帮助学生解决就业问题。第三,法律规定学校能够根据学术和社会标准,招聘学生从事勤工助学,主要是学生自我管理工作,如图书馆馆员。第四,法律增加了能够进入学术委员会的博士研究生的名额,以便大学各个学习阶段建立教学和研究的联系。第五,法律规定设立更多的基金,加强大学与其合作伙伴的联系。但是大学的某些方面不受改革影响:注册费仍由高等教育和研究部决定;毕业证书仍带有国家性质;对于学生的社会补助仍然由学校

机构管理。

改革对教师－研究员的影响

首先，改革加强了教师－研究员在学校中的作用，因为他们在校务管理委员会所占席位较多，有八到十四名代表。其次，根据法律成立的选举委员会保证公正无私地招聘教师－研究员。再者，校务管理委员会可以根据教学人员的工作范围，确立工作分配的一般原则，以建立更加灵活的教学科研机制。第四，根据校务管理委员会的一般规定，校长可以制订奖金政策，对教师－研究员工作上的专业投资进行奖励。最后，根据选举委员会的意见，学校能够招聘合同教师、研究员和教师－研究员。

改革对大学校长的影响

法律加强了大学校长的权力和责任。校长具有民主责任，每年必须呈交工作总结，向校务管理委员会述职。校长可以要求任期延长，结果由该委员会裁决。校长的选举更为公开，由助理或客座教师－研究员、研究员、教授或助教，及其他员工，无论国籍，在校内或校外，共同选举。校长的权力和责任得到加强：校长任命校务管理委员会的外部成员；校长筹划并实施学校的多年合同；校长有学校人事分配的否决权，可以根据学校战略监督招聘工作；校长可以授权三个委员会的副主席、办公室十八岁以上的成员、总秘书以及受其管理的 A 科成员代其签字；对于财政预算和人事管理，校长有权力分派奖金，能够招聘合同雇员；校长有责任保证学校的安全，保证员工和残疾学生在校内通行无阻，便利地实现教学。

改革后学校不同组成部分的作用

关于大学自由和责任的法律将大学的各个组成部分——研究所、学院、教学研究单位、系、实验室和研究中心——和学校的教学研究计划紧密地结合在一起。学校自主制定战略，可以根据学术委员会的建议，由校务管理委员会投票决定，在得到在任成员的绝对多数赞同的情况下，设立教学和研究单元、系、实验室和研究中心。大学内部的学校和学院可以由管理高等教育的部长根据提议或校务管理委员会以及国家高等教育和研究委员会的建议设立。

　　除此之外，学校的合作组成部分帮助制订多年合同和财政预算。该法在教育法关于综合性大学下设研究院及专科学校的行政及财政制度的原有规定基础之上，优化了重点学科在综合性大学决策机构中（学术委员会、大学学习与生活委员会）的代表比例。成立由相关学科专家组成的选聘委员会以取代原有的专家委员会。教学及研究单位与大学的科学政策紧密配合。混合研究单位研究员、工程师、技术人员及行政人员也将积极参与学校的民主生活。将教师培训学院纳入大学体系的进程也将继续得到推进。该法还使大学创建内部非法人、非盈利性基金会成为可能。学校从此可以通过创建基金会来资助学校各学科的教学与科研活动。

　　改革后国家将成为大学的合作伙伴、指导者和担保人。首先，国家将成为大学的合作伙伴，主要体现在以下几点：国家与大学之间签订的多年期合同将更加稳定可靠。每四年将依据合同进行一次评估。改革后大学的质量将由国家来进行担保。而院系课程明细也将被列入与国家签订的合同当中。学位将继续保持其国家性，注册费将由高等教育特派专员制定。教授仍将由共和国总统法令任命；副教授则仍由高等教育特派专员法令任命。根据多年期合同，国家将控制雇用合同制人员的数量并在自行培养教师方面跟踪学校目标计划的实施情况。

　　国家的指导和担保作用体现在：国家将为权限职能的转移负责（由大学提出申请，期限为5年）；国家还将提供不动产鉴定和总预算；高等教育专署将成立专门工作组，负责解答解决改革过程中遇到的所有问题与困难，提供解决办法、实际操作经验及培训；国家将加强对学校决策机构职能的有关规章制度的遵守情况管理；在紧急特殊情况下，高等教育特派专员有权采取非常措施。

第二节

欧盟机构的语言机制

伍慧萍*

在半个多世纪的发展历程中,欧盟的性质发生了翻天覆地的变化,从最初纯粹功能型的六国煤钢联盟,扩展到如今全方位的经济、政治和社会联盟。欧盟各主要组织机构也逐渐发展成为一个庞大的、超负荷运转的官僚体系,所面临的挑战发生了根本性的变化,它们的语言机制在理想与现实的磨合下逐渐形成独有的特色。

一、理论和实践的差距

欧盟机构的语言法规

由于文化主权仍旧掌握在各成员国手中,欧盟并未曾制定具体而翔实的语言政策,不过 1957 年的《欧洲经济共同体成立条约》为欧盟的语言政策定下了框架和基调:《成立条约》第 149 条确定,共同体在教育发展方面支持成员国的活动,高度重视"它们的文化和语言的多样性",促进"成员国语言的学习和推广";条约第 151 条则强调,共同体将为发展成员国文化作出贡献,"保持其国家和区域的多样性",特别要"保持及促进其文化的多样性"。这些声明为共同体在处理语言问题方面定下了基调。欧盟从一开始就已经达成了一个基本共识,即使用自己的母语是欧盟公民和各成员国积极参与欧盟政治决策过程的最基本权利和要求。

---

* 同济大学欧盟研究所、德国问题研究所博士、副研究员。

而这一条约的第 217 条通常被看做是包括欧委会、理事会和欧洲议会在内的欧盟机构语言机制的法律基础,该条款规定:"共同体机构的语言问题规定在不损害法院诉讼程序的情况下,由理事会经一致表决制通过。"依据这一精神,欧盟理事会于 1958 年 4 月 15 日颁布了《欧共体第一号语言规定》,这也是迄今为止唯一针对欧盟语言问题正式颁发的法令法规,其中第一条明文规定,欧共体所有语言都是相互平等的官方语和工作语。自此以后,欧共体在语言政策方面正式确立了语言平等和多样性的基本原则,这一原则在 2000 年 12 月的《欧洲基本权利宪章》中得以重申。根据《欧盟第一号语言规定》的精神,截至 2004 年为止,欧盟共有 11 种官方语言和工作语言,分别为丹麦语、德语、英语、芬兰语、法语、希腊语、意大利语,荷兰语、葡萄牙语、瑞典语和西班牙语。2004 年 5 月 1 日,10 个中东欧国家的加入给欧盟带来了爱沙尼亚语、拉脱维亚语、立陶宛语、波兰语、捷克语、斯洛伐克语、斯洛文尼亚语、匈牙利语和马耳他语等 9 种新的官方语言。由于塞浦路斯是以分裂的状态加入的,仅希腊管辖的部分入盟,而土耳其管辖下的地区没有加入,因此没有给欧盟增加新的语言。2007 年 1 月 1 日,罗马尼亚和保加利亚的入盟又给欧盟带来了两种新的语言,而爱尔兰自 2004 年上半年担任欧盟轮值主席国之后又重新发现了争取欧盟官方语言的重要性①。这样一来,目前欧盟正式认可的官方语言总共增加至 23 种。

效率—费用—东扩

长期以来,欧盟为其平等多样性的语言政策投入了大量的人力、物力和财力。2000 年,仅仅是欧盟三大机构之一的欧委会的翻译机构就完成了总共 130 万页文字的笔译,1.1 万次的会议口译。而由于长达 85000 页的欧盟法律必须翻译成各国语言方可以执行,新加入的成员国总是要为

---

① 爱尔兰语在欧盟机构语言机制中的地位比较特殊。由于爱尔兰语在爱尔兰国内也不是活跃的交流媒介,爱尔兰政府在加入欧共体之际主动放弃了将爱尔兰语作为工作语言,而主张其作为基本法(《欧盟条约》)和欧洲法院司法语言的官方语言地位。

此付出巨大代价。1999 年,翻译费用占欧盟总财政支出的 0.8%,为 6.86 亿欧元,相当于每人 2 欧元,东扩后到 2006 年为止,欧盟行政支出增加 6.12 亿欧元,到 2008 年将新增职位 6100 个,其中语言部门在 2003 至 2008 年间就新增 1800 个职位。欧盟机构的翻译费用也随之提高,最新数据预计,欧盟机构的翻译费用将增至每年 8 亿欧元左右,摊到每个欧盟公民身上平均为 2.55 欧元左右。不过,平心而论,正如前欧委会翻译处处长布拉克尼尔斯(Brackeniers)所说的那样,这笔支出是"为民主和信息自由付出的、可以接受的代价"。

事实上,欧盟机构语言机制方面存在的最大问题并不在费用上,而是语言实践中各种语言地位的失衡和遵循多样性原则带来的效率低下问题。从理论上来说,如果欧盟存在 n 种语言,那么可能的翻译组合有 n·(n-1)种。在欧共体成立的头二三十年,由于成员国数量不多,而且各国向共同体让渡的职能范围和权限仅集中在较少领域,欧共体机构在日常工作中的工作负荷有限,基本可以保证提供所有官方语文本,各国语言总体上可以保障相互的平等地位,当然这一阶段法语的优先地位不容否认。但是,随着欧盟在成立 50 年间的不断扩张,2004 年 5 月 1 日前,11 种官方用语共有 110 种翻译搭配,东扩后 20 种语言更是有 380 种搭配,这样的要求不仅难度大,而且造成了欧盟机构始终为没有足够的翻译人手而苦恼,尤其是在两个小语种之间的翻译——例如在丹麦语和希腊语之间——人手奇缺。所以在机构的语言现实操作中,语言多样性实际上是其提高效率的一个障碍,语言实践中无法避免出现严重的失衡,工作文件很少是 20 多种语言的完整版本。很长时间以来,各大机构一直按照欧共体翻译总署前署长勒内·范·霍夫-哈夫坎普(Renée Van Hoof-Haferkamp)的建议,主要将英语和法语作为小语种之间的中转语言,有时候也使用德语作为这种过渡语言。在欧盟机构日常的语言使用中,英语、法语并驾齐驱的总体局面仍旧存在,欧盟各机构、特别是其中规模最大、工作人员最多的欧委会偏爱英语和法语,欧委会的 1352 个专家委员会和工作组经常直接使用英语和法语交流。1970 年,欧委会 60% 的文章用法语起草,40% 用德语,1989 年法语 50%,德语 9%,英语 30%,1997 年法语 40%,英语

45%，其他语言的使用非常有限，而英语的上升势头还在加剧，正一步步
削弱法语的传统地位。

欧盟内部的语言矛盾

　　由于语言在超国家机构中的使用情况对于各种语言作为外国语和通
用语的地位存在辐射效应，各国政府对语言问题也不同程度地予以重视，
欧盟各国之间围绕着语言地位问题一直存在难以解开的矛盾。语言争端
的矛头主要是对准目前英语扶摇直上的势头，虽然客观地说，英国等英语
国家从来都没有推行过积极的英语政策，英语成为世界语更多是得益于
美国跨越财经、外交、科技、教育、娱乐、体育等几乎所有领域的主导地位，
但是英语的强势地位造成了欧盟机构语言分布严重失衡这个不争的事
实。在欧盟机构的对外联系中，英语是通用语，对内语言交际中，它也越
来越多地排挤包括拥有传统地位在内的法语等其他一切欧盟官方语，英
国、爱尔兰和丹麦 1973 年入盟进一步加剧了英语的优势地位。

　　在看待这一语言发展趋势的问题上，欧盟各国形成了两种截然不同
的态度：那些小语种国家，例如芬兰、丹麦、荷兰等，因为根本看不到在超
国家层面上普及本国语言的希望，而且英语在这些国家作为外国语相当
普及，所以它们反而更倾向于在对内对外交往中采用欧盟范围内使用最
广泛的英语等个别通用语作为欧盟工作语。与此相反，那些较大语种国
家为确立本国语言在欧盟机构中的官方地位和使用功能进行了各种努
力，这其中态度最为鲜明积极的当数法语、德语、意大利语和西班牙语这
四大语言团体，它们和英语在一起组成了欧盟五大语言。

　　法国的立场很久以来已经相当明确，它一直在国内和国际上发表法
语至上的论调，表现出强烈的民族主义倾向，而且欧盟的政治中心布鲁塞
尔[①]、卢森堡、斯特拉斯堡等都是法语区，欧盟机构也秉承了法国的行政管
理模式，欧盟法院中法语是唯一的内部工作语，基于这些原因，法语从欧
共体成立之初就自然成为事实上的主导语言。随着英语自 70 年代以来

---

① 　比利时直到 70 年代一直是法语区。

在共同体中的崛起,法国加紧了提升语言地位的努力。在 15 国的欧盟中,法国是唯一一个颁布了严厉的语言法的国家,1975 年和 1994 年的两部语言法规定对于滥用英语词汇的行为课以罚金;在语言问题上,拥有母语人数最多(占欧盟总人口的 24%)、向欧盟缴费额最高的德国谦让和沉默了几十年,但最近几年,因为语言问题而在争取欧盟巨额订单时处于不利竞争地位的德国企业给联邦政府施加了巨大压力,语言协会纷纷发表自己对于提高德语地位的立场和倡议,各大政党都分别向联邦议院提交了议案,质疑德语在欧盟机构中的实际地位。在这样的多重夹击下,德国政府也开始采取非常积极的态度,在奥地利政府和个别东欧国家的支持下,在欧盟层面上旗帜鲜明地将提升德语成为欧盟机构的第三工作语言定为自己的努力目标,作为掌管各州文化政策代表的联邦参议院也通过了相应的草案,明确支持在欧盟机构内部搞英语、法语和德语的特殊化。不过,德国提升德语地位的努力始终受到意大利和西班牙的牵制,这两个国家坚持要求如果德语在欧盟机构中作为工作语,则作为欧盟第四、五大语种的意大利语和西班牙语应该享受同等待遇。

二、新视角透视欧盟语言问题本质

语言问题的实质

欧盟语言机制问题的本质特征,在于政治上的民主平等原则和实际语言应用中效率至上的准则之间的矛盾:贯彻欧盟尤其是欧洲议会反复强调的多语原则费时费力,即使是在 15 国的欧盟已经不可能完全实现,欧盟翻译机构已经在超负荷运转,在将现有的多语体系扩展至所有新入盟的语言之后,系统的工作量无疑又加重了许多,面临崩溃的危险;而一味强调效率至上的准则、缩减工作语言数量,又会危及语言平等的原则,进而危及成员国政治平等的原则,在政治上无法接受。同样是大规模的国际或者区域机构,拥有 190 个成员国的联合国只有 6 种官方语言,拥有 44 名欧洲成员国的欧洲委员会也明确规定只有 2 种官方语言和 3 种工作语言,但这些机构的语言机制就从来没有受到过质疑,究其原因,是因为欧盟机构中存在的这种语言平等和效率准则的矛盾从根本上说是内在的，是由欧盟机构的特性决定的。

　　和联合国或欧洲委员会乃至欧洲自由贸易区、北约这些国际组织和机构相比，欧盟是一个划时代的创举，具备了自己独有的特殊性，各个国家将自己在货币、司法和内务、防务等多方面的主权让渡给欧盟层面。政治联盟的继续发展使得欧盟从 1957 年欧洲各大共同体成立之初的纯粹功能共同体逐步发展成为一个超国家机构，对于欧盟性质的界定，学术界和政界一直存在着广泛的争议，目前已经基本可以把它确定是所谓的"特殊实体"，是一个介于没有主权让渡的政府间主义和主权部分或完全上交的联邦制超级国家之间的特殊状态。欧盟机构的超国家特性决定了欧盟语言问题的特殊性，传统意义上的国家主权概念的颠覆导致欧盟语言政策具备了相当的政治敏感度，而不是纯粹为功能服务的。在传统的概念中，语言和文化一直是集体认同感、民族认同感不可或缺的组成部分，这种语言和政治之间的天然联系也被部分带到了欧盟的层面上，导致了各国政府如此关注本国语言在超国家机构中的地位问题。这种重视的结果，就导致欧盟机构在原则和实践的矛盾之间处于进退两难的地步，以至于无法从根本上解决语言问题。作为欧盟的执行机构，欧委会看待这些围绕着语言问题的争执的心情无疑是矛盾的所在。欧盟中，德语区是举足轻重的一块，通过学习语言直接和这一地区接触越来越必要，德国的提升本国语言在欧盟机构中地位的努力合情合法，应该进一步巩固并扩展。但是如果德语作为第三工作语的地位确实正式被认可，等于彻底改变了目前欧盟机构中对官方语和工作语混为一谈的做法，也在很大程度上威胁到了欧盟成立条约中奠定的语言平等和多样性原则，因为德国的语言促进和三语政策的主张事实上加深了语言待遇不平等的现实，是打着语言平等的旗号搞不平等，在政治上很难自圆其说，为其他国家所接受。从这些纠纷中就已经可以看出，当语言被与人权及少数民族权利联系起来的时候，任何改变现有语言机制的企图都带上了鲜明的政治色彩，具备了相当的政治敏感度，任何从政治渠道减少工作语言的建议看上去都是劳而无功的，因为修改欧盟成立条约无疑是一件很困难的事情。欧盟原本

在 2002 年底政府峰会上将提交语言问题的解决方案列入了议事日程,也因为难以操作而告吹。

围绕语言问题讨论的误区及重新定位

对于这一看来难以解决的问题,目前各方对于欧盟语言问题的看法实际上是走入了误区,需要重新审视和定位欧盟的语言问题。在这里,笔者认为在围绕着欧盟机构语言机制的讨论中应当引入多层次分析的视角,在欧盟的超国家机构中将行政管理、政策专家内部工作层面和它的政治层面(包括欧盟理事会例行的部长会议和欧洲议会的全体大会等)区分开。在政治层面上,由于使用自己的母语是欧盟各成员国乃至公民民主参与欧盟政治决策过程的基本权利,多语性原则即使在欧盟进一步扩张的情况下也必须完全兑现,在这一点上欧盟机构具备的是联合国等其他国际机构所不具备的特点。但是,欧盟机构日常运行中更多从事的活动不过是普通的行政管理流程以及各组织机构下属的众多专家委员会和工作小组就具体政策领域进行的专业讨论,如果撇开欧盟机构的政治层面不论——而这两个层面是可以完全分离开的——那么欧盟机构就摆脱了先前的政治敏感度的约束,和联合国或北约之类机构完全没有区别了,建构这一层面的语言机制也就并不像开始假设的那么棘手,那么毫无变通的余地了。基于这一考虑,无疑可以把民主和效率这欧盟机构两大基本准则同时贯彻:在欧盟的政治层面、主要是欧盟理事会和欧洲议会的正式场合以及欧盟的对外联系中,应当一如既往地坚决执行欧盟的语言平等和多样性原则,但是在欧委会以及其他机构的日常行政和专业工作中,则应当把提高效率作为优先考虑的准则,按照各大语言的实际使用情况缩减部分语言方面的工作量,在必要的情况下可以考虑规定几种使用最为频繁的语言作为内部工作语言,对此进行明文规定并不触及欧盟成立条约中的规定,根本无需为此专门修改成立条约。重新审视欧盟机构语言问题的新视角可以通过如下图示清楚地表达出来:

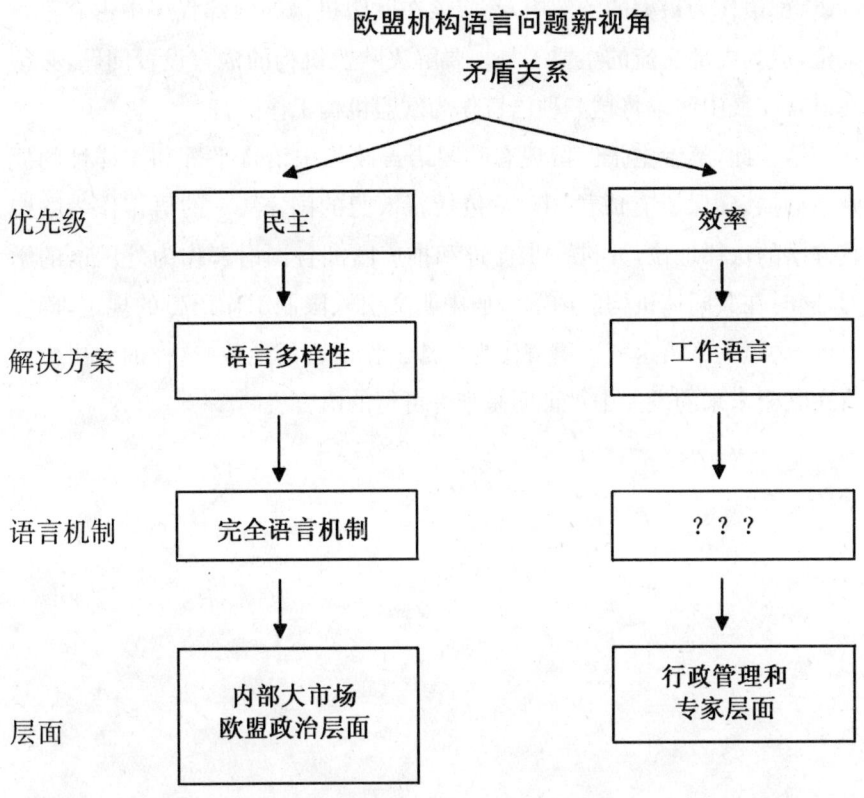

三、三语政策：欧盟语言机制的现实出路

在准确看待了欧盟的语言问题之后，接下来的问题当然就是在欧盟的行政和专家层面到底应当采取何种语言机制。目前各方为解决欧盟语言问题所提出的主张林林总总，归纳下来有三种有代表性的建议，即继续坚持多语政策、把英语这种世界语作为唯一认可的工作语以及折中的有选择性多语政策。

随着欧盟机构的工作容量不断扩大，提高共同体机构效率已经成为刻不容缓的任务，缩减工作语数量、在欧盟组织机构内部引入工作语言规定已经势在必行，而且事实上已经成为一种不成文的实践。在具体工作语言方面，鉴于欧盟各种语言的历史沿革和现实发展，英语和法语作为世

界语,德语作为最大的欧洲语,都应该在欧盟机构的内部程序中占有重要地位,成为内部交流的主要工具。要解决欧盟机构的语言设置问题,必须在语言实践中明确将这三种语言作为欧盟机构工作语言。

鉴于此,笔者主张保留现有欧盟语言政策中语言平等和多样性的原则不动摇,确保所有成员国——包括新入盟的国家——的语言作为欧盟官方语的法律地位,并进一步促进和推广欧洲各国语言作为外国语的学习,同时在共同体机构的内部沟通中明文引入限制工作语言的规定,确立英语、法语和德语这三种语言作为内部工作语言的地位,这样的解决模式将在欧盟未来的发展中被证明是唯一可行的语言机制。

第三节

欧洲文化认同与欧盟政治文化认同建构

王志强*

　　纵观欧洲一体化发展历程，我们不难看到，欧盟不仅是一个经济、政治联盟，同时也是一个价值联盟。如同 2007 年"柏林宣言"所强调的那样，欧洲的统一给欧洲带来了和平和福祉，促进了欧洲的共性，消除了对峙性，欧盟致力于和平和安全、法治和民主、公正和团结、宽容和自由等欧洲价值，文化和地区的多样性使欧洲人的生活更加丰富。近期又强调"宽容和自由构成欧洲政治文化价值的核心"。欧洲文化价值和文化因素成为欧盟重要的精神纽带。虽然在欧盟建立初期人们更多关注政治和经济因素，文化因素在很多方面被忽视，但随着欧洲一体化不断深入，文化因素逐渐受到人们的关注，并成为欧盟内外政策的重要变量，文化欧洲构成欧洲经济、政治联盟的第二特征，正如欧共体奠定人——欧共体之父让·莫内(Jean Monnet)指出的那样："倘若我今天开始建设欧洲，那我首先将从文化方面着手。""从文化着手"依然构成了建立文化欧洲的出发点。

　　在欧洲一体化进程中，人们逐渐认识到，作为一个整体的欧洲，不仅要在地理、政治、经济及社会方面发挥作用，而且还要通过政治文化认同建构使欧盟成为文化实体。欧洲一体化的深化在一定程度上也取决于欧洲文化认同和欧洲公民意识的确立。基于这一文化认知，欧盟一方面通过制定对内文化政策和措施保护欧洲文化多样性，维护各民族国家的文化特征，另一方面，又要促进欧盟政治文化认同的建构，增强欧盟公民的凝聚力，推进欧盟政治一体化进程。

＊　上海外国语大学德语系博士、教授。

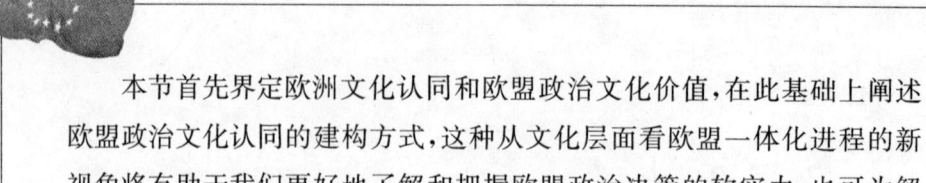

本节首先界定欧洲文化认同和欧盟政治文化价值,在此基础上阐述欧盟政治文化认同的建构方式,这种从文化层面看欧盟一体化进程的新视角将有助于我们更好地了解和把握欧盟政治决策的软实力,也可为解读欧盟政策、处理欧中关系提供某种新的学术参考。

一、欧洲文化认同

综观欧洲历史发展,欧洲文化认同在很大程度上受到欧洲界定的制约。从欧洲历史形成至今的欧洲一体化进程,欧洲界定始终成为确定欧洲各国关系的一个重要制约因素。这里欧洲界定取决于对欧洲概念的理解。从政治、经济、历史文化和社会制度层面看,欧洲概念内容涉及欧洲人形象、欧洲人、国家、社会和宗教的相同性及社会发展和历史形成的共同点,还包括相同或相似的法律、宪法、文明和文化成就。欧洲概念虽有地域和民族之分,但欧洲各民族的政治、文化和历史发展相同性是确定欧洲概念更为重要的因素。

在欧洲历史发展的不同时期,欧洲概念具有相应的含义。在中世纪早期,"欧洲"一般指西欧和东欧一部分地区,"欧洲"概念不同于东方和西方概念。这里,西方指欧洲西部地区,而"欧洲"概念则指与拜占庭、东斯拉夫东正教世界相对立的欧洲基督教世界。在欧洲很长的历史阶段,由罗马帝国崩溃、11世纪东西罗马教派(罗马天主教和东正教)分裂所致的欧洲历史文化线左右着欧洲界定,西欧和东欧的基督教地区被看做是一个统一的宗教文化实体,并以此区别于拜占庭、东斯拉夫东正教和伊斯兰教世界。欧洲统一和欧洲界定显然在很大程度上同天主教在欧洲国家的传播是分不开的。除宗教文化因素外,欧洲界定更多地受到欧洲文化和由此形成的欧洲认同的影响。

欧洲文化认同以欧洲文化及其共同的文化价值为基点。欧洲文化虽由不同的民族文化组成,但古希腊(古希腊哲学)、古罗马文化(罗马法)和基督教文化构成了欧洲共同的文化遗产;而文艺复兴、人文主义、宗教改革、启蒙运动、自然科学和法国革命为欧洲奠定了共同的文化价值和政治文化价值：发生在13—16世纪的文艺复兴是欧洲范围内的文化复兴，它反对教会神权，解放思想，重振古希腊、古罗马文化，并由此继承古希腊罗马的文化价值和精神财富；形成于文艺复兴之后的人文主义主张以人为中心，由中世纪的"上帝中心"转向"人为中心"新的世界观念，强调古希腊思想家提出的民主意识，崇尚理性和科学；16世纪的宗教改革追求思想自由和信仰自由，主张个人直接对上帝负责，试图摆脱罗马天主教教会对人的精神统治，由此建立了新教；欧洲自然科学的兴起和发展同18世纪以思想解放、理性为中心的启蒙运动有着内在联系。启蒙运动提出的理性自由是以个人主义为基础的思想自由，它要求摆脱世俗和宗教权威对人的精神统治，奠定了现代国家的概念，要求建立公民社会，在这方面人们反对权力贵族化，主张权力公民化，而现代国家的意义在于：国家通过国家条约或国家宪法形式确定公民的权力。另外，在哲学层面，理性自由成为现代科学的重要前提。由此奠定的理性自由构成当今西方价值的基础，如公民参政意识、个人自由、言论自由、宗教信仰自由和法律面前人人平等等。这个时期提出执法、立法和司法三权分立，至今仍被看做是西方国家制度的基本原则。这方面，法国革命对现代欧洲的发展有着重要影响，它的"人权宣言"和美国的"独立宣言"影响着当今西方的人权观念和人权政策，如同欧盟宪法在其序言中所强调的那样，"欧洲是现代文明的发祥地，这里世世代代的居住者逐渐奠定了平等、自由、崇尚理性的人文主义价值观，并代代相传"。从欧洲文化、宗教和人文主义的遗产中吸取的精神营养的这些文化价值依然体现在传统中，已深深植入以人为本的社会生活以及神圣不可侵犯、不可剥夺的权利和对法律的崇尚之中。长达两千多年的基督教文化至今仍是欧洲人的精神纽带。基督教文化为欧洲文化融合提供了保证，并继续成为欧洲百姓精神生活的一部分，成为欧洲一体化不可缺少的文化推动力。从文化底蕴看，除东正教的希腊外，欧盟成员国都属于拉丁语基督教世界，欧盟成员国百姓宗教信仰也反映了这一欧盟文化归属。从欧洲文化历史发展角度看，欧盟成员国中认同天主教的国家有意大利、西班牙、葡萄牙、爱尔兰、比利时和卢森堡，法国有80%以上公民信奉天主教，1.4%的人信奉新教，而丹麦和英国信奉新教

占人口的 90%以上,另有 10%的公民信仰天主教,德国宗教信徒比例趋于平衡,天主教和新教信徒各占一半。另一方面,欧洲民族国家的建立同民族认同和民族文化认同有着紧密的联系,即民族国家是通过建构观念上的民族认同和国家认同这一双认同开始的:民族认同即文化认同,它基于共同的语言、种族和宗教信仰;国家认同是指政治认同,即是国家共有的政治文化价值如自由、正义、民主和民主制度。如此形成的欧洲文化价值、欧洲文化认同和成员国民族文化国家认同构成欧盟的文化基础。文化欧洲和欧洲文化认同成为欧洲一体化的第二特征。

二、欧盟政治文化价值

除欧洲文化认同和文化归属的共同意识外,欧盟在其一体化进程中重视欧洲政治文化价值,通过法律形式建构欧洲政治文化价值和欧洲认同,推进欧洲政治一体化。在这方面,除《欧洲人权公约》(1954)外,欧共体在 1989 年发表了《欧洲基本权和基本自由权宣言》。除人的基本权(如人的尊严、行业自由、财产所有权、隐私权、住宅和行商区域不可侵犯、言论自由、宗教信仰自由等)外,该宣言还将人权、民主、法治和个人自由确定为欧洲共同的政治文化价值。为提高欧盟成员国公民欧盟认同和欧洲公民意识,增强欧盟凝聚力,欧盟通过法律形式给欧盟成员国公民确定了欧盟公民的法律地位。按照 2004 年 10 月签署的欧盟宪法,在欧盟层面,欧盟成员国公民不仅具有成员国公民身份,而且也将获得"欧盟公民"身份,给予欧盟公民在各成员国自由居住、自由迁居、旅行、工作等基本权。在这方面欧盟宪法在欧盟基本权宪章中为欧盟公民也奠定了包括人的尊严权、自由权、平等权、社会权、公民权和司法权六个方面的基本权。在这方面,人的尊严权包括人的尊严、生存权、身体和精神不可侵犯、禁止用刑、奴役等;自由权包括自由保障、尊重私人和家庭生活、保护个人数据、成婚立家权、思想、信仰和宗教自由、言论自由和信息自由、艺术和学术自由、财产保护等;平等权涉及的权利有法律平等、无歧视、文化、宗教和语言多样性、男女平等、儿童和老人权益以及残疾人融入社会等;社会权包括职工企业知情权、劳工调解服务、合适的劳工条件、禁止童工、家庭生活和职业生活保护、社会保障及健康保护等；公民权则包括欧洲议会和地方选举的选举权和被选举权、迁居和居留自由权等；司法权涉及有效法律保护、辩护权、禁止罪行重判等。此外欧盟公民还将有"建议权"、欧盟事务建设性积极参与权和向欧盟法院直接上诉的权利。因其源于各成员国共有的宪政传统，由此奠定的基本权在欧盟层面也构成了欧盟法律的普遍原则，成为每个欧洲公民恪守的价值标准。在此基础上，欧盟宪法一方面把人的尊严、自由、民主、平等、法治和人权确定为欧盟共同的政治文化价值。另一方面，也要求欧盟尊重欧洲各国民族文化、宗教、语言和传统的多样性，尊重成员国的民族国家认同，确保欧盟文化遗产得到保护和发展。欧盟通过宪法形式在欧盟层面确定欧盟公民的公民权和基本权以及欧盟共同的政治文化价值，这将有助于欧盟与成员国的政治文化凝聚力，增强欧盟成员国公民的欧洲公民意识，建构欧盟政治文化认同，使欧盟由政治经济联盟发展成为价值联盟。欧盟文化认同和欧盟政治文化认同的建构将促进欧洲政治一体化，文化和政治互为支撑，互相影响，成为欧洲一体化不可缺少的互动力量。毋庸置疑，"没有欧洲文化认同，没有具有欧洲意识的欧洲公民，欧洲政治上的共同发展和政治联盟将几乎不能实现"[1]。

三、欧盟政治文化认同建构

在欧洲一体化发展进程中，欧盟不仅仅在宏观政治层面通过欧盟法用法律方式，确定欧盟公民共同政治文化价值，而且也十分重视欧盟政治文化认同的建构，为欧盟制定了一系列文化政策和文化措施，维护民族文化多样性，建构欧洲共同政治文化，建立双认同，塑造欧盟政治文化象征，加强文化建设，促进文化融会，实施青年教育交流计划，扩大欧盟成员国

---

[1]　Leni Fischer. *Homo europeus ersetzt den Rechtskonsumenten*. Das Parlament. 2000.2.

青年的欧洲意识。

维护民族文化多样性和共同的政治文化、建立双认同

鉴于欧盟和欧盟成员国的双重层面,欧盟不仅强调共同的政治文化价值,也维护各成员国特有的不同文化。从历史上来看,每个欧洲国家的文化都是欧洲文化中不可或缺的组成部分。如果强制推行一种文化模式,那会损害欧洲文化的内在联系,削弱欧洲文化的多样性。只有向其丰富多彩的文化全面开放,欧洲才会有可能动员一切创造性因素为欧洲一体化建设服务。基于这一文化认知,欧洲政治文化认同构建并不排斥或否定民族文化认同和民族国家认同,也不是要放弃民族文化特征,如同《欧盟宪法》第 280 条所规定的那样:"联盟在尊重各成员国的国家和地区差异以及在强调共同文化遗产的同时,应为繁荣各成员国的文化作出贡献"。二是在认同文化多样性的基础上界定和建构共同的文化价值层面。在这方面,虽然民族国家认同建立在民族文化认同和在国家层面的国家政治认同基础上,欧洲民族国家也有重叠的层面,欧盟成员国的文化认同基于共同的语言、种族和宗教信仰,而政治认同基于成员国民族国家共同的政治文化价值,如自由、民主、正义、民主制度等,这也构成了不同成员国国家和公民间的共同认同之处。2004 年的《欧洲宪法条约》又在宪法层面确定和巩固了欧盟成员国间的共同认同。就政治文化认同而言,"民族的"和"欧洲的"这两个层面远非对立,而是能够在一个相当长的时期内和平共存。

从宏观政治层面看,《欧盟宪法条约》确定了欧洲文化认同和欧洲政治认同的关系,欧盟成员国也将获得超越于文化多样性、民族认同和国际认同的欧洲宪法政治认同。这一宪法政治认同将成为未来欧盟公民的政治纽带。正如哈贝马斯所指出的那样:"要使欧洲公民认同超越于国家意识和国家界限,欧洲需要建立一个欧洲公民社会,营造一个欧洲范围内的公共政治生活的气氛,建构一个全体公民都接受的政治文化。这三大方面构成了欧盟全面的互相对接的结合点,这一发展进程可通过具有催化效应的宪法得以加快,制宪过程也是进行跨越国界交流的唯一方式。"欧洲认同的基础是发展欧洲政治文化认同，建立欧洲公民公共政治领域，以此建立一种跨越国界的欧洲认同，这也是现代民主制度的要求。这里，现代民主制度不是种族认同，而是一种政治认同，即法的共同体认同，法律作为欧洲一体化重要的因素和欧洲政治凝聚力。政治认同跨越民族国家、民族文化，以共同法律为基石。《欧洲宪法》的制定为建立欧洲认同奠定了宪法基础，由此可以缓解成员国对民族国家利益的追求和弱化民族国家意识，使之具有共同的政治文化归属意识，而《欧洲宪法》的实施过程也正弱化成员国国家主权意识，超越国家认同，在共同的政治文化认同的基础上实现共同治理。

塑造欧盟政治文化象征

为促进成员国公民欧盟公民意识和欧洲认同意识，欧盟积极塑造政治象征，如欧盟护照、欧盟盟歌、欧盟盟旗、欧洲日、欧盟纪念日和欧元等。

1984 年欧共体预备委员会发表了一份报告，强调通过文化交流和创立欧共体标志，加强共同体的归属感。1985 年 6 月，欧共体陆续采用了统一样式的欧洲护照、驾驶执照，并确定了欧盟盟旗和欧盟盟歌。欧盟盟旗由蓝色背景下的 12 颗金星组成，"12 是完美和丰饶的象征，使我们同时联想起《圣经》中的 12 使徒、雅各的 12 个儿子、罗马的 12 铜表法、赫拉克勒斯的 12 项业绩、一天的 12 小时、一年的 12 月或黄道 12 宫。最后圆形的排列代表了联盟"，12 颗星星代表欧盟成员国。欧盟盟歌歌曲采用欧洲人耳熟能详的贝多芬《第九交响乐》中的《欢乐颂》。护照使用统一的外形和设计，只是标着不同国家的名称。另外，为塑造新的欧洲文化象征，欧盟也通过积极创建欧洲的公共假日，如 1985 年欧盟委员会把每年的 5 月 9 日即"舒曼计划"的诞生日定为"欧盟纪念日"。欧盟官方每年都会在欧盟纪念日组织数量众多的交流活动，增进各成员国间的合作。2002 年 1 月起，欧元现钞开始在欧元区的流通又给欧盟政治象征政策带来根本性的变化。在这方面，欧元特别是欧元硬币一侧是欧盟的符号，另一侧是相关成员国民族国家的象征。由此推出的欧洲文化象征在很大程度上促进了欧洲政治文化认同的形成。

加强欧盟文化建设，促进文化融合

在文化层面，欧盟通过政治立法、文化促进措施和欧盟文化活动等，促进欧盟文化融合。1992 年通过的《马斯特里赫特条约》（以下简称《马约》）第 128 条第一次以法律形式确立了欧盟与欧盟成员国在文化方面的权限范围，并规定了欧盟文化政策的框架和原则："在保持欧共体成员国民族和地区多样化的前提下，强调共同的文化遗产，并促进成员国的民族文化发展。"这里虽然按照欧盟法规定，文化政策主要属于成员国的权限范围，但欧盟也给予相应的资助，以改善和扩大欧洲各民族的文化和历史知识维护，保护具有欧洲意义的文化遗产，促进非商业性的文化交流和文艺、影视创作。在《马约》基础上，1996 年欧盟委员会提出了《关于欧盟工作须兼顾文化诸因素的报告》，确定了欧盟在文化领域的活动范围，承认文化是欧盟委员会工作的一个重要方面。在《马约》之前，欧共体在 20 世纪 80 年代便推出了"欧洲公民"计划，制定了许多涉及文化产品、音像行业、文化资源、文化培训、文化对话、教育、新闻媒体、无国界电视等与文化有关的领域的文化规定，以此保护欧洲的共同文化遗产，在尊重民族和地区多样化的基础上促进各成员国的文化繁荣。

为增强欧盟成员国公民欧洲公民意识和欧洲文化认同感，在《欧洲文化公约》（1954 年）的基础上，欧盟于上世纪 80 年代推出了"欧洲文化城"活动项目，每年选择一两个成员国的城市作为"欧洲文化城"，并通过资助方式，在被选定的文化城举行国际会议、音乐节、文学、戏剧和电影及展览等文化活动，展现该城市与欧洲文化历史的认同关系，以此增加人们的欧洲认同感，保护欧洲共同文化遗产。迄今为止被选定的"欧洲文化城"有：雅典（希腊/1985）、佛罗伦萨（意大利/1986）、阿姆斯特丹（荷兰/1987）、西柏林（联邦德国/1988）、巴黎（法国/1989）、格拉斯哥（英国/1990）、都柏林（爱尔兰/1991）、马德里（西班牙/1992）、安特卫普（丹麦/1993）、里斯本（葡萄牙/1994）、卢森堡（卢森堡/1995）、哥本哈根（丹麦/1996）、魏玛（德国/1999）、鹿特丹（荷兰/2000）、波尔图（葡萄牙/2001）、布吕赫（比利时/2002）、萨拉曼卡（西班牙/2002）、格拉茨（奥地利/2003）、热那亚（意大利/2004）和里尔（法国/2004）。

除"欧洲文化城"活动以外,欧盟文化促进计划还包括"欧洲艺术和文化活动促进计划"（又称"2000年万花筒计划"）、"欧盟文化遗产保护计划"（又称"拉菲尔计划"）和"关于图书、阅读和翻译资助计划"（又称"阿里安纳计划"）。1998年欧盟推出的"2000—2004年欧洲文化促进计划"是一个综合性的文化促进计划,其目的在于共同维护欧洲文化,促进欧洲文化一体化和多样化,增强有利于欧洲政治、经济一体化的文化、社会凝聚力。为此,欧盟委员会制定了三项措施,如关于共同制作文艺节目和文艺节目传播的合作协定、资助欧盟同国际间的文化合作,促进文艺创作和文化传播。另外,为使成员国之间媒体政策和规定互相兼容,欧盟制定了许多框架协定。1989年通过了"无国界电视"计划,确定了电视媒体的基本规则,如青少年保护和限制电视广告、提高欧盟电视收视率等。随着欧盟文化权限的不断扩大,欧盟媒体政策也将日趋完善。这方面欧盟媒体政策成功与否取决于成员国文化利益和欧盟文化一体化的平衡。

在促进文化融合过程中,欧盟一方面强调共同的欧洲文化归属感,另一方面尊重各成员国维护其文化、语言多样性的平等权利。在维护欧盟语言多样性和文化多样性的前提下,欧盟拥有23种官方语言;在欧盟机构,英语、法语和德语是欧盟主要的工作语言,但在欧盟政治机构决策中英语仍优先于法语和德语。这也引起非英语成员国的不满,如在德国人们要求平等对待德语这一欧盟工作语言。今天,在有27个成员国的欧盟,英语依然保持其主导地位,所有欧盟公民中47%讲英语,32%讲德语,26%讲法语;所有欧盟公民中有24%以德语作为母语,有近1亿欧洲人,而以英语和法语为母语者仅为16%。

实施青年教育项目,促进欧盟青年欧洲意识

欧盟有近7500万名公民年龄在15岁到25岁之间,他们对欧洲一体化的态度和欧盟政治文化认同的程度将影响欧洲一体化发展。基于这一认识,欧盟从上世纪起便关注欧洲青年,试图通过相应的教育交流措施和外语学习计划,提高青年的教育水平和外语能力,促进欧洲青年间的交流,扩大对政治的兴趣和对自己在社会生活的行为能力和自信,唤起青年

人对欧洲的兴趣和参与欧洲一体化的积极性,以此增强欧盟青年的欧洲意识。

　　这里特别需要提到的是欧盟自上世纪80年代中叶起推出的"埃拉斯谟斯大学生交流及流动学习计划"(以下简称"埃拉斯谟斯计划")。外语学习促进计划开始于1989年,其目的是进一步提高欧盟公民的外语能力,促进欧盟内部人员交流和理解。这方面的具体措施有资助外语师资培训、加强语言学生交流、促进行业及经济界的外语学习。"埃拉斯谟斯计划"启动于1987年,其目的是通过资助方式促进成员国大学生相互流动和互相交流,加强成员国大学之间的合作。按欧盟87/327号决定,此计划第一阶段为三年,欧盟拨款上亿欧元;1989年启动第二阶段的交流计划,资助款项提高到近2亿欧元。欧盟每年为3万至4万名成员国大学生到其他成员国短期学习提供补贴。除了欧盟伙伴国外,该计划将范围扩大至欧洲自由贸易区国家,如挪威和冰岛等国,其大学网络遍及欧洲2000多所高校。自20世纪90年代中期以来,仅德国就有近13万名"埃拉斯谟斯"奖学金学生,而有近15万名德国学生去了欧洲其他国家交流学习。这一大学生交流及流动学习方式增强了大学生欧洲文化认同与欧洲公民意识。20世纪90年代中期,欧盟对易于接受新思想的欧洲年青一代提倡"欧洲的维度"教育,有针对性地对他们进行欧洲观念的心灵塑造。1996年,欧盟启动了两个教育计划:一个是促进欧洲高等教育交流的"苏格拉底计划",一个是对欧洲青年进行培训的"列奥那多计划",以此增进欧洲年轻人之间的交流与理解,加深彼此认同。到目前为止,"埃拉斯谟斯计划"已经使100多万欧洲学生受益。自2000年起,"埃拉斯谟斯计划"成为新推出的"终身学习"计划的一部分。"埃拉斯谟斯—蒙特斯计划"还向非欧洲学生提供欧洲学习的机会,使非欧洲学生有机会体验欧洲人的生活方式;2001年欧盟颁布的"欧盟青年白皮书"和2005年3月通过的"青年欧洲公约"是欧洲青年政策重要部分。为了使欧盟比以往更加关注青年的生活世界,向每一位欧洲青年提供更多的欧洲价值,欧盟自2007年起启动了"新一代人教育项目"。在这方面的主要目标是:2007年至2013年使二十分之一的学生有机会参加Comenius 活动项目；至 2013 年计划有 300 万大学生参加教育交流计划，使目前的交流人数提高 3 倍；至 2013 年要为 15 万在职人员或学徒提供欧洲交流机会；为"青年期活动项目"拨款 8.85 亿欧元，加强欧洲志愿者活动，促进欧洲范围内的青年合作。

四、结 束 语

从政治文化认同建构角度看，欧盟在其一体化发展过程中制定和实施的文化政策旨在培养民众对欧盟的归属感，建立一个欧洲政治文化认同，使欧盟真正确立起相对于成员国公民意识的欧洲公民意识。在这方面，欧盟强调欧洲拥有共同的历史，以历史作为联系的纽带，以欧洲观念淡化民族国家意识和民族文化意识；欧洲政治文化认同的意义在于确立"欧洲公民"的社会身份，一方面，欧洲政治文化认同的建构不仅仅是欧洲政治一体化向纵深发展的需要，也是欧盟全球战略的一个组成部分；另一方面，在欧洲一体化进程中，欧洲一体化和文化多样化将在一个较长的时期内互相影响和互相制约，在一体化框架内承认和维护欧洲成员国文化多样化成为欧洲政治、社会稳定和成员国各民族间和平相处的重要保证。

第四节

欧盟文化产业

王雅梅[*]

一、欧盟对文化产业的认识及发展的基本目标

文化产业的含义

　　文化产业属于文化发展的大范畴,是为社会提供文化产品生产和服务的产业。当今世界,文化产业发展迅猛,文化市场的规模越来越大,但国际上还未形成对文化产业较一致的看法与统计。文化产业也被称作创意产业、媒体文化、内容产业或版权产业。联合国教科文组织曾把文化产业定义为按照工业标准生产、再生产、储存以及分配文化产品和服务的一系列活动。1986年,联合国教科文组织提出的文化统计框架把文化产业定义为以艺术创造表达形式、遗产古迹为基础而引起的各种活动和产出,具体包括文化遗产、出版印刷业的著作文献、音乐、表演艺术、视觉艺术、音频媒体、视听媒体、社会文化活动、体育和游戏、环境和自然等十大类。一些国家将建筑、乐器的制作、广告和文化旅游等也纳入文化产业中。欧盟在"信息社会2000计划"中提出了内容产业的定义,即"那些制造、开发、包装和销售信息产品及其服务的产业",它包括"各种媒介上所传播的印刷品内容(报纸、书籍、杂志等)、音像电子出版物内容(联机数据库、音像制品服务、电子游戏等)、音像传播内容(电视、录像、广播和影院)、用作消费的各种数字化软件等"。1997年,作为欧盟轮值主席国,芬兰政府委托芬兰教育部对欧洲文化的现状进行调研,芬兰教育部为此成立了文化

＊　四川大学经济学院欧洲问题研究中心博士、副教授。

产业委员会。该委员会成立以后发表了三份报告，报告对"文化产业"进行了重新界定，即"文化产业是基于文化意义内容的生产活动"，除了新闻出版业、广播影视业、音像业、网络业、文学艺术业、音乐创作业之外，还包括一切具有现代文化内容标识的产品和贸易活动，如摄影、舞蹈、工业与建筑设计、艺术场馆、艺术拍卖、体育，以及文化演出、教育活动等。"作为当代社会、文化与经济生活中的一个影响广泛的关键词，文化产业有着非常丰富的内涵，其外延也在不断延伸。文化产业成为一个在历史中拓展变易的概念，一个多维度多层次的富于包容力的综合概念"。①

　　文化产业具有与其他产业不同的特征，那就是文化产品的精神属性。文化产业以从事文化产品生产和提供文化服务为内容，作为商品的文化产品和服务在被消费的过程中，不但直接创造了经济效益，而且还满足了消费者的思想和精神需求，具有社会效益。文化产业的发展以经济为基础，同时又带动和促进经济的发展。大力发展文化产业，提高文化产业的国际竞争力，已成为当今各个国家和地区社会经济发展战略和政策的重要组成部分。

欧盟对文化产业的认识及发展的基本目标

　　在欧盟，文化产业被视为一个特殊的经济部门。欧盟委员会认为，文化产品既是能够创造财富和就业机会的经济产品和服务，也是体现其文化认同和文化多样性的载体，因此，文化产业不能完全受制于市场力量，欧盟必须在所有政策中考虑文化因素。1974年，欧洲议会通过的一项决议指出了共同体在文化领域采取行动，尤其是保护文化遗产的行动的必要性。欧盟条约第151条也要求联盟在制定和执行其政策过程中要考虑到文化的特点。欧盟委员会于1996年发表的一项针对文化及促进就业机会的公报，强调了文化产业发展的正面影响及保存文化传统的重要性。欧洲理事会的一份报告将文化产业定义为与社会、政治及经济紧密联系

① 金元浦.文化创意产业相关概念研究.文化产业网.http://www.culindustries.com.

的产业。欧盟委员会在 1998 年 4 月通过了一份题为《文化、文化产业和就业》的工作文件。2005 年欧盟委员会教育和文化总司委托有关机构完成了一个题为《欧洲文化经济研究》的报告。报告于 2006 年 9 月完成。这在欧洲还是首次对文化部门和创意部门的经济和社会价值进行评估。2007 年 2 月欧盟成员国的媒体与文化部长们在柏林召开的会议上提出，文化领域也应该成为欧洲经济发展的火车头。可以说，文化产业和文化产业政策已经成为众多欧盟会议的主要议题，成为欧盟政策的重要组成部分。但在总体上，文化部门的潜力，尤其是文化产业在很大程度上未能得到认可，没有被公共当局加以充分地利用。

与欧盟的认识相一致，欧盟文化产业的发展有两个基本目标，即文化目标与经济目标。文化目标在《马斯特里赫特条约》（以下简称《马约》）中有着充分的表述。《马约》在第 9 章第 128 条规定："共同体将致力于弘扬共同文化遗产，发展各成员国文化，尊重各国各地区的文化多样性。"经济目标是通过"欧洲堡垒"结构，即内部的自由化和对外的保护主义来保护和发展欧洲的视听业，促进欧盟的经济增长和就业。《马约》正式赋予了欧盟管理欧洲文化事务的职能。随着该条约的生效实施，欧盟在作出有可能涉及文化的任何决定时，开始将文化纳入必须加以考虑的范围，同时也在自己的总目标中加入了必须达到的文化目标。从欧盟促进文化产业发展的政策取向来看，并非只有推向市场的文化活动和文化部门才被视为文化产业，并非只有营利的文化部门才属于文化产业，才应该大力扶持，其实它包括"产业和非产业部门"。在实践中，欧盟及其成员国始终把弘扬民族优秀文化、保护环境资源和文化遗产、促进民族融合和认同、鼓励社会平等、改善居民整体利益和基本福利状况作为文化产业的一部分，作为政府文化政策的长期目标和努力方向。欧盟认为，文化产业的未来有赖于制定一个行之有效的支持战略，并将该战略融入其他经济活动中；文化产业的竞争力依赖于适当的法律和金融环境以及它们创新的能力，因此，确保为欧洲文化产业提供一个好的发展环境和融资条件，让它们能够参与国际竞争，是欧盟的一个重要经济职责。

二、欧盟保护和促进文化产业发展的政策措施

尽管为文化产品的生产提供资助是成员国的责任，但在鼓励文化产品，特别是视听产品的生产和分销方面，欧盟起着重要的作用。

对文化产业的金融资助及贷款支持

欧盟对文化产业提供的金融资助旨在补充国家和地方的资金，主要有两种类型：跨国基金和结构基金。跨国基金通过欧盟委员会的系列计划来提供，如"文化2000"和"文化2007"。"文化2000"（2000—2006）为期七年，总预算为23.65亿欧元。"文化2000"为所有艺术和文化领域（表演艺术、造型艺术和视觉艺术、文学、遗产、文化历史等）的合作项目提供补助，旨在建立一个以文化多样性和共享的文化遗产为特征的共同的文化空间。"文化2007"（2007—2013）仍为七年规划，宗旨是成为促进"欧洲多元文化合作的一个连贯的、全球性的、系统的工具，并为增强民众对欧洲的认同作出积极的贡献"。"文化2007"用于项目资助，对每个项目的资助额最高可达到该项目预算的50%。结构基金是欧盟区域政策最重要的工具，由欧洲区域发展基金、欧洲社会基金、欧洲农业指导和保障基金以及渔业指导融资工具构成。目前结构基金的额度已占欧盟总预算的三分之一。欧盟用于区域发展的基金构成了欧盟文化支出的最大部分。每年欧洲区域发展基金和欧洲社会基金共有5亿欧元用于与文化有关的项目。如欧洲社会基金就支持意大利的以著名指挥家名字命名的阿尔图洛·托斯卡尼尼（Arturo Toscanini，1867—1957）基金。该基金建立于20世纪90年代中期，主要是对失业的音乐工作者提供培训课程，同时也通过特殊的远程学习项目，运用新技术和虚拟场景，为来自歌剧界的歌手、音乐家和技术人员提供课程。

欧洲投资银行则为成员国相关文化产业的发展提供贷款支持，如2002年为英国BBC的主要商业分部BBC全球公司（BBC Worldwide Ltd.）提供了4000万欧元的贷款，帮助它扩大投资，2003年又为法国视听

业的生产和分销提供了 4000 万欧元的贷款。

与文化产业相关的规定

　　欧盟在文化产业领域的相关规定主要涉及内部市场、竞争和国际贸易。1992 年 12 月欧洲理事会通过了关于文化产品出口的规定,该规定要求对列在附件中的某些种类的文化产品进行统一检查,对列入规定的文化产品的出口实行出口许可证制度。出口许可证由成员国主管当局应出口商的要求签发。如果文化产品被怀疑是列入了有关成员国立法保护的国家艺术品、具有历史或考古价值的财富的目录的,成员国可以拒绝接受其出口许可证。2001 年 6 月,欧洲议会通过了一项决议,要求加强成员国和欧盟在禁止文化产品的非法交易方面的政策和行动的协调。欧洲理事会在 2001 年 2 月通过的"关于国家稳定价格制度的运用"的决议中,强调要合理地评估图书的文化价值和经济价值,允许成员国自由决定是否采用一个国家法定的或契约规定的图书价格制度。由国家立法管理的稳定图书价格制度不受共同体竞争规则的管辖,但它们必须尊重共同体的条约,尤其是关于商品自由流动的规定。在版权方面,欧盟于 1993 年颁布了一项指令,对版权的使用权进行了调整,规定在作者去世 70 年后,其文学、艺术、电影艺术或视听作品可以自由转载与使用。该指令还把其他一些(如影视表演者、制作者以及广播机构)相关权利的专用期限规定为 50 年。另外一项指令对纸质数据库与电子数据库提供保护,时间为 15 年。其目的是在维护使用者的利益的同时,创造一种有利的投资环境,鼓励欧盟文化产业的发展。

　　1992 年,欧盟认同法国的"文化例外"概念,并确定了界定"文化例外"的六条标准。所谓"文化例外",即当存在影响欧盟语言和文化多样性的风险时,欧盟对文化和视听服务国际贸易谈判的决策将以一致通过的方式进行,而法国将可继续在未来欧盟宪法中持有否决权。欧洲国家认为,没有配额制度和关税规定的保护,他们的电影业将抵挡不住主要来自美国的冲击。欧盟为此采取了一些强制性的文化措施,如对电视台播出的节目内容的规定、对外国文化资本进入欧盟广播电视和出版领域的严格限制等。1989 年,欧洲议会通过的"无国界电视"指令,就要求确保播放欧洲影视作品的时间。该指令于 1997 年作了修订,以确保在欧洲内部市场上广播服务的自由流动,并维护具有一定公共利益的目标,如文化多样性、对消费者和未成年人的保护等。另外欧盟还要求 15% 的节目必须是由中小型制片公司制作的。考虑到视听业的特性,欧盟对竞争规则在视听媒体和电影院的运用,作了一些规定,允许成员国对文化的发展进行资助。

对视听业发展的扶持计划

电影和电视是一个国家文化产业的入口,具有很强的文化敏感性,也是欧盟长期以来重点扶持的领域。欧盟拥有世界上最大的视听市场。欧洲的电影业历史悠久,被视为形成欧洲认同的基本工具,而电视是当今欧洲社会最重要的信息和娱乐来源,98% 的欧洲家庭拥有电视,欧洲人每天平均看电视的时间超过 200 分钟。视听业对欧洲的重要性不言而喻,但它面临着来自美国的巨大挑战。根据欧洲视听观察台的数据,2000 年在欧盟电影市场,欧洲影片仅占 22.3%,而美国电影占了 73.7%。20 世纪80 年代以来,欧盟推出了系列"媒体计划",试图通过这种方式构筑一个欧洲的纪录片、动画片和多媒体制作的工业机制,以创造一个"欧洲视听空间",从而与非欧洲的视听产品相抗衡,为欧洲作品在以美国产品占主导的影视市场上获得一席之地创造条件。欧盟为此建立了相应的预算拨款,对该计划进行资助。第一媒体计划的拨款为 2 亿埃居①,时间为 1990年至 1995 年。第二媒体计划拨款 3.1 亿埃居,时间从 1996 年至 2000 年。2001 年至 2005 年,媒体附加计划实施,总预算达到 4 亿欧元。"媒体计划"将资金的 60% 用于欧洲视听作品的国际分销,如所资助的"欧罗巴电影院"网络项目,就包括了 53 个国家的 379 个电影院。媒体计划也通过资助各种各样的节日和展览会来促进视听作品的开发、宣传和分销,并鼓

---

① 埃居(ECU)是欧洲货币单位(European Currency Unit)的首字母缩略词的音译。1999 年 1 月 1 日欧元诞生之后,埃居自动以 1:1的汇价折成欧元。

励在视听作品的开发和分销中使用数字技术。在 2007 年第 60 届戛纳国际电影节上,放映了 11 部由欧盟"媒体计划"资助的电影,这些电影是从欧盟"媒体计划"资助的众多电影中挑选出来的。针对欧洲国家在数字电影和网络电影方面一直发展较慢的状况,2006 年 5 月 23 日,欧盟成员国文化部长、媒体代表和有关企业在法国戛纳签署了《网络电影宪章》,这是欧盟在内容工业上形成的一个重要的统一政策文件。在 2007 年的柏林电影节上,欧盟启动了"媒体 2007 计划"。该计划为期 7 年,预算为 7.55 亿欧元,旨在为保持欧洲视听部门的竞争力提供关键性的支持。

促进新媒体发展和运用的措施

为了促进新媒体的发展和运用,欧盟在 2001 年实施了"电子内容规划"。该规划为期 4 年(2001—2004),旨在支持欧洲数字内容的生产、使用和分销,促进全球网络系统中语言和文化的多样性。2005 年 3 月,欧洲议会和理事会又批准了一个为期 4 年(2005—2008)的"电子内容附加规划"。附加规划预算为 1.49 亿欧元,支持多语种的内容开发,以实现整个欧盟在线服务的创新,让欧洲数字内容更容易获取,更便于使用和开发。2007 年 2 月,欧盟成员国的媒体与文化部长们在柏林召开会议,决定制定新的媒体政策以加强欧盟电视机构在全球化背景下在国际电视市场上的竞争力。欧盟现行的电视行业规则是 20 年前制定的。随着电视技术的迅猛发展,规则中很多条款项目都已经不合时宜。此次会议上欧盟的部长们已就新规则的条文消除了分歧,取得意见上的一致。书籍显示了语言和文化的多样性,是增进和学习文化的一个关键来源。欧盟不仅支持书籍的出版和阅读活动,并积极探索帮助欧洲编辑们通过数字技术开拓新的分销文学作品的方法。欧盟最近推出了促进欧洲文化遗产在线获取的新项目——"欧洲数字图书馆"。欧盟希望在现有欧洲图书馆的基础上,创建一个高度规范的、多语种的和单一访问点的欧洲国家图书馆、博物馆和档案馆庞大资源入口,利用数字图书馆来进行教育、工作、休闲和创造活动。

对文化设施建设的支持

文化是地方和区域发展的一个因素。文化设施不仅包括建筑物和文化遗址，而且也包括实现文化管理、运转和获取的数字技术。欧盟支持文化设施的建设，并把文化设施的建设作为其区域政策和环境保护行动的一部分。结构基金是欧盟帮助其落后地区发展的最重要的财政工具，它覆盖了欧盟在文化活动方面开支的大部分。结构基金所资助的项目，通常都涉及文化方面的内容，如修复和开发历史建筑和文化遗产、建设文化设施、建立文化旅游服务或提供艺术或文化活动管理方面的培训。以英国著名作家马尔科姆·洛利（Malcolm Lowry，1909—1957）名字命名的洛利中心就是结构基金援助的项目。在欧盟，涉及视听设备的安装或多媒体服务的项目，都可纳入由结构基金资助的区域发展活动中。

促进文化的互动与交流

除了在法规、政策方面提供制度支持和在财政方面给予资金支持外，欧盟还开展了一些促进欧洲范围内文化互动与交流的活动，推动成员国文化产业的共同繁荣。如 2002 年 11 月，欧盟首次在成员国范围内组织了欧洲电影周，向广大观众，尤其是青年学生推广欧洲自己的影片。2006年的"欧洲电影日"是戛纳电影节的一个重要活动，其主题是"欧洲电影走向全球"。从 1985 年开始，欧盟每年举办一届欧洲"文化首都"的提名活动，获得"文化首都"提名的城市可以得到金融资助。"2000 年万花筒计划"则鼓励欧洲的艺术与文化创造，支持各种文化活动与文化交流以及其他包括艺术领域在内的计划，如闻名欧洲的"青年交响乐团"与"巴洛克交响乐团"等。另外，欧盟还通过文化合作来促进第三世界国家，尤其是非洲、加勒比和太平洋地区及地中海地区文化产业的发展。

三、保护和发展文化产业对欧盟的重要意义

尽管目前在欧盟还未形成较系统的文化产业政策，其资助的重点主要是视听业以及新媒体的发展及运用，甚至与文化产业有关的一些基本

概念及内涵也还在探索之中,但文化产业的特殊性决定了其对欧盟的重要意义。

文化产业是影响欧洲一体化发展的重要因素

"文化是个人与社会用以理解自己和相互理解的工具,因而也是他们彼此关系中的重要导向"。[①] 作为一种无形的力量,文化既可以使社会凝聚,也可以使社会分离。"文化的凝聚性是指文化以其深厚的内涵和强大的亲和力吸引凝聚着在特定文化背景下生活过的人们"。[②] "当经济一体化建立在共同文化基础上时,它就走得更快、更远"。[③]

欧洲不只是一个地理概念,也是一个文化概念,具有丰厚的文化资源。无论是乡村地区的文化遗迹,还是历史上的城市中心,无论是物质文化遗产,还是非物质文化遗产,都是欧洲文明和人类文明的重要载体,都是欧洲特性的表现和欧洲人生活环境的一部分。文化是欧洲联合的共同基础。因为一体化本身就是一个构建集体认同的过程,"因此,各方都会将目光投向过去,从经过历史积淀的文化那里为自己的观念寻求理论支撑或理论厚度"[④]。面对第二次世界大战血的教训,欧洲国家的一些领导人认识到:要想实现欧洲的一体化,欧洲各国人民之间的相互了解是必不可少的基础。欧洲不同文化之间的共性和相互了解是公民支持和参与欧洲一体化的基本要素。只有让欧洲各国人民相互学习和了解彼此的文化,才能让他们了解和认识其共同文化遗产。只有等到欧洲各国人民充分意识到他们同属于同一文化共同体,他们本国的文化是构成这一共同文化遗产的一个组成部分时,欧洲的真正统一也才有望实现。而一种属

① 欧文·拉兹洛.《多种文化的星球——联合国教科文组织国际专家小组的报告》. 北京:社会科学文献出版社.2001.7.

② 孙安民.《文化产业理论与实践》.北京:北京出版社.2005.4.

③ 塞缪尔·亨廷顿.《文明的冲突与世界秩序的重建(第3版)》.北京:新华出版社. 2002.132.

④ 任娜 & 张仲水.欧洲早期一体化进程中的文化因素.山东理工大学学报.2005. (21).

于欧洲并且有同一归属的感觉不能凭空制造出来，它只能产生于一种共同的文化意识。而在民族国家依然强大的今天，一种超越国家的欧洲文化认同的构建，"首先应从欧洲文化的同一性入手"①。文化认同为欧洲一体化提供了精神支柱。正如有学者所言："对于欧洲公民而言，未来的欧洲应该是一个寄托情感和灵魂的精神家园。欧洲的文化多样性和政治多元化现实，决定了欧洲应该建立一种基于多元文化主义之上的文化认同，只有这样才能保障欧洲政治一体化目标的顺利实现。"②

尽管欧盟文化产业分属于各个国家或区域，但它们都是欧洲共同文化遗产的一部分，是欧洲文化认同的载体，是欧洲认同的催化剂，是能够引导未来欧洲一体化发展的创造力的一个来源。保护和促进文化产业的发展成为欧盟培育和增强欧洲文化认同的重要手段。实践也证明了这一点，即"具有文化亲缘关系的国家在经济上和政治上相互合作。建立在具有文化共同性的国家基础之上的国际组织，如欧洲联盟，远比那些试图超越文化的国际组织成功"③。让·莫内早在 1952 年就说过：我们不是把国家集中到一起，我们是让民众团结起来。争取民众对欧洲一体化的支持仍是欧盟今天面临的最大挑战。这在扩大的联盟中更是如此，因为扩大带来了更多的财富和文化多样性。保护和推动文化多样性是欧盟的重要原则，也是欧洲一体化进程的核心组成部分。文化产业的保护和发展，对维护和提升欧洲文化的多样性，让"欧洲意识"深入人心，进而为欧洲一体化的发展铺平道路，具有至关重要的意义。

保护和发展文化产业是欧盟应对全球化挑战的需要

全球化是我们这个时代最重要的特征之一。全球化是一个以经济发展为动力的、不同文明之间相互碰撞与融合的过程。20 世纪 90 年代以来，全球化进程的日益发展和信息技术的广泛应用，使越来越多的国

---

① 张旭鹏.文化认同理论与欧洲一体化.欧洲研究.2004.(4).

② 张生祥.对欧洲认同的几点思考.欧洲研究.2005.(3).

③ 塞缪尔·亨廷顿.《文明的冲突与世界秩序的重建(第 3 版)》.北京:新华出版社.2002.7.

家和民族认识到文化在当代社会经济生活中的重要地位和巨大影响。作为国民经济的一个部门，文化产业不同于一般产业，它具有商品性和社会性双重属性。在经济全球化的背景下，各国之间文化交往密切，相互影响加深，文化产品成为全球化经济的重要部分，文化产业的实力和竞争力成为体现综合国力的重要标志和构筑国家文化安全体系的一个重要环节。

全球化趋势在给各个国家和地区文化产业发展带来机遇的同时，也带来了巨大的挑战。因为经济全球化的迅猛发展，必然对各个民族和地域的文化产生巨大的冲击。正如联合国教科文组织国际专家小组在其报告《多种文化的星球》中指出："在一个信息自由流动的世界上，文化可以迅速发生变化，而这种变化可以使它们自身丰富或贫乏。"①有学者认为，全球化可能带来的不良后果是抹杀了各民族各区域文化自身的本质特征。随着经济全球化趋势和现代化进程的加快，世界文化生态正在发生巨大变化，文化遗产及其生存环境受到严重威胁，许多重要文化遗产逐渐消亡或失传。如在欧盟山区，与众不同的生活方式、有代表性的建筑形式和祖先的传统，使山区文化成为欧盟的宝贵遗产。但随着山区经济发展压力的增大以及全球通讯及交流手段的发展，居民逐步从隔离中走出，山区面临着失去其社会及文化特征的潜在危险。欧盟怎样在促进山区发展的同时，保护好山区的历史和文化遗产，让传统与现代有机地结合在一起，是欧盟面临的挑战之一。在冷战时代结束之后，美国作为一个文化产业大国的地位冉冉升起，让人们发出了"难道世界文化已经美国化了吗？"的惊呼。反全球化运动就指出了全球化固有的影响。此外，数字技术的日益发展和广泛运用对欧洲视听内容的生产、分销和有效性也带来了挑战。还有，怎样在丰富多彩的文化走向大众的同时，确保儿童和青年所面对的文化内容的质量？等等。因而，应对全球化，不仅仅是经济发展战略问题，而且也是包括文化产业在内的文化发展战

---

① 欧文·拉兹洛.《多种文化的星球——联合国教科文组织国际专家小组的报告》.戴侃，辛未译.北京：社会科学文献出版社.2001.214.

略问题。

欧洲文化的多样性是欧洲社会的基本特征，也是欧洲一体化的动力与活力所在。每个欧洲国家的文化都是欧洲文化中不可或缺的组成部分。通过制定和实施文化产业政策，促进欧盟文化产业的发展，保护欧洲的文化遗产和文化多样性，是全球化背景下欧洲一体化进程发展的需要和重要组成部分。

文化产业已成为欧盟收入和就业的重要来源和基地

20世纪以来，经济发展的一大特征是文化对经济的影响越来越大，经济与文化相互交融，相互促进。文化与经济融合而产生的文化产业具有综合性强、辐射面广、渗透性强、附加值高、产业链交错的特征，创造了大量的就业机会和经济财富，在国民经济中占有越来越重要的地位，成为许多国家，尤其是发达国家国民经济、出口创汇的支柱产业和新的经济增长点。高新技术特别是信息技术的快速发展和广泛运用，为文化产业的发展创造了良好的条件。世界银行在1998年发布的《文化与持续发展：行动主题》报告中就提出：文化为当地发展提供新的经济机会，并能加强社会资本和社会凝聚力。

在许多发达国家，文化产业不仅是该国文化的基本形态之一，而且越来越成为强大的经济实体，创造出了可观的经济效益。美、日、英等国的文化产业已成为最大的产业。美国的视听产品成为仅次于航天航空的第二大产品，迪斯尼公司产业规模及赢利均进入世界前十强，美国《读者文摘》已发展成年收入25亿美元的国际性大企业。日本娱乐业的经营收入已超过本国汽车工业产值。在英国，以文化为主体的创意产业是英国发展最快的产业，1997年至2001年间年增长率达到8%，而同期英国总体经济增长为2.6%，创意产业产值在2001年已达到1125亿英镑。作为新兴工业化国家之一的韩国，在亚洲金融风暴之后，重新认识文化产业，并将其作为21世纪发展国家经济的战略性支柱产业，积极进行培育。"今天的文化，已实实在在成为社会生产力的重要部分，并成为一个国家综合国力的最直观最具体的反映。文化产业已发展成为一

个生机无限的经济增长点,蕴藏着巨大的利润空间"。① 文化资源投资的保护和文化产业的发展,已成为一个国家和地区加快社会经济发展的有效途径。从欧盟来看,文化产业已成为其收入和就业的重要来源和基地。2003年,欧盟文化和创意部门的总营业额为6542.88亿欧元,从欧洲经济总的增加值来看,文化和创意部门对欧洲GDP的贡献为2.3%,而在过去一直是作为欧洲经济驱动部门之一的房地产业仅占欧洲GDP的2.1%。文化和创意部门对GDP的贡献也高于食品、饮料和烟草生产部门(1.9%)、纺织行业(0.5%)和化学、橡胶、塑料产品行业(2.3%)。在大多数欧洲国家,文化和创意部门都是国民财富增加的主要贡献者。旅游业是世界发展最快的产业之一,而欧盟国家所拥有的丰富的文化和自然遗产,使之成为世界重要的旅游目的国,也是近几十年来欧盟旅游业蓬勃发展的基础。

20世纪70年代中期以来,欧盟国家的失业问题日益严重,成为了困扰欧盟社会经济发展的一大难题。高度依赖于人类资源的文化产业,形成了一个劳动密集型部门,在文化和就业之间形成了一个日益增长的正相关。加快文化产业的发展成为欧盟降低失业、增加就业的一个重要渠道。1997年,在阿姆斯特丹举行的学术会议"通向欧洲媒体文化之路:从实践到政策"对文化产业与就业的关系进行了探讨,并提出了一系列政策建议。文化在创造就业机会方面的作用成为同年11月"欧洲特别理事会"的核心论题之一,并纳入到了欧盟的"全面就业战略"之中。1998年,欧盟委员会的重要文献《文化产业与就业》,按照文化对就业的影响,把就业划分为三类:直接就业、间接就业(如旅游)与"衍生就业"。包括电影院和视听媒体、出版业、手工艺行业和音乐在内的文化产业,是欧盟就业的一个重要基地。目前欧盟文化部门有约700万专职人员。在欧盟视听部门,直接雇佣的人员超过100万。

2000年3月的里斯本特别首脑会议提出了欧盟2010年的战略目标,即让欧盟成为"在世界范围内最具竞争力和最具活力的、以知识为基础的

---

① 王哲平."全球化"背景下世界文化产业发展的新趋向.天府新论.2003.(4).

经济体,该经济体具有可持续增长的能力,具有更多更好的就业机会和更强的社会内聚力"。对自身深厚的文化资源的有效保护、开发与整合,加快文化产业的发展,是欧盟为实现其目标而实施的发展战略不可或缺的组成部分。

第五节

欧盟的象征政治与欧洲认同的建构

李明明[*]

无论谈起任何国家和地区的时候,我们总会先想起它们的标志性事物。比如美国的自由女神像、中国的万里长城、澳大利亚的袋鼠和悉尼歌剧院等。欧盟也不例外。欧洲人发明了很多欧盟的象征符号来体现欧洲寻求超越民族国家的自由、和平与繁荣的理想,如欧盟统一护照、欧盟十二金星旗帜,还有欧元等。这对欧洲一体化的发展起到了积极的作用,我们称之为象征政治。本节力图通过对欧盟象征政治的分析,探讨它对一体化的作用和意义。同时,我们还以欧元为例对欧洲象征和民族象征的关系问题进行了研究。由于建构模式的缺陷,欧盟象征政治还存在一些局限,这限制了它的作用。

一、欧洲一体化进程中的象征政治

象征是一种人工符号。作为符号媒介,它代表关于客观对象的意义和解释。一般来说,人类的符号都代表某种东西,但是这只是从某个观念来代表的。象征不等同于具体的物,它之所以成为象征是因为它寓意物以深刻的含义。所以说,象征是意义的表象。正如黑格尔所言:"象征一般是直接呈现于感性观照的一种现成的外在事物,对这种外在事物并不直接就它本身看,而是就它所暗示的一种较为广泛较普遍的意义来看。因此,我们在象征里应该分出两个因素,第一是意义,其次是这种意义的

---

[*] 上海交通大学国际与公共事务学院博士。

表现。意义就是一种观念和对象，不管它的内容是什么；表现是一种感情存在或一种形象。"①卡西尔认为象征的产生在于把具体的表象固定下来，成为可以共享得到交流的东西。通过象征符号，意义被固定，表象走出混沌状态而有了具体的形式。在政治生活中，精英和知识分子常常发明和使用一些象征并赋予其政治意义，例如标记、符号、仪式、人物、物品和话语等。我们称之为象征政治。象征政治有史以来就是统治者整合社会和维护统治的工具。操纵象征符号也是精英的政治手段之一。自民族国家产生以来，代表国家和民族形象的象征符号在日常生活中随处可见，它们无时无刻不在提醒"我们是谁"、"我们属于哪个政治共同体"。

欧盟作为一个正在形成中的超国家政体，在欧洲一体化进程中它也使用象征政治来推动一体化的发展。1975 年比利时首相廷德曼向委员会递交的《关于欧洲联盟》的报告中提出了"公民的欧洲"的观念。廷德曼提出了两个重要的行动建议来发展公民欧洲：第一，保护欧洲人的权利，这不再单独由个别国家所保证；第二，通过在日常生活中可辨识的外在标志，作为欧洲人团结的具体表示。这第二个行动建议明显属于象征政治的做法。

欧共体的象征政治真正起源于 20 世纪 80 年代中期。1984 年 6 月召开的枫丹白露会议强调了采取措施加强和提升欧洲共同体在其公民中和世界上的身份与形象之需要。值得注意的是在会议最后签订的文件中，出现了要建设"人民的欧洲"的条款。该条款的目的是为了回应欧洲人民对一体化和共同体的期望，因此指出需要加强和提升人民对欧共体的认同，确立共同体在成员国的公民中和世界上的形象。这些观点都旨在使"欧洲"更加接近平常的民众。会议决定建立一个专门委员会来研究这个问题。这个专门委员会就是著名的"阿多尼奥委员会"。在 1985 年 6 月召开的欧委会米兰会议中，该委员会递交了最终的报告。报告提出了许多重要的建议，后来大多都被采纳。报告的主旨在于通过一种共同的公民身份和采用一些欧共体共有的象征符号，例如欧共体的统一旗帜、歌

---

① 黑格尔.《美学(第 2 卷)》.北京:商务印书馆.1979.9.

曲、护照等，鼓励欧洲人发展一种共有的欧洲认同。报告的一个特点是它的各种建议都是从公民的日常生活入手，直接关注共同体公民的利益和感知，希望由此能够激发公民对共同体的效忠和情感。报告最后一条关于加强共同体的形象与认同的内容最为值得关注，它主要从象征的价值意义角度提出如下建议：第一，确定共同体的旗帜和徽章；第二，推荐贝多芬的《欢乐颂》为共同体的象征歌曲；第三，印刷一些反映共同体理念和象征的邮票；第四，使用欧共体统一护照，实现"没有边界的欧洲"的理想。

阿多尼奥委员会的报告明确地提出了使用统一象征符号来促进欧洲人对共同体的认同。欧委会也同意把欧共体转变为一个"人民的欧洲"需要用一系列新的象征来促进共同体所基的原则和价值观："象征在提升意识方面起到核心的作用，但是也需要使欧洲公民认识到不同的因素构成了他的欧洲认同，认识到文化统一性的多样性表达，以及连接欧洲各民族的历史纽带"。

正是由于普通民众对欧洲一体化和欧共体缺乏了解，欧委会才决定使用"象征手段"来体现共同体的形象和认同。因为象征在日常生活中具有重要的传播作用，当你逐渐熟悉它了以后，你可能会日益接受它及其包含的话语意义。迈克尔·比利格把象征符号和传媒的作用称之为"平庸的民族主义"，即指日常的强化力量，它通过每天生活的固定速度、通过把市民的认同感附加在民族国家之上的形象得到了加强。它不仅出现在政治的全面报道中，而且出现在家庭新闻、体育消息、流行文化，甚至还出现在天气预报中，就这样，读者（或是观众）作为国家的一个成员这一微妙的定位过程就完成了。使用平凡、熟套的词汇，视国家为理所当然的存在，让人们习以为常。毫无疑问，欧委会的象征政治是"平庸的民族主义"在超国家层次上的运用，其目的是要加强欧洲在民众日常生活中的存在及其印象。

除了共同体的旗帜、节日（每年的 5 月 9 日为"欧洲日"）、统一护照、歌曲之外，欧委会还组织了欧洲范围的体育运动，颁发"欧洲文学奖"、"欧洲青年交响乐奖"、"年度欧洲妇女奖"、"让·莫内奖"，创造一些节日和纪念如"欧洲文化月"、"欧洲周"、"欧洲电影年"、"欧洲环境年"，申报和确认

"欧洲自然和文化遗产"等。这些象征都体现了欧盟的形象和认同。而在它们背后是雄心勃勃的政治目标：为了表现欧洲层面共同体的制度存在，改造（欧洲）时间、空间、信息、教育和媒体的象征秩序。克里斯·肖（Cris Shore）指出这些象征想象和建构了某种"欧洲"，它们有助于一个欧洲文化认同的形成，其中有三个观点特别值得注意：第一，欧盟代表欧洲新时代的形象和未来，它主导了历史变化与创新；第二，欧盟正在形成一个超越民族国家的独特政治实体；第三，欧洲象征代表欧洲文化遗产。欧洲丰富的多样性和共同历史是欧洲文化认同的基础。

二、欧洲象征和民族象征：欧元的例子

既然欧盟象征政治的重要目的在于体现欧盟在世界上及其公民中的形象和认同，那么一个有意思的现实问题就是：欧洲和民族的象征系统和认同事实上是互补的还是相互对抗的？即欧洲象征本身及其包含的意义和现有的成员国民族象征之间到底是一个什么关系？它会不会引发某种文化和认同冲突？这是欧盟象征政治中的一个重要问题，因为它关系到欧盟公民是否真正愿意接受和认同那些已有的欧洲象征，以及他们愿意接受哪种类型和意义上的欧洲象征。随着欧洲一体化的深入发展，欧洲象征越来越具有超国家意义，它们引发的矛盾和冲突也就越来越多。欧盟不再满足于作为一个松散的邦联模式，而是力图向一个政治共同体发展。已有的那些表示欧洲共同文明和历史遗产的象征只是模糊的反映了共同体的团结与认同，无法体现欧洲政治一体化的发展需要。欧盟必须为此发明更多具有政治意义和实际作用的欧洲象征。

对欧盟来说，在世纪之交问世的欧元具有重要的象征意义和作用。它代表了欧洲经济一体化的最高成就——经货联盟。原本属于民族国家核心主权之一的货币政策转向欧盟层面意味着一个超国家政体正在出现，它是欧洲政治一体化的前奏。前欧委会主席雅克·德洛尔指出："从本质上看，经济和货币联盟是经济一体化和政治一体化之间的接触面，它是对经济趋同的一种政治表彰，也是对共同行使主权的一种绝妙的说

明。"而欧元图案和设计也体现了欧盟的文化遗产和共同价值观。马修斯·卡尔巴里(Matthias Kaelberer)指出,虽然寻求货币联盟存在许多其他经济和政治的因素,但欧元也应算是一个明显的创造认同的计划。在最根本的层面上,这种认同话语反映了一种功能主义的逻辑。欧元通过共同货币的有效性获得支持。此外它也希望在欧洲公民中间创造他们对欧洲的认同意识。欧元的钞票和硬币在设计上体现了这种认同建构。欧洲中央银行指出:"它(欧元)受希腊字母'E'所激发,回到古典式时代和欧洲文明的摇篮。这个象征也指欧洲一词的第一个字母。两条平行线表示了欧元的稳定。"欧元的纸币两面都是欧洲的象征和主题,例如欧洲旗帜和欧洲地图等欧盟最重要的公共象征。欧洲中央银行的官方解释是:"在纸币的前面,窗口和门象征着欧洲开放与合作的精神。欧盟12颗星代表欧洲民族间的活力与和谐。为了补充这些设计,每种纸币的背面特别有一座桥。这些桥象征着欧洲与世界其他地区的紧密合作与沟通。"各种欧元的纸币代表了关于建设"欧洲"的观念。5元欧元上是欧洲古典时代的建筑,10欧元上有古罗马式的教堂门和桥,20欧元上有中世纪哥特式宗教建筑,50欧元是关于文艺复兴的,而在100欧元上画的是巴洛克式和洛可可式建筑,200欧元是钢铁和玻璃式建筑,500欧元上则是20世纪的现代建筑。欧元纸币试图体现欧洲的共同传统,具有强烈的文化意义。而欧元的硬币一面是民族象征,另一面是欧洲象征,代表欧盟12星和欧盟地图。欧洲中央银行对欧洲象征的一面具有如下解释:"欧洲的一面描绘了欧盟的地图。1分、2分和5分表示欧洲在世界上的位置,1角、2角和5角描绘了欧洲作为各个民族的集体。在1元和2元硬币上体现了一个统一的无边界的欧洲。"欧元纸币图案统一,而硬币采取各国自由发行的方式。社会调查表示从2001年11月至2002年1月,由于欧元正式进入流通领域,欧盟"通过使用欧元而不是民族货币,我感到自己比从前更像欧洲人"的人数从51%上升了13个百分点,达到64%。

可以说,欧元在很多方面代表了欧盟的形象与认同,它是成员国认同欧洲的一种象征符号。然而欧元的目标是取代民族国家货币的地位,两者不能并存。欧元的纸币没有为民族象征留下空间,只有欧元的硬币体现了欧洲和民族国家之间的结合与共存。由于民族货币具有民族国家的象征意义，即便欧元和法郎、里拉、马克等都是"钱"，但是它们内涵和意义不同。本国货币在民族独立、主权、民族情感与历史文化等方面的象征意义促使各成员国精英和民众在欧元问题上看法不一。

统一货币是民族形象与认同的重要象征。19世纪后半叶之前，许多民族国家内部的货币一体化还没有完成，呈现出高度的碎片化状态。此后民族国家政府逐渐垄断了领土内的货币权。通过使用特定的民族货币，货币统一的进程体现了一种在创造集体认同方面的象征主义作用，这对加快国内一体化和民族凝聚力的加强都非常有意义。民族主义者提出了"一个民族一种货币"的口号。政府利用民族货币进行民族建构和提升成员的政治共同体意识。货币作为一种文化工具帮助公民感到他们是同一个政治共同体内的成员。它为民族这个"想象的共同体"提供了载体。在民族货币上面，一般显示的是象征民族叙事的领袖、君主和民族英雄，或者一些民族象征和重大事件，此外它往往还力图表达一种民族精神和价值观念。所以民族货币可以被看做是民族认同的载体和象征之一，它在民族国家范围内被广泛接受和使用。

欧元的超国家意义及其对民族货币的取代在一些欧盟成员国中引起了反对。在老成员国中，由于多数民众反对，英国、丹麦和瑞典都没有加入欧元区。丹麦、瑞典分别在2000年9月和2003年9月对是否加入欧元区进行了全民公决，尽管事先两国精英希望为了经济发展和增加本国在欧盟的影响力，进行了大量游说，但结果都因为多数选民反对而未能成功。对于北欧的这两个国家来说，因为加入经货联盟失去独立主权和担心福利、国家制度及其文化遭到损害是两国人民反对欧元的主要原因。瑞典人害怕欧盟成为一个超级国家而受到布鲁塞尔的摆布。丹麦向来支持"民族国家的欧洲"，害怕欧盟的联邦主义倾向，担心独立主权将淹没在一个联邦欧洲之中，所以多数丹麦人对具有超国家主义意义的欧元非常排斥。英国前首相布莱尔多次希望英国能够就欧元进行全民公投，但是不列颠民众的普遍反对让这个愿望被扼杀在摇篮里。向来难以认同欧洲的英国人毫不犹豫地对超国家主义的象征——欧元——说不。一直坚持

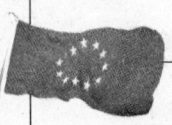

"政府间合作"的英国人认为欧元是一种对英国主权和认同的严重挑战。而英镑在英国历史上的重要地位使许多英国人把它看做是英国民族认同不可分割的重要组成部分。英国的许多党派都不欢迎欧元,其中保守党反对欧元最为强烈。一个重要的保守党欧元反对者约翰·罗德伍德说:"放弃英镑,你就是放弃不列颠。你就是向一个从布鲁塞尔到法兰克福……的国家——'欧洲'走出了决定性的一步。阅读一下这些条约,看看一系列以欧洲联盟的名义建立的制度和机构,这些都表明一个新的国家正在建立。"2001年英国首相大选中保守党候选人黑格还提出了"保卫英镑"作为自己的竞选口号来吸引民众的选票。一些精英人士专门成立了各种反对欧元的组织来保卫自己国家的货币——英镑。由于许多政治精英与民众对英镑的恋恋不舍和对欧元的普遍排斥,英国迟迟难以作出加入欧元区的决定。

安柯·穆勒-彼得斯(Anke Muller-Peters)通过一项泛欧的社会调查,指出民族主义立场导致了欧洲人对欧元的消极态度,它源于人们担心民族认同和主权受到欧元的威胁。而"欧洲爱国主义"则产生了他们对欧元的积极态度。然而这种支持欧元的"欧洲爱国主义"或"欧洲认同"究竟来自于哪里呢? 一种对欧元功能性的认知是欧洲人认同欧元和支持"超国家"欧盟的重要来源。劳伦·麦克拉伦(Lauren M. Mclaren)认为害怕民族认同受损的担心对支持欧盟的影响其实没有想象中那么强,个人和国家能否从一体化中获益才是一个重要因素。而马修斯·卡尔巴里则指出尽管民族货币有文化象征意义,但是在本质上它体现了一种信任关系。当人们用货币进行交易时,他们相信这种货币的稳定性和价值。这种信任是任何货币体系的基础。欧盟公民接受欧元表示他们对欧盟的信任。他的观点是:理性计算和契约义务足以为欧元的正常运行创造所需的认同层面,欧洲人不一定要爱欧元,他们只要相信使用它有好处,以及它的制度基础是可信的。所以他认为当前的欧洲认同层次已经为欧洲经货联盟提供了足够的文化基础。

除了功能性需要之外,当前欧元区的成员国公民接受欧元及其象征意义的动机和程度也大不相同。意大利人一向是欧元最有力的支持者之一，托马斯·里舍认为意大利人欢迎欧洲，是因为他们把欧洲这种身份看做是改革自身制度的一种出路，即布鲁塞尔是罗马解决国内问题的"药方"，他们把欧盟看作是一种"好的"治理模式，而欧洲的他者则是自己在罗马的"坏的治理"。意大利人是唯一对欧洲民主比对自己国家政体更满意的欧洲人。所以在20世纪90年代意大利为了欢迎欧元和满足欧元区标准对本国公共财政金融政策作了大幅度的改革。而罗伯托·鲁纳-阿隆卡斯（Roberto Luna-Arocas）等学者以西班牙和葡萄牙为例研究了欧洲认同和欧元的关系。他们发现在这两个国家，民族认同和欧洲认同是共存的。它们的民族认同没有成为向一种新货币开放的消极因素，而它们的欧洲认同却在积极意义上影响了对欧元的态度。主要原因在于西班牙和葡萄牙把加入欧盟作为实现自身现代化和经济发展，巩固民主制度的重要途径，它们欢迎"欧洲"这种新的身份认同来体现自己的民族成就。

德国的例子也很有意义。在放弃马克引入欧元问题上，科尔总理在国内精英中几乎没有遇到太多的阻力，这反映了德国人的欧洲意识。科尔曾经义正词严地指出："欧洲货币联盟建设关系到战争与和平的问题：谁支持欧元，谁就是赞同欧洲一体化，就是对德国军国主义和民族主义的历史说不；谁质疑欧元，必须首先明确表态他是否坚持支持欧洲一体化。"托马斯·里舍把科尔的观点总结为这样一个公式："支持欧元＝支持欧洲一体化＝好的欧洲人＝好的德国人＝已经克服了国家军国主义和民族主义的过去"。面对90年代德国大众对欧洲一体化越来越多的怀疑，德国精英努力说服大众从"马克爱国主义"走向更高的"欧洲爱国主义"。德国马克象征着联邦德国的经济奇迹，它作为一种强有力的货币保证了德国长期实行一种低通胀和可控的财政赤字政策，所以放弃马克无论从民族情感还是经济利益上都让大众不安。人们害怕因为经济危机导致纳粹上台那一幕在今后的德国重新上演。德国支持欧元的精英试图让大众相信欧洲经货联盟的制度和德国货币制度非常相似，欧元其实是一种欧洲化了的德国马克。这种观点最后促进了德国人对欧元的接受。

由此我们可以得出，对欧盟的认同感越强，人们就越支持欧元；而相反人们对于本国货币的民族认同越强，则他们对欧元的支持就越低。当

然,货币本身由于具有特殊性,它被一种更为稳定可靠的货币替换在人们心中是可以接受的。除非它像英镑一样被英国人赋予了特殊的文化和历史意义。通过欧元的例子,我们也可以得出两个观点:第一,欧盟精英和民众通常都是从本国视角来看待欧洲象征和一体化的。他们是否支持欧洲一体化很大程度上在于本国被欧洲化的程度,即是否在原有的民族认同上加上欧洲这一环。英国和丹麦等国排斥欧元的原因很大程度上在于他们并不认同超国家主义的欧洲;第二,功能性意识是欧洲认同的重要方面,人们认同欧盟更多的是因为他们认为欧盟能够满足本国及他们的需要。

三、欧盟象征政治的作用与局限

欧盟的象征政治对一体化发展具有重要意义。按照象征政治学的理论,欧盟象征政治具有以下作用:第一,提供欧洲人的集体记忆。集体记忆是群体对过去历史的选择,它体现了一种延续和传承。例如欧盟把 5 月 9 号作为"欧洲日",这是对欧洲一体化的历史性开端"舒曼计划"的纪念。它是欧洲人结束纷争,走向统一与和平的开始。欧洲人庆祝这个节日寄托了他们希望欧洲一体化不断迈进的理想;第二,体现欧盟价值观。欧盟的许多象征都体现了它的核心价值。例如欧盟的旗帜由蓝底和 12 颗金星环绕的圆环构成,12 这个数字象征完美与和谐,而圆环则表示欧洲民族的团结与统一。欧盟统一护照的使用,也体现了欧盟开放、自由的精神;第三,寻求欧盟的集体认同与合法性。在传统上,塑造集体象征是建构国家认同和获得合法性的重要途径。欧盟的象征政治在本质上是一种建构集体认同的手段,它有利于欧洲人产生对欧盟这个大家庭的归属感。欧洲人接受欧洲象征,也反映了他们认可欧盟的治理权力,这能够提高欧盟的合法性;第四,社会化作用。社会化是行为体内化共同体的规范、规则和行为方式的过程。在民族国家中,人们向国旗敬礼,参加民族文化仪式,还有集体节日的庆祝等,都有助于人们加强对国家的积极情感。同样,当欧盟公民接触和使用欧洲象征时,他们同时也被欧洲象征所蕴含的意义和价值社会化了。欧洲意识潜移默化地通过它们获得了传输。

　　然而，欧盟的象征政治依然有着一定的局限性。它的一个重要缺陷是并没有脱离传统民族国家的建构模式，这使欧盟看起来更像一个超级国家，而不是超越国家的所谓后民族政体。早已有学者批评欧盟不是民族国家的终结，而是它的扩张——一个建立在欧洲沙文主义之上的超级民族国家，或者"威权欧洲国家"。盟旗、盟歌、单一货币（欧元），还有失败的欧盟宪法等，这些差不多都是民族国家的翻版。难怪普通老百姓担心本国的认同、象征和主权会遭到欧盟的威胁。欧盟制宪运动产生的结果不是一部成功的宪法，而是经过无数次修改的"改革条约"，宪法下降为条约，原先规定的盟旗、盟歌等称谓一律被删，欧洲总统的称号也不再出现。总之，许多敏感的象征符号都遭到了否定。欧盟宪法的命运表明，欧盟未来的象征政治需要超越民族国家的模式，避免和民族象征相重合或冲突。此外，欧盟的象征符号并没有真正进入欧盟公民的生活（可能除了欧元），人们接触的多是民族的象征，不知欧盟为何物。这和欧盟力图进一步贴近其公民的希望相悖，从而限制了象征政治在欧洲一体化发展中起更大的作用。欧盟应该加大对自身宣传，在民众中树立更为积极、亲民的形象。

第四章

欧盟制度文化建构

第一节
解读欧盟改革条约:《里斯本条约》

戴炳然*

  在经历了两年多的"宪法危机"之后,《里斯本条约》(以下简称《里约》)的签署是欧盟 2007 年的一个亮点。尽管《里约》从制宪上退了回来,重新走上了修改条约的老路。但该条约吸纳了宪法条约的精粹,调整了欧盟的体制,拓展了欧盟的活动领域,改善了欧盟的决策机制,完成了欧盟当前急需的一些改革。经历了过去二十年间的几次飞跃,特别是实现了历史上最大的一次扩大,欧洲一体化需要有一段时间进行调整和深化。《里约》如能获得各成员国批准生效,将为此过程提供必要的体制保证,成为其进程中新的里程碑。2007 年 10 月 18 至 19 日,在欧洲理事会里斯本非正式会议上,欧盟各成员国的国家或政府首脑会议,通过了由政府间会议起草的一个"改革条约"文本;这个以里斯本为名的条约,已于 12 月 13 日在里斯本吉罗尼莫斯修道院(Jeronimos Monastery)由各成员国国家或政府首脑和外长正式

---

* 上海复旦大学欧盟研究中心教授,欧盟"让·莫内"教授,中国欧盟研究会副会长兼秘书长。

签署。

在《欧盟宪法条约》两年前被法国与荷兰全民公决否定后启动的这个条约修改过程,堪称欧盟历史上最迅速的一次,从 2007 年 6 月 22 日欧洲理事会布鲁塞尔会议决定召开政府间会议起草条约文本到它的正式签署,前后只有半年时间。有了宪法条约的前车之鉴,除了非此不可的以外,各国政府大约不会将它的批准付之前途难卜的全民公决。加上个别"有问题"国家的政权向亲欧方向转换,以及条约为英国等设计的"例外"条款和过渡条款,该条约应比宪法条约有更好的批准前景,或许有可能按条约要求在 2008 年间由各成员国根据各自的制宪要求完成批准手续,于2009 年 1 月 1 日起生效。

读了《欧盟公报》上发表的该条约文本,并与 2004 年《宪法条约草案》作了粗略比较,一个基本感觉是:《里约》所放弃的主要是宪法条约中与宪法直接或间接相关的词语和内容,如"宪法"、"欧盟外长"、盟旗、盟歌等,但吸纳和保留了它的精髓和基本内容,对现行欧盟体制作了相当重要的调整与改革。本节将尝试解读《里约》,介绍它的基本内容,并对其含义作些简要探讨。就其性质而言,《里约》和在它之前的《阿姆斯特丹条约》与《尼斯条约》一样,是一项修改已有条约的条约,换句话说,除了修改条款外,《里约》本身并不包含什么实体性条款。条约正文共 7条:第 1 条为修改《欧洲联盟条约》的条款(62 款),第 2 条为修改《建立欧洲共同体条约》的条款(294 款),第 3 至 7 条为最终条款,即有关条约限期、附件、批准程序等方面的规定,另外,还有作为条约附录的若干议定书和声明等。但它对欧盟与欧共体条约的修改相当广泛,概括起来大致包括以下几个方面。

一、改革了欧盟的体制

《里约》对欧盟的体制作了相当重大的改革与调整,主要包括下述一些方面:

以欧盟取代欧共体，使之成为唯一实体，并赋予它以法人地位

1992 年的《欧洲联盟条约》在欧共体之上建立了"欧盟"，但并没有赋予它以法人地位。究其原因，盖在于欧共体终究只是一个经济实体，而欧盟的职能明确地超越了经济领域，给它以法人地位所带有的重大政治含义，还不是所有成员国都愿意接受的。因此《里约》以欧盟取代欧共体，不是简单的正名而意味着体制上的突破，或许可以认为是朝着创立一个政治实体走出了重要一步。欧盟取得法人地位，意味着它可以参加相关的国际谈判、缔结国际协定和成为国际组织的成员。欧盟派驻第三方国家的使团，也将由现在的"委员会代表团"，改称为"欧盟代表团"，并受最高代表的领导。

调整欧盟条约的结构

与此相呼应，《里约》保留了《欧洲联盟条约》的名称，而将《建立欧洲共同体条约》改名为《关于欧洲联盟运行的条约》，并确定此两个条约为欧盟的基本条约，即凡泛指欧盟条约之处应理解为同时包括这两个条约。《里约》还对两个条约内容作了调整，《欧洲联盟条约》更着重于确定原则而《关于欧洲联盟运行的条约》则侧重于规范机制与程序，这种分工使《欧洲联盟条约》在形式与功能上更接近于宪法。

突出欧盟体制的民主原则

《里约》在《欧洲联盟条约》中新写入了一编"关于民主原则的规定"：(1)成员国国民即为欧盟公民，欧盟公民资格是对各成员国公民资格的增加而非取代。《里约》在罗马条约第二部分中，将欧盟公民权明确为：在欧盟内的迁徙与居住权、在居住国的选举与被选举权、在第三方国家的领事保护权、向欧洲议会的请愿权。还规定，达到百万之数的欧盟公民，可以要求委员会就某项事务提立法建议；(2)明确欧盟的运行应建立在代议制民主之上；欧洲议会为公民的代表，欧洲理事会为各国政府的代表；(3)各国议会有权参与和监督欧盟的运行。还在机构组织与决策程序上，通过进一步扩大欧洲议会的立法、预算与政治控制权、提高理事会议事与决策的透明度等,来弥补欧盟的"民主赤字"。

合并"三个支柱"

随着欧共体的被取代,欧盟"三根支柱"的区分进一步模糊:(1)原来的第三根支柱"刑事事务上的司法与警察合作",与边境检查、移民、避难等民政事务一起,被归并进《关于欧洲联盟运行的条约》有关"自由、安全与公正区域"的新编中,在给英国、爱尔兰、丹麦一些"例外"后,不再采取成员国间"合作"的方式,纳入了欧盟的主体决策机制并实施特定多数表决;(2)在改写后的《欧洲联盟条约》"关于欧盟对外行动的一般规定和关于共同外交与安全政策的特别规定"中,共同外交与安全政策和欧盟的整个对外行动有了某种归并。共同外交与安全政策仍然保留了原有的决策程序,即主要由外交部长理事会决策和贯彻。但条约规定外交部长理事会由"负责外交事务与安全政策的联盟高级代表"主持,高级代表兼任委员会负责对外关系的副主席,这应该可以保证欧盟对外政治关系与对外经济关系的一致性,以及委员会在共同外交与安全政策中更多的参与和影响。

规范"增强合作"机制

随着一体化向纵深发展,欧盟成员国在所有事务上保持同步已愈来愈困难。为此,1992 年引入了"灵活性"原则,随后又拓展为"增强合作"机制,即允许一些成员国在欧盟的体制内将它们间的一体化推进一步。这种"增强合作"实际上已在欧元区、申根协定以及社会政策等方面付诸实践,在共同外交与安全政策的设计上也留下了它的空间。吸纳了 12 个新成员国后,欧盟的内部差异更大了,多层次和多速度欧洲的结构不仅在所难免而且是势在必行。《里约》将有关条款作了改写,进一步明确了启动增强合作机制的条件与实施程序。《里约》规定,增强合作系一种最后手段,即只有当有关行动不可能在可见的将来在整个欧盟内付诸实施的条件下才得引入;此类行动应符合条约的目标,应对所有成员国开放。《里约》还细化了启动这一机制的程序,包括规定至少得有 9 个成员国参加。

这一体制性改革的最大好处,是使有些活动可以不受全体一致同意的阻断而得以推行。这对于共同外交与安全政策、社会政策、"基本权利宪章"以及自由、安全与公正区域等的实施有特别的意义,因为在这些领域很显然不是所有成员国都愿意参加或参加全部的活动。

引入简化的条约修改程序

《里约》在《欧洲联盟条约》的"最终规定"一编中,引入了一种新的条约修改程序——"简化的修改程序"。根据这一程序,在欧盟的政策与内部行动方面,如条约的修改不涉及扩大或增加欧盟职权,可以不必经由"通常的修改程序"召开政府间会议起草新条约,而可以由欧洲理事会以全体一致决议作出(但仍需成员国履行批准手续)。考虑到条约在欧盟中的重要性以及召开政府间会议的繁琐与累赘,这应该是欧盟体制上的一个重要变动。

写入退出条款

《里约》还在《欧洲联盟条约》的"最终规定"一编中,规定"任何成员国可以根据本身的制宪要求,决定退出联盟",并制定了实施程序。这是欧盟以往所有条约中未曾有过的规定,应属一种体制性改革。在欧洲一体化的现阶段提出此条款,其逻辑值得深思,因为即便在欧洲一体化最困难的时刻,也没有哪个成员国曾认真地考虑过要求退出。《里约》写入这个条款,固然可认为是对成员国权利的伸张,但反过来,是否又可理解为是对个别要求过分、动辄阻断一体化进程的成员国的一种威慑呢?

二、拓展了欧盟的活动领域

扩充欧盟活动领域并非这次修改条约的重点,但《里约》还是应对当前的情况,对欧盟的职能作了一些拓展。

强化了共同外交与安全政策中的共同安全与防务政策

在有关共同外交与安全政策的一章中,《里约》新插入了"关于安全与防务政策"一节,以很大的篇幅拓展了《马斯特里赫特条约》的有关条款,规定"共同安全与防务政策为共同外交与安全政策不可分割的一部分",为欧盟"提供调动其民事与军事资源的行动能力",用于在外部执行维持和平、防止冲突和增强国际安全等任务。条约规定欧盟在执行上述任务时,可以利用成员国提供的资源,包括它们之间建立的多国部队。条约规定,为执行上述任务,成员国可以在欧盟的体制内建立"常设的结构性合作"。条约还对成员国间成立的"欧洲防务署"作了特别规定,赋予它在军备的技术研究、生产和采购上的协调功能。同时还规定,当一成员国受到武装侵略时,其他成员国有义务提供援助和支持。

强化了民政事务能力

除了在欧盟公民权下的保障措施以及一般的民政保护措施,在"自由、安全与公正区域"中,被《阿姆斯特丹条约》拆分的"第三支柱"重新糅合起来。这编的 5 章 13 条应该是《里约》写入《关于欧洲联盟运行的条约》的最大篇幅,这里包括了内部边界拆除后人员的自由流动事务(移民政策、避难政策及外部边境检查等)、安全事务(反对和预防刑事犯罪、恐怖活动、种族歧视行为、武器与毒品走私、经济犯罪、有组织犯罪等等)和司法事务(相互承认司法裁决、执法合作、必要的法律协调等)。活动内容涉及成员国间民政、警察与司法部门间的协调与合作,开展"增强合作",以及建立和加强欧盟一级的机构如欧洲警察署、欧洲司法局等。由于对于其中的许多事物可实施特定多数议决,欧盟的内政事务处理能力得到很大增强。

其他的拓展领域还包括:(1)在当前的热点问题上,新写入了有关能源的一编,提出了保障能源市场运转、保障能源供应安全、提高能源效率、节约能源消耗、促进新能源开发与再生能源利用、促进能源网络相互连接等欧盟能源政策目标;(2)在环境一编中,纳入了"制止气候恶化"的目标;(3)在原有的"经济与社会凝聚"一编中,加入了"地域凝聚"的内容,以突出对农村地区、衰落工业区、自然或人口条件恶化地区、海岛、山地等地区的支持；(4) 在有关竞争规则一编的"法律趋同"一章中,增添了有关知识产权的条款,目的是在欧盟内形成统一的保护机制；(5)"社会政策"独立成一编,有关"欧洲社会基金"和有关"教育、职业培训、青年"的条款,也分别独立成编,在后者中还增添了有关"运动"的内容；(6) 在有关研究与技术开发的一编中,增加了有关"空间"的内容,目标是发展一项欧洲空间政策；(7) 在有关农业的一编中,增加了有关渔业的内容；(8) 增加了有关旅游的新编,目的是创造有利于旅游业发展的环境及成员国间的交流；(9) 增加了有关行政合作的新编,目的是支持成员国改善对欧盟法的贯彻执行。

在外部行动方面,新扩充的领域包括：(1)在有关共同贸易政策的一编中,增加了服务贸易、知识产权贸易与对外直接投资方面的内容；(2)写入了"与第三方国家的合作和人道主义援助"的新编,除原有的"发展合作"内容外,增添了"与第三方国家的经济、金融与技术合作"及"人道主义援助"两章。前者允许欧盟与发展中国家之外的第三方国家开展经济、金融与技术合作,包括提供紧急的财政援助；后者对提供人道主义援助目标、原则与程序作了规定；(3)在新写入的"限制性措施"一编中,允许欧盟部分或完全中止或减少与一个或多个第三方国家的经济与财政关系；(4)规定欧盟派驻第三方国家或国际组织的使团,受欧盟外交与安全政策高级代表的领导,在该国家或组织中代表欧盟；(5)根据"团结条款",欧盟可以在一成员国受到恐怖主义攻击或遭受自然或人为灾难时,调动一切手段,包括由成员国提供的军事资源,对之实施保护与援助措施。

三、改善了欧盟的决策环境

保持和改善扩大后欧盟的有效决策,是这次体制改革的主要动机之一。《里约》通过调整机构配置、内部权力平衡和决策机制,引入了一些重要的改革。

调整机构配置

《里约》对欧盟的机构作了重大的调整,其中包括:(1)将由成员国国家或政府首脑与欧盟委员会主席组成的"欧洲理事会"定为欧盟的一级机构,其责任是为欧盟的发展提供"必要的动力"和确定它的"总体政治方向与优先事务"。最为突出的改革是:欧洲理事会将在现职首脑之外另选一位常设的主席来主持其工作。与以半年为期的轮值主席相比,他(她)将具有专职和任期较长(两年半)的优势,在规划和推动一体化发展上应该可以更有作为。他(她)虽说并无欧盟主席的名分,且没有民选的威势,但条约规定他(她)对外代表欧盟,实际上赋予其某种欧盟元首的功能;(2)在部长理事会中,突出了由各国外交部长组成的"总务理事会"的功能,它将保证其他理事会工作的一致性,并协同欧洲理事会主席与欧盟委员会主席筹备欧洲理事会会议和保证其决议的贯彻。另一个重要改革是分立出统筹共同外交与安全政策的外长理事会。但与其他部长理事会不同,它将由专职的负责外交事务与安全政策的联盟高级代表主持。外长会议这种一套班子、两种功能的结构,让人联想起上世纪 80 年代中期以前的"欧洲政治合作"机制;(3)委员会被正名为"欧盟委员会"(简称"委员会")。委员会成员将从 2014 年 11 月起减少至成员国数量的三分之二,即不再如现在那样由每个成员国提名一名成员。这意味着各成员国在每三届委员会中将有一届"轮空",即没有该国国民的委员会成员。这种构成办法在改变成员过多人浮于事的同时,还将增强委员会超国家政府的形象。但委员会的构成如何保证"严格平等的轮转"和令人满意地反映"人口与地理范围",还有待决定,并将有一番争论。另一个新规定是委员会主席将由欧洲理事会提名、由欧洲议会选举产生,这增加了民主负责性色彩。同时规定主席将负责委员会的政治领导,制订委员会工作的指导方针,决定委员会的内部组织,任命委员会副主席,罢免委员会成员的职务,从而大大增强了主席的权威性。委员会作为一个整体,将在欧洲议会表决同意后,由欧洲理事会以特定多数决议任命;(4)"负责外交事务与安全政策的联盟高级代表"的设置是欧盟这次机构改革的一大特色。尽管失去了"欧盟外长"的堂皇官衔,《里约》保留了宪法条约赋予的全部职能

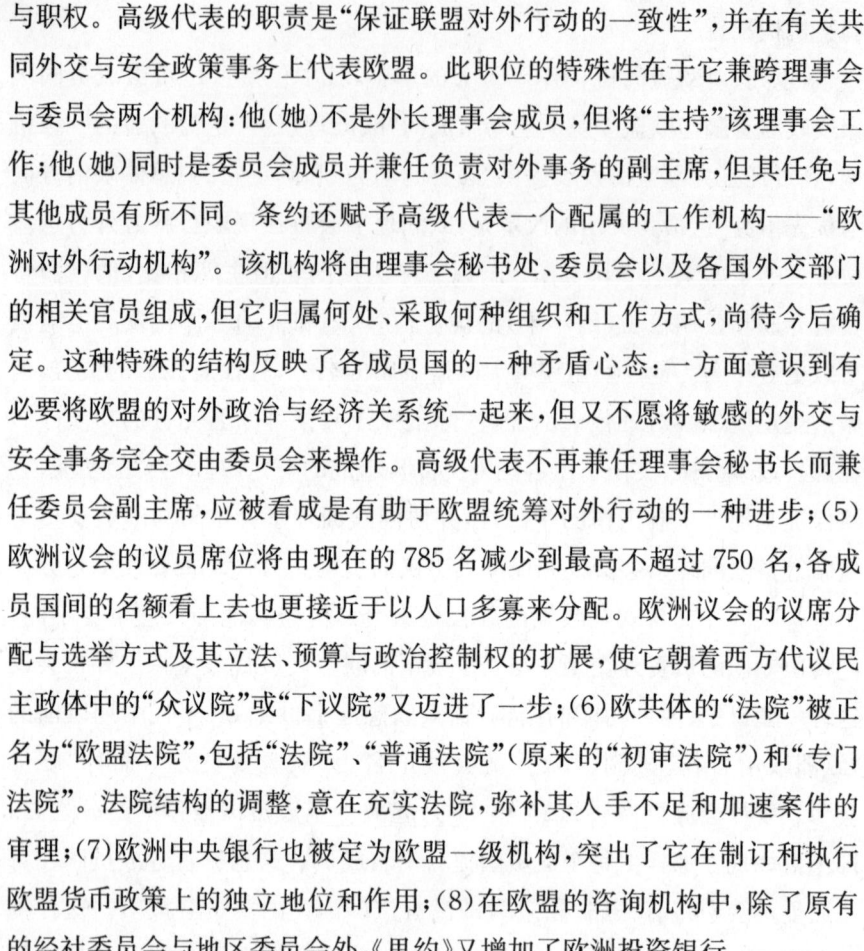

与职权。高级代表的职责是"保证联盟对外行动的一致性",并在有关共同外交与安全政策事务上代表欧盟。此职位的特殊性在于它兼跨理事会与委员会两个机构:他(她)不是外长理事会成员,但将"主持"该理事会工作;他(她)同时是委员会成员并兼任负责对外事务的副主席,但其任免与其他成员有所不同。条约还赋予高级代表一个配属的工作机构——"欧洲对外行动机构"。该机构将由理事会秘书处、委员会以及各国外交部门的相关官员组成,但它归属何处、采取何种组织和工作方式,尚待今后确定。这种特殊的结构反映了各成员国的一种矛盾心态:一方面意识到有必要将欧盟的对外政治与经济关系统一起来,但又不愿将敏感的外交与安全事务完全交由委员会来操作。高级代表不再兼任理事会秘书长而兼任委员会副主席,应被看成是有助于欧盟统筹对外行动的一种进步;(5)欧洲议会的议员席位将由现在的785名减少到最高不超过750名,各成员国间的名额看上去也更接近于以人口多寡来分配。欧洲议会的议席分配与选举方式及其立法、预算与政治控制权的扩展,使它朝着西方代议民主政体中的"众议院"或"下议院"又迈进了一步;(6)欧共体的"法院"被正名为"欧盟法院",包括"法院"、"普通法院"(原来的"初审法院")和"专门法院"。法院结构的调整,意在充实法院,弥补其人手不足和加速案件的审理;(7)欧洲中央银行也被定为欧盟一级机构,突出了它在制订和执行欧盟货币政策上的独立地位和作用;(8)在欧盟的咨询机构中,除了原有的经社委员会与地区委员会外,《里约》又增加了欧洲投资银行。

改革决策程序

在提高决策效率上,欧盟除了推行多数表决并没有更多其他具体选择。《里约》在调整特定多数表决程序和扩大其实施范围两个方面,对现行制度作了改革。由《尼斯条约》确定的现行特定多数程序中,各成员国在理事会表决时按其国力加权,特定多数需取得345票中的255票(72%)。《里约》将此作了修改,规定从2014年11月起,特定多数需包括双重多数,即同时包括55%的成员国多数和65%的欧盟人口多数;为了避免少数大国凭借人口优势阻挠决策,条约还规定阻断此多数的少数必须至少包括 4 个国家,也就是说,如果持反对立场的少数不足 4 个国家,则即便特定多数没能包括 65% 的欧盟人口,也将被认为成立。在特定多数程序的实施上,《里约》在新插入《欧洲联盟条约》的第 9C 条第 3 款中规定:"除非条约另有规定,理事会以特定多数议决。"这条款明显示意,特定多数表决将成为理事会决策的基本程序。从实际情况来看,《里约》将特定多数程序的实施范围扩大到 44 个领域,其中 23 个是欧盟原有的,21 个是这次新增加的。从提高决策效率而言,欧洲理事会成为欧盟正式机构、委员会成员的减少等,也可起到一定的作用。

调整内部关系

　　在欧盟这样的一个结构内,决策的效率说到底取决于内部利益与权力的平衡,而在扩大之后,调整这种平衡显得尤为必要;这种需要调整的平衡,包括成员国之间、成员国与欧盟之间、欧盟机构之间,以及欧盟与民众之间的关系。《里约》引入的许多修改与调整,正是在这些方面着墨的。(1)在成员国之间,扩大后的一个突出矛盾是:大国担心它们的利益会被数量上占优势的小国阻断,小国则担心欧盟的决策可能被大国所操纵。《里约》对特定多数程序的设计以及实施日期的推迟,正是这种平衡的结果。为缓冲此双重多数可能产生的冲击,《里约》进而规定在到 2017 年 3 月底的一段时间内,成员国可以要求不以此程序而仍以现行的特定多数程序进行表决。在附录于条约的一项声明中,《里约》还要求即便在已经达到特定多数的场合,当少数一方的成员国数量和代表的人口达到某个比例时,理事会应尽可能地协调立场而避免强行表决。从法理分析来说,引入人口多数应该说更加符合"民主"的标准。从各成员国的表决权重来分析,新程序虽仍偏向中小国家,但幅度有所减小,似比《尼斯条约》程序更"公平"些。(2)在成员国与欧盟的层面上,《里约》强调了授权原则、辅从性原则与相称性原则,作为处理欧盟与成员国之间职能和权力分配的准则。对此,改写后的《欧洲联盟条约》第 5 条第 1 款作了这样的表述:"联盟职能的范围受授权原则的制约,联盟职能的行使受辅从性和相称性原则的制约。"具体地说,欧盟的职能不得超越条约授权的范围,欧盟的扩

权仅限于必需在欧盟一级采取行动的场合,欧盟权力的行使不得超越实现目标所需的限度。作为具体措施,在《欧洲联盟条约》"关于民主原则的规定"的一编(第二编)中,引入了一项新的规定,要求委员会在向理事会与欧洲议会提交立法建议的时,同时送交各成员国议会,由后者审议提案是符合辅从性与相称性原则的。不仅如此,《里约》还在《罗马条约》的第一部分"原则"中插入了一编("第一编:联盟职能的类别与领域"),将欧盟职能区分为欧盟所专有的权力、与成员国分享的权力、协调成员国行动的权力、支持和补充成员国行动的权力等类,并作了详细的列举。凡此之类的举措,很显然是为了平息成员国对权力愈来愈向欧盟集中的担忧。(3)在欧盟机构之间,欧洲议会再次成为条约修改的大赢家。《里约》将原有的"共同决定"程序确定为欧盟的"通常立法程序",并适用于几乎所有以特定多数议决的场合,这使欧洲议会的立法权有了实质性的扩张和提升。不过在立法动议权上,欧洲议会依然没有取得进展。《里约》还取消了欧盟预算中"强制性开支"与"非强制性开支"的区分,从而也扩大了欧洲议会的预算修改权和控制权。另外,在委员会主席的选择与任命上,欧洲议会的权力也有重要的扩展。在委员会主席的任命上,《里约》将欧洲议会的作用由"同意"欧洲理事会的提名改为就此提名进行"选举",或许只有表面意义而无实质性变化。倒是《里约》对欧洲理事会提名所加的限定耐人寻味:欧洲理事会的提名"应考虑到欧洲议会的选举,并事先进行适当磋商"。这一规定如果得到贯彻的话,不仅将使欧洲议会有权参与委员会主席的提名,而且会使主席的人选反映欧洲议会中的党派构成。原本纯粹是技术官僚的委员会主席,一旦"政治化",可能会产生一些意想不到的影响。在新插入《欧洲联盟条约》的第 33 条(取代原有的第 48 条)中,《里约》还赋予欧洲议会以修改条约的提议权,而原来只有成员国与委员会有此权利。作为欧盟体制中唯一直接民选的机构,欧洲议会是欧盟的民主门面。欧洲议会立法、预算与政治控制权力的扩大,有助于改善欧盟官僚政治的形象,争取民众的支持。同时,这还应有助于提高欧洲议会的声望和地位,引起各国政党、政府和民众对欧洲议会及其选举的重视,从而提高欧洲议会与议员本身的素质。委员会的地位也有所增强。按西方民主的标准,委员会是个缺乏合法性的技术官僚机构,它在欧盟体制中的立命之本在于它的独立性,即不听命于任何成员国而以欧盟的整体利益为重。《里约》规定主席由欧洲议会选举产生,给了委员会某些合法的门面。成员人数减少,特别是不再是每个成员国都派有成员,也提高了委员会的超国家政府的形象。新体制中,主席的地位与权威将进一步增强:他(她)将负责委员会的政治领导,有权调整委员会的组织结构,并负责委员会的组成(确定成员人选、任命副主席、任免成员职务),这应有助于其工作效率的提高。但在共同外交与安全政策上,委员会的作用仍然有限。负责外交事务与安全政策的联盟高级代表的特殊身份和地位,也将是委员会人事关系上的一个难题。(4)欧盟与民众的关系也是欧盟体制的一个"软肋",盖在于在欧盟体制下,民众无法了解也很少参与它的政治过程。这也因此而使得欧盟每每成为民众发泄对国内政策不满的"出气筒",宪法条约被公民投票否决就是例子。《里约》承继了以往的做法,一是提高决策的透明度,二是增加民众的参与。在增加透明度上,《里约》在新插入《欧洲联盟条约》的第9C条款中,规定理事会在审议和表决立法提案时,必须对公众开放。把理事会议事暴露在公众监督之下,将有可能改变欧盟的决策方式。在公众参与方面,《里约》引入了一个新的规定,即如果有百万之数的公民提出某项立法要求,委员会必须对之作出反应,起草和提交相关的立法提案。此外,强化欧盟公民资格、拓展或引入有关国计民生的行动与活动,其背后也均有这方面的动机。

四、《里斯本条约》的含义

评价《里约》是仁者见仁,智者见智,各人有各人的看法,不能也不必强求一致。但从上面粗略的介绍和分析,我们可以看出,《里约》的内容相当丰富,它涉及欧盟体制与机制上相当重大和重要的改革与调整。有些调整与改革或许还不甚起眼,但它们的深远意义很可能随时间的推移而显现出来。欧盟修宪的主要目标是实现体制的调整与改革。欧盟的基本体制是上世纪50年代后期成立欧洲经济共同体时建立起来的,后来历经

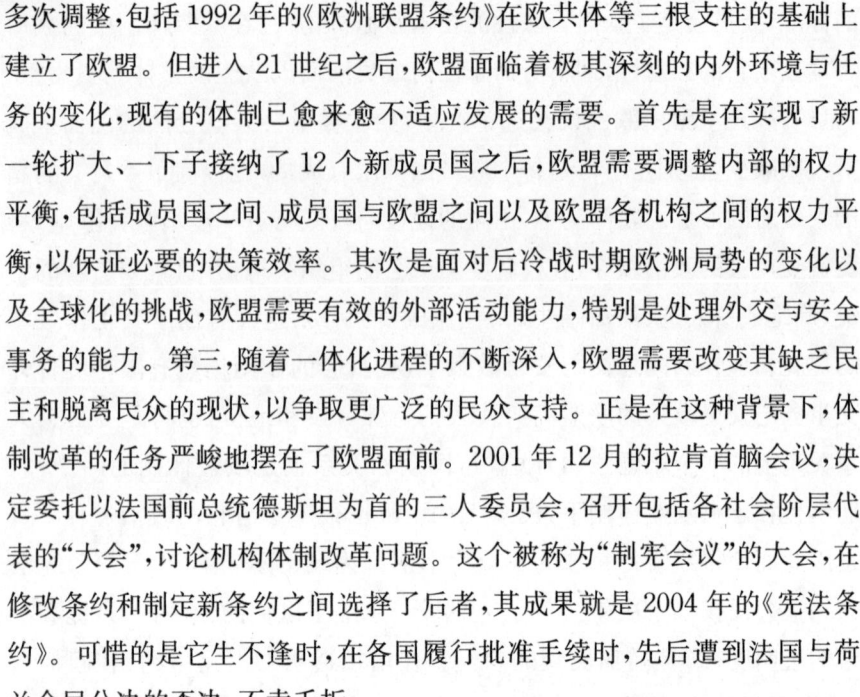

多次调整,包括 1992 年的《欧洲联盟条约》在欧共体等三根支柱的基础上建立了欧盟。但进入 21 世纪之后,欧盟面临着极其深刻的内外环境与任务的变化,现有的体制已愈来愈不适应发展的需要。首先是在实现了新一轮扩大、一下子接纳了 12 个新成员国之后,欧盟需要调整内部的权力平衡,包括成员国之间、成员国与欧盟之间以及欧盟各机构之间的权力平衡,以保证必要的决策效率。其次是面对后冷战时期欧洲局势的变化以及全球化的挑战,欧盟需要有效的外部活动能力,特别是处理外交与安全事务的能力。第三,随着一体化进程的不断深入,欧盟需要改变其缺乏民主和脱离民众的现状,以争取更广泛的民众支持。正是在这种背景下,体制改革的任务严峻地摆在了欧盟面前。2001 年 12 月的拉肯首脑会议,决定委托以法国前总统德斯坦为首的三人委员会,召开包括各社会阶层代表的"大会",讨论机构体制改革问题。这个被称为"制宪会议"的大会,在修改条约和制定新条约之间选择了后者,其成果就是 2004 年的《宪法条约》。可惜的是它生不逢时,在各国履行批准手续时,先后遭到法国与荷兰全民公决的否决,不幸夭折。

与制定新的宪法条约相比,《里约》回到修改现有条约的老路,自然可以说是倒退。但我们也可以说 2004 年的宪法条约在观念与形态上过于超前,以至于遭受此挫折。回顾欧洲一体化的修宪历史,经历了 1954 年"欧洲防务共同体"和 1962 年"富歇计划"的流产后,它基本上走的是一种实用主义的途径,即走一步看一步和先造成既成事实然后在法律上认可的方式。这里的逻辑是:随着一体化的深入,权力愈是向欧盟转移和集中,成员国维护其国家主权和个性的民族主义情绪愈是强烈。《宪法条约》的失败,再次说明欧盟不可能毕其制宪之功于一役。就此而论,《里约》不可避免地留下了众多缺陷和不足,但如果它能结束已持续两年的欧盟制宪危机,完成必要的体制调整,给扩大的欧盟以一种有效运转的环境,应该说是一种进步。

文化视角下的欧盟研究

第二节

欧盟联合模式及其制度安排：双重治理

戴启秀[*]

一、欧洲联合方式及其历史动因

欧洲今天的联合方式,在超国家层面(欧盟层面)属整合式扩大(一体化)。在国家层面,即在欧盟内部许多领域仍实行以主权国家为主的政府间合作,这种政治合作形式具有平权合作特征。这里,"平权合作"是指成员国间以平等权利为前提的合作。从超国家层面和国家层面的制度安排上欧盟是上述两种形式的混合运用,它涉及纵向管理和横向管理。在这方面实行一套以制度建设为主的双重管理结构,通过分层和分权管理,保证欧洲联合目标的实现。

从历史角度看,欧洲的联合方式有其历史渊源。在欧洲历史上曾经出现过两种典型个案。第一个是古希腊的城邦联盟,由于在联合中处于领导地位的雅典在获得领导权的同时却没有相应地受到制约和监督,最终导致雅典在希腊城邦中的领导权逐步走向霸权,最后产生分裂而被外族入侵并征服。第二个典型的例子是古罗马的跨国同盟,它是在西欧历史上唯一长期持续的一元政治结构帝国。古罗马能够快速扩张的一个重要原因是在联盟内部引进和实施了相对平等权,即联盟内平权关系准则。这样才能获得同盟国对罗马的忠诚。在欧洲历史上,各国帝国之梦所致的竞争加剧导致了"三十年战争"。这场残酷的战争过后,在许多政治家和学者的共同努力下,西欧开始建立以均势为原则的平衡体系。通过削

＊　上海外国语大学国际关系与外交事务研究院副研究员。

弱帝国而保护小国,这使得西欧得以长期维持国家实力的相对平衡,保持多元并存的政治格局。19世纪中后期是欧洲联合、统一运动第一次广泛开展的时期。其主要原因是欧洲资本主义的迅速发展和国家间经济联系的不断密切。在这一时期,"欧洲观念"在欧洲大陆广泛传播。

第一次世界大战的爆发对欧洲产生了极其深远的影响。一战后,欧洲政治、经济走向衰落,这激发了有识之士再次反思欧洲联合和欧洲统一运动的发展。其中最著名的是法国前总理白里安于1929年在国联大会上提出的《关于建立欧洲联邦同盟的备忘录》。"白里安计划"是欧洲历史上第一个由国家政府提出关于建立联盟关系的计划。在第二次世界大战后,这份计划为欧洲煤钢共同体成立起到了一定的借鉴作用。第二次世界大战后,欧洲的联合进入了实践阶段,它是一种以国家间平权合作和主权国家部分领域的整合(一体化)为特征。在当时欧洲的联合主要有三个方面的动因。第一,观念的变化。它是从反思第二次世界大战开始,到反思欧洲冲突、分裂和战争的历史,在观念上形成了欧洲新意识。欧洲走共同联合之路"是欧洲痛定思痛的文化自觉,是为了避免血与火的历史重演和共同毁灭的悲剧!"[1]它也是欧洲对自身文化与历史的反思。第二,从方法上考虑解决历史上不断出现的战争苦难,避免历史上的悲剧再度重演,特别是要解决困扰欧洲数百年的"德国问题",使德国融入欧洲,实现稳定的和平,通过联合走出困境。第三,冷战是促使西欧的走向联合的大背景,西欧联合是共同的防御需求,也是"为德国人建立一种一体化框架的需要"。欧洲一体化寻求以一种更强大的力量来维持在美苏之间进行周旋的能力,在这方面一体化的目标在于防止战争的再度爆发,促进经济共同发展。

在此基础上实施欧洲联合模式主要有两种:一是主张建立以平权合作关系为基础的制度化跨国共同体,即联盟派(英、北欧各国),一是联邦派,即要求成员国让渡一部分国家主权,促进联合和整合(德、法等国)。这两种模式的特征今天仍然体现在欧洲一体化过程中,如在成员国内部,

---

① 埃德加·莫兰.《反思欧洲》.北京:生活·读书·新知三联书店.2005.8.

各成员国仍按传统的主权国家原则在部分领域实施独立自主、以平权为基础的政府间合作;在部分领域实行主权让渡,选择超国家层面的整合式合作。在这方面超国家性质的管理不仅涉及超国家机构,而且也涉及成员国国家机构,如成员国国家机构承担了很大部分由超国家机构做出的决定,机制运行靠的是超国家和国家机构共同组成的纵向和横向混合管理体系。以德国为例,在1993年10月12日对《马斯特里赫特条约》的裁定中,德国联邦宪法法院确立了著名的"非民主体论",即没有民主体的欧洲是不可能的。该判决认为,欧盟通过条约只能确立一个欧洲"国家联盟"(欧盟),而非一个超级欧洲国家,民主合法化的主体仍是民族国家的政府和议会。

二、欧洲联合模式的哲学基础及制度安排

欧洲联合模式的哲学基础

如上所述,欧洲今天的联合方式不是单一的,它既有纵向管理,也有横向合作。欧洲这种联合方式有其哲学基础。追溯其源,历史上形成的联合方案在很大程度上涉及这种纵向管理和横向合作方式。

纵观欧洲近代历史发展,在近代欧洲形成的欧洲联合意识中,最具影响力的思想家及代表人物有三位:圣-皮埃尔(Abbe de Saint-Pierre,1658—1743)、卢梭(Jean-Jacques Rousseau,1717—1778)和康德(Immanuel Kant,1724—1804)。在《给欧洲以永恒和平的回忆录》一书中,圣-皮埃尔提出了如何实现欧洲国家间永久和平的方案,并将视角放在欧洲联合的纵向管理上。他认为,导致欧洲国家间持续战争的主要原因有两点:一是各民族国家利益冲突,二是各国政治体制间存在的巨大差异。欧洲没有公法来调节各民族国家利益冲突和各国政治体制间存在的巨大差异,这使战争不能避免。为实现和平,他提出用一部欧洲公法将欧洲各国纳入到统一法律框架内,使欧洲各国遵守共同的法律,在欧洲建立一个欧洲国家间的联合体,即欧洲国家联盟,把它看做是欧洲永久和平的基础,以此实现欧洲联合,实现欧洲大陆永久和平。他的"永久和平论"影

响了卢梭和康德的欧洲联合思想。在 200 多年后的今天,欧盟宪法条约试图实现圣－皮埃尔欧洲联合思想。与圣－皮埃尔不同的是,卢梭注重纵向管理对主权国家的影响和对主权国家的功能制约,他强调横向平权。在《对圣－皮埃尔"永久和平方案的概述和评判"》中,他提出了自己的欧洲联合方案,认为国家因国民利益会与他国产生竞争,竞争又会造成国家间的矛盾冲突和战争,在这方面他同意圣－皮埃尔的观点,即由于没有能够强制各国遵守的共同法律,单个国家去追逐私利而导致的战争就不可避免。鉴于圣－皮埃尔方案的不足之处,卢梭提出了自己的欧洲联合方案,其特点有二:一是强调欧洲大国间的"均势"传统和这一无法回避的事实,建立圣－皮埃尔提出的国家联盟模式是不现实和不可取的;二是强调主权国家的作用。就国家的功能而言,它对外保护公民免遭外来暴力,对内保护公民社会自身的权利。在庞大的国家联盟中,公民的权利不能得到最好的保障,"政府间合作"的形式应更能在平等合作的基础上将国家联结在一起。在这方面他主张以国家为主体的"邦联"合作方式来解决欧洲联合问题。卢梭将之称为"政府间的联合体",赞成欧洲共和制政体的设想,他认为只有共和制才能实现欧洲统一。在政治方面他建议成立一个国际组织,在联邦的基础上使欧洲成为一个"真正的政治实体"。在卢梭直接启发和影响下德国古典哲学家康德写成了他的名作《论永久和平》(1795),为欧洲联合提供了一个哲学方案。他的方案是融合了圣－皮埃尔和卢梭的纵向和横向的管理思想,为欧洲联合设定了两个前提:一是在欧洲各国确立统一的共和制政体,二是联邦应尊重和保留其成员国原有主权,特别是保留各国自由退出联邦的权利。康德方案的第一个前提旨在解决圣－皮埃尔所指出的各国政体之间存在的巨大差异;第二个前提试图解决卢梭指出庞大的联邦对主权国家的削弱。在尊重共和制为政治体制和国家主权的前提下方可实现"永久和平"。

纵观欧洲联合进程,人们不难看到,从圣－皮埃尔的国家联盟、卢梭的政府间合作方式到康德在此基础上提出折中的联邦主义欧洲联合思想在一体化过程中不但得到了继承和发展,而且部分得到了实现。欧洲发展模式之争一直伴随一体化的发展,"在欧盟的政治生活中,联邦与邦联之争主要表现在以德国为首的'欧洲联邦模式'与以法国为首的'政府间合作主义'联盟模式之间的争论"①,这也反映了欧洲政治发展二元逻辑特质和其所特有的张力。

制度安排

　　如果我们审视欧盟的机构,就会发现,上文所及的整合式和平权合作式这两种欧洲联合模式对欧盟机构建制有着很大的影响。欧洲联盟并不是超国家联邦机构,而是一个由成员国构成的超国家共同决策机构。欧盟机构中欧盟委员会、欧洲议会和欧洲司法法庭和欧洲中央银行都具有超国家联邦性质,是超国家的行为体,在欧洲层面上掌握决策权和执行权,是欧盟层面上制度化水平较高的层级。欧盟委员会及欧洲议会是欧盟的超国家机构,代表欧盟的整体利益。欧盟委员会是共同政策的维护者,承担着保证一体化顺利发展的职责。它是欧盟的执行机构,处于欧盟政策制定的核心位置,由于它具有立法与决策创议权以及执行中的独立决策权,与国家政府享有的决策权很类似。欧洲议会拥有部分立法权和咨询监督权。

　　欧洲理事会和欧洲部长理事会是欧盟实行政府间合作主要机构。它们代表成员国利益,进行主权国家间平权合作。欧洲理事会由成员国的国家元首或政府首脑和欧洲共同体委员会主席组成,其职责是确定欧盟的大政方针,协调政策发展,裁决有争议的问题,关注欧盟的总体方针和决策。它虽不具有法律效力,但具有政治权威性。部长理事会由各成员国部长组成,是欧洲联盟的政府间机构和主要的立法决策机构,一方面它作为欧盟成员国政府间机构,肩负着协调成员国立场、制定一体化政策、推动欧洲一体化发展的重任;另一方面代表成员国和本国政府,为维护和争取本国利益进行活动。这一两重性使部长理事会就某项问题进行讨论时,往往难以分清成员们究竟是代表共同体,还是代表本国政府在工作。

---

① 郑秉文,沈雁南,刘绯.《2001—2002 年欧洲发展报告》.北京:社会科学文献出版社.33—34.

这里也是成员国政府维护本国利益，进行讨价还价的重要场所。总之，欧洲理事会和部长理事会主要指成员国定期召开政府间首脑会议及由政府代表组成的欧盟部长理事会对欧盟事务的管理。由此可见，在制度安排上，欧盟的整合避免了历史上帝国式的整合模式，即以一个个体为主，将其他融入的帝国模式，即不是历史上以征服、和平兼并手段达到扩张的帝国模式，而是以平权为基础。这样的一体化过程是多个原来相互独立的主权实体通过某种方式逐步结合成为一个单一实体的过程。由于一体化过程是主权国家实体间的相互融合，因而它不同于一般意义上的国家间合作，其核心是国家主权的自愿、平等让渡。

虽然欧盟的机构分属不同欧盟决策层次，以不同程度的参与决策方式实现程序互动，但它们之间权利的平衡关系是不同的。尽管欧盟委员会可以提出立法提案，参与立法，制定某些类似行政法规、政令的政策性立法和二级立法，但欧盟决策的主导权仍掌握在代表成员国利益的部长理事会和欧洲理事会手中，欧盟各机构的工作主要围绕着这两个部门的决策展开。欧盟的决策必须首先在欧洲理事会获得通过，才有可能成为欧洲各层级的正式决策。另外，欧盟的主要立法机构并不是欧洲议会。经过这几年的权力扩大，欧洲议会已经有相当程度的参与立法的权力，但它的权威、权力和职责仍逊于主权国家的议会和政府。这使欧盟即非一个"超级国家"，又非一个潜在的"欧洲联合国"。

另外，在欧盟成员国国家利益和欧盟超国家层面也存在一致性和矛盾性。在这方面，欧盟决策主体的多元化及各决策主体决策权的划分可以被视为一种寻求平衡与共识、化解矛盾的制度安排。这种制度安排具有平权合作的浓重色彩，兼顾成员国和超国家机构两者的利益要求；欧盟政府间机构和超国家机构在决策权力上的不平衡也表明，尽管成员国共同走在一体化道路上，但并没有因此放弃对自己国家主权和国家利益的执著追求。这一纵向（欧盟与成员国之间）和横向（成员国与成员国之间）的矛盾有其积极意义，即欧洲联合将两种包含对立成分的目标集合于一体，当任何一种形式超出一定的界限，就要受到另一形式的制约。它们深层次目标以矛盾的方式对峙着。如当人们感觉欧洲政治一体化将以欧盟宪法出现时,作为主权国家的公民就会"拒绝",以获得更多的横向权利。这样,欧盟的发展总处于两难的境地,一方面必须考虑各个成员国的利益,另一方面又要满足合作的意愿,从而通过合作去谋求共同的利益。因此,要在制度上调和两个相互矛盾的行动原则:决策既要维护各成员国的自主性,又要对共同体有利。这也就构成了欧盟分层、分权决策和管理的独特性。当然,主权的双重使用会使成员国陷入困境,一方面成员国希望主权的让渡获得包含于共同利益之内的国家利益;另一方面又要维护国家主权,以追求共同利益难以涵盖的成员国国家利益。当国家主权在某个领域由欧盟和成员国共同使用时,矛盾是不可避免的。

三、欧洲联合的内在二元逻辑:多元而统一,冲突与共存

欧洲层面的整合要求建构欧洲认同离不开国家认同

随着欧盟政治一体化不断深入,在欧盟层面,欧盟成员国公民不仅具有成员国公民身份,而且也具有"欧盟公民"身份。鉴于欧盟和成员国双重层面,欧盟成员国公民不仅拥有成员国民族国家认同、民族文化认同以及区域地方认同,而且也拥有欧盟认同或欧洲认同。在这方面各国对"欧洲化"概念设想各不相同。坚持传统的"主权国家论"观点认为,迄今为止民族国家仍为国际政治格局中的主体,任何企图消除民族国家并代之以范围更大的地区政治实体的做法是既无必要也不可能的。另一种观点则认为,民族国家的格局已经不再适应当今世界经济发展的需要,只有突破民族国家的樊篱并进而在更大的范围内实现政治上的联合,才能适应全球化时代下的经济发展。如同哈贝马斯所指出的那样,欧洲一体化发展的新动力应着眼于在经济全球化过程中,"民族国家的活动空间与世界范围内一体化的生产关系之间的矛盾"[1],这促使欧洲的政治家和精英阶层已从原来的区域视角走向全球视角。

---

① 曹卫东.后民族民主与欧洲的未来.《欧洲为何需要一部宪法》.北京:中国人民大学出版社.2004.70.

国家认同和欧洲认同这一双认同构成欧盟一体化发展面临的内在矛盾之一。从观念上建构双认同,通过纵向整合和横向平权合作达到统一。在近代,民族国家的建立也是通过建构观念上的民族认同和国家认同双认同开始的。欧洲民族与国家的双认同或重叠的层面是指:民族认同即文化认同,它基于共同的语言、种族和宗教信仰;国家认同是指政治认同,即国家共有的政治文化价值如自由、正义、民主和民主制度。在今天这也构成了各成员国公民间共同的认同之处。今天欧洲的双认同,是指更大范围内的民族国家认同和欧洲认同。虽然欧盟宪法对各成员国还不具备法律效力,但有效的《欧盟法》将人的尊严、自由、民主、平等、法治和人权确定为欧盟共同的政治文化价值,要求欧盟尊重欧洲各民族文化和传统的多样性,尊重成员国的民族国家认同,确保欧洲文化遗产得到切实的保护;在尊重欧洲文化多样性和民族国家认同的同时,建构欧盟共同的政治文化价值,这有助于欧盟与成员国的政治文化凝聚力形成,加强欧盟成员国公民欧洲公民意识,促进欧盟政治一体化进程。没有欧洲文化认同,没有具有欧洲意识的欧洲公民,欧洲政治的共同发展和政治联盟将几乎不能实现。

建构观念上的欧洲认同和民族国家认同这种双认同意识也有助于欧洲一体化过程中成员国的主权让渡问题的解决。在《欧洲为什么需要一部宪法》一文中,哈贝马斯对欧洲实行宪政进行了理论上的解释,认为作为后国家时代的政治共同体,欧洲联合不能仅仅以欧元作为符号意义,在民众意识当中要有更多的政治性开创行为。哈贝马斯将基本政治价值看成是宪法的基本原则,在论述宪法文化时区分民族体和民主体,在这方面,民族体是具有感情色彩的种族文化要素;民主体则是一种政治形态。欧洲一体化的后国家时代需要的正是这样一种政治形态来组织和治理今天扩大后的欧洲。为了不使扩大后的欧盟"泛化",必须寻找一种深层次的动力,即拥有共同政治价值取向的"宪法爱国主义",宪法与政治文化具有非常紧密的互动作用。共同的政治文化可以促进欧洲建立一个政治文化公共领域。所以说具有政治文化整合作用的"宪法"是很有必要的。

当然,在欧洲实行共同的宪法就意味着民族主权和国家主权的部分让渡和上移。对此,不同国家民众有着不同的接受态度。由此所致的欧盟"宪法危机"是民众"强化"国家认同的表现形式。从"宪法危机"中人们看到,"双重认同"的优先级取决于不同的内容,并因人而异。欧洲层面的认同取决于主权国家主权让渡程度,在这方面主权让渡越多,涉及公民利益就越多,在这一动态过程中产生的欧洲认同问题也就越多。而由精英制定的"欧洲宪法"又在这些具体问题上很少论及,欧盟成员国百姓最关注的医疗、教育、法律和养老金和社会保障、税收等领域不在欧盟的管辖范围内。由于受到条约的限制,欧盟所管辖的领域是贸易自由化、消除非关税壁垒、环保和其他领域中的技术标准、对外援助和外交政策协调,这又恰恰是欧盟民众关心程度最低的一些问题。鉴于这些因素,当宪法政治要求进行全民公投时,欧洲宪法在法国和荷兰遭到了拒绝。另外,随着10个来自欧洲东部新成员国的加入,共同的欧洲意识变得更加模糊,除共同的宗教信仰外,新老成员国在文化、语言、习俗和历史经历上存在一定的差异性。在欧洲逐步政治化之后,欧洲的政治精英意识到,在欧盟内部,在民众中建立某种可以赋予欧洲治理以合法性的共同意识和集体归宿感是当务之急,这需要欧盟对自生共有的内涵有一个明确的定义。

欧盟层面的整合要求同步一体化,政府间平权合作容许不同程度与不同速度一体化

随着欧盟的东扩,同步一体化与不同程度和不同速度的一体化的矛盾更加凸现。因各成员国不同的政治、文化、社会和经济发展前提、发展速度、利益追求以及国家主权意识,欧盟25个成员国对欧洲一体化速度、欧盟经济、货币、社会、外交和共同安全政策有着不同的期待和分歧。就西欧角度而言,欧盟东扩符合欧洲的政治利益和经济利益。在这方面,欧盟扩大的政治目的在于防止与中东欧之间出现冲突。为了赋予中东欧一个新的安全结构,除北约东扩外,第一个首选项目标便是欧盟东扩。如果说北约的东扩旨在解决中欧和东欧对外的安全问题,那么欧盟东扩旨在在欧洲一体化的框架内推进中东欧政治、经济和社会的发展,在更大的区域内实现政治稳定和地区和平。欧盟扩大虽然可以使欧洲整体发展繁

荣,但许多成员国因仍从自己国家利益出发参与欧洲一体化进程,或为维护本国利益试图最大限度从欧盟获得经济利益,在许多方面表现出了不妥协,没有像老成员国那样愿意将国家主权让渡给欧盟。

在欧盟扩大到25个成员国后,成员国在利益方面的不同追求和对国家主权不同程度的维护,使欧盟决策处于两难的境地。所以,除通过深化现有欧盟机制外,欧盟成员国逐渐认同不同程度和不同速度的一体化方式,将之看作是一种必然选择。在有争议和分歧领域实施成员国不同程度一体化,以保证欧盟层面的决策能力和行为能力。在欧洲一体化过程中,"欧元区"和"申根协议"这种不同速度一体化形式被看做是合理的一体化形式。对双速或多速一体化形式,德国欧盟研究专家韦尔纳·魏登费尔德(Werner Weidenfeld)提出了以下基本原则:(1)不同程度一体化应使欧洲能更好、更积极、更有效地应对未来发展的要求;(2)不同程度一体化不能被看做是针对不愿意同步融入的成员国威胁方式,而应增强欧盟欧洲问题解决的能力和活力;(3)不同程度一体化不能导致核心欧洲的形成,因为这种核心虽然会推动现实政治的改革,但它最终会引发欧洲内部的分裂;(4)不同程度一体化形式要向其他成员国开放。在今天,"如果不充分利用不同程度一体化的诸种可能性,那么就不能有效地去解决面临的问题,欧洲将从内部分化,这样下去欧盟将滑到一个自由贸易区"。从目前的欧盟政治发展趋势看,不同速度和不同程度的一体化将在很长时期成为欧盟一体化的一种趋势。在这方面,"在欧盟成员国不同利益和不同要求下,没有较高的不同程度一体化,扩大和深化同时实施是不能实现的"。

欧洲联合带来的内在矛盾性:横向的扩大与纵向的深化

欧盟扩大与深化是欧洲联合带来的内在矛盾。在扩大与深化这两者关系上,扩大是新一轮一体化进程深化的起点。扩大与深化是欧盟面临的两大新的挑战,在这方面深化和扩大互相影响,扩大促使欧盟机制的深化改革,而欧盟深化改革又在机制上促进欧盟扩大的顺利进行。从原《欧盟宪法条约》与"基础条约"的改革内容比较来看,原《欧盟宪法条约》在很

文化视角下的欧盟研究

大程度上针对当时存在的阻碍欧盟行为能力和影响欧盟决策形成和政策实施的机制问题,如繁琐的决策机制、成员国的一票否决权、欧盟与成员国权限界定等。从宪法条约内容看,原文本近80%内容是重述原有条约规定,是对欧盟已有条约的承继,有近20%内容是创新性规定,如赋予欧盟法律资格(第6条)、设立欧洲理事会常任主席(第21条)、设立新的欧盟理事会表决机制(第24条)、设立欧盟外交部长(第27条)、改革欧盟委员会现行组织方式与运行机制(第25条)、扩大欧洲议会权力(第19条)、明确规定欧盟公民基本权利(第二部分:联盟的基本权宪章)和欧盟法的优先效力(第10条)等。当以此为内容的《欧盟宪法条约》在两年前遭到荷兰和法国公投拒绝后,欧盟陷入制宪困境。鉴于欧盟成员国中不同国家利益和对欧盟宪法文本的修改要求,特别是法国、荷兰和波兰等国对未来"基础条约"的具体要求,在欧盟轮值主席国德国总理默克尔及其班子坚忍不拔的努力和协调下,27个成员国终于对有争议的原宪法条约的文本内容最后达成妥协,使一场历行两年的欧盟制宪危机最终结束。

成员国主权让渡与欧盟权限

欧盟对成员国一些主权领域的介入,促使成员国部分主权让渡,这对传统的主权观提出了挑战。随着欧洲一体化不断深入,主权的内涵和形式都有所变化。主权不可让渡的观念产生了动摇。在这方面欧盟一体化框架实施的主权让渡并非自身完全丧失所让渡的主权,而是在平等基础上让渡给欧盟部分的主权。成员国在欧盟层面上集体行使这种让渡出来的集合主权,从这一角度看成员国主权让渡可视为集合主权的共享形式。

到目前为止,在经济方面,成员国将大部分国家主权让渡给欧盟,使欧盟实现市场的统一和由12个成员国构成的欧元区;在财税方面,成员国主权让渡进展缓慢,因财税涉及主权国家核心问题,这方面的主权让渡困难重重,这也影响欧盟欧元区货币政策;在政治方面,虽然欧盟一直在寻求实施共同外交和安全政策,建议"政治欧洲"对外用同一声音,但欧盟成员国对欧盟有不同的目标追求,在建设何种欧盟模式和最终目标上存在分歧,致使在对外事务中欧盟不能发挥应有的作用;在文化方面,各成

员国也不愿放弃其民族文化的特殊性和文化多样性,人们反对"政治欧洲",担心"政治欧洲"会削弱成员国民族文化和文化多样性,害怕失去国家主权和成员国民族文化和民族国家认同,成员国公民这种特殊文化心态在一定程度上影响欧盟公民的凝聚力。

进一步主权的让渡可能使欧盟发生质的变化。当这种变化将触及成员国生存与发展的最根本利益时,将会遭到主权让渡主体——成员国民族国家的坚决抵制,因为国家利益的考虑是决定欧盟成员国主权让渡程度的根本因素,欧盟的建设模式与成员国主权让渡问题有着必然的内在联系。所以,无论欧盟国家的政治经济体制及发展水平如何的接近,要完全超越民族国家共同体的范畴,建立联邦制的欧洲共同体将是一个漫长的过程。

第三节
欧洲安全战略文化的差异与趋同

张迎红*

　　1999 年在德国科隆举行的欧盟首脑会议上,欧盟决定建立欧洲安全与防务政策,2003 年,欧洲理事会又通过了《欧洲安全战略文件》,这些举措使欧盟形成和发展了共同的安全防务政策和安全战略文化。但是,欧盟安全战略文化不是一蹴而就的,将受到欧洲传统安全文化的影响。本节将从安全战略文化的角度,对欧洲安全战略文化的差异和趋同进行分析。

一、安全战略文化的定义

　　所谓安全战略文化,不同的学派和学者的不同定义主要有以下几种。(1)约翰斯顿(Alstair Iain Johnston)用实证主义的方法,把文化作为一种变量,对行为产生直接的作用。约翰斯顿认为战略文化是"一套象征体系,如论证的结构、语言、类推、比喻等,通过作用概念的形成和对军事力量在国家间政治中的功效的分析,建立广泛而持久的战略偏好"。(2)科林·格雷(Colin Gray)把战略文化定义为"一种背景,它是由政治行为者的行为所组成,构成持久的,但不是永久的社会传输的观念、态度、传统、思维习惯、行动方式的偏好,属于一个以特定地域范围和独特的历史经历为基础的安全共同体或社会"。简言之,格雷认为,由行为构成的文化可以对新的行为进行理解。(3)查科尔(Jeffrey T. Checkel)从制度建构主

---

*　上海国际问题研究院欧洲研究室副研究员。

义的角度出发，把文化看成是非正式的制度，其定义为"行为者行为是对文化的一种表述，它由行为者的利益和认同所构成。政治行为是由原先存在的、通常稳定的关于世界如何运转的语言、信条和观念以及根深蒂固的关于自我认同和合适行为的规范所形成的"。（4）梅尔（Christoph O. Meyer）从社会建构主义的角度，认为"战略文化是由在某一政治共同体中，存在于最有影响力的行为者和社会群体中由社会传播的、源于认同的各种规范、观念和行为模式。它有助于共同体（社会）在追求安全和防务目标时，形成的一整套选择方法"。

综合上述各学派的观点，可以把安全战略文化的定义确定为：安全战略文化是指在安全与防务政策领域中，在共同体（社会）中占主导地位的行为者，在安全战略方面所形成的一整套规范、观念和行为模式，这些对行为者在关于安全与防务政策决策时产生直接作用，并可以理解、判断、预测、预防行为者的行为。该定义包括以下要素：安全战略文化所涉及的领域是指安全与防务政策；安全战略文化由行为者的一整套规范、观念和行为模式所构成，因此，文化的要素就是规范、观念、行为模式；行为者不是指社会中所有行为者，而是指在社会中有影响力的行为者；文化对行为者的决策产生直接作用；通过对文化的了解，可以有助于分析、理解、预测和预防行为者的行为。

二、安全战略文化的主要要素

梅尔从社会建构主义的角度，确定了安全战略文化的定义，并把文化要素确定为规范、观念、行为模式三个组成部分。在安全战略文化中，"规范"是"关于武力使用的目标、目的和方式是否合适、合法和公正的信念。它并不涉及'何为正确'的道义，而是指安全与防务领域中'如何运作'的一整套信念"。而"观念"是指当涉及国家与国际事务相互作用时，关于安全如何获得的一整套根深蒂固的看法。"行为模式"则是在安全与防务领域中，社会讨论、政府决策、军队实施的习惯方式。从规范、观念、行为模式三者关系来看，规范是最根本性和决定性因素，有什么样的规范,才有什么样的观念和行为模式。对安全战略文化的考察,主要从规范入手。根据上述对规范的定义,主要对武力使用的目标、方式、合法性等具体规范进行考察。海斯倍格(Heiselberg)提出用定量法对战略文化的模式进行分类。他把战略文化的区分建立在追求不同目标的积极性程度的基础上。在这方面文化的特性不是相互排斥,而是连续统一体,根据不同的规范范畴,不同的国家战略文化,人们可以从中找出其适当的程度。梅尔根据海斯倍格的定量法理论,用"规范"的概念,对安全战略文化进行分类。首先他确定了安全战略文化的基本规范,认为关于安全战略文化,主要是围绕武力使用这一基本规范,而该基本规范是由四个具体规范所构成:武力使用的目标、武力使用的偏好、武力使用的集结形式和武力使用的合法性。其次,对规范的程度进行衡量,以确定其程度。不同的安全战略文化对"武力使用的规范"有不同程度认知,并以此作为衡量标准来进行划分。

武力使用的目标

该规范是政治共同体中国家认同的核心,并决定了共同体使用武力的结构、文化和能力。一般而言,武力使用的目标不是无限的,只能在某些条件下用于某些目标。这一规范是第二、三、四规范的影响因素,但不是决定性因素。不同的国家在不同的历史条件下,对武力使用的目标有不同的认定。人类历史演变到现在,武力使用的目标一般分为有形和无形的目标:前者是指追求物质或有形的利益,如获得经济、领土、安全等利益;后者指追求无形的、精神的利益,如获得他国的尊崇、出于报复的目的、为了某种道义的目标等。

武力使用的偏好

由于对威胁来源的认识不同,以及如何应对这些威胁的观念差异,导致对武力使用的偏好程度不同。武力使用的偏好从低到高程度不同。奉行和平主义和中立主义观念的国家,害怕大规模的人员伤亡和财产损失,在任何情况下都不主张使用武力,其使用武力的偏好程度最低。而帝国

主义国家为了争夺势力范围,不惜牺牲国内外人员的生命为代价,穷兵黩武,其武力使用的偏好程度最高。

武力使用的集结形式

指国家在使用武力的时候,是倾向于单独使用,抑或依赖于别国武力,还是联合使用或集体使用。一般可以分四种形式:一是单独使用武力,即单边模式;二是主要依靠别国武力,通过依附某一大国或与某一大国结盟,从而依靠该大国的武力实现本国的安全目标,即依附模式(或结盟模式);三是联合使用武力,一国与其他国家一起使用武力,即联合模式;四是一国参加国家集团或与其他国家结成同盟,集体使用,即联盟模式。依附模式与联盟模式的区别主要在于,在武力使用的意志方面。在依附模式中,主导国与依附国之间存在严重的不平等,依附国听命于主导国。而在联盟模式中,成员国之间是平等的。联合模式与联盟模式的主要区别是,前者是临时和松散的,后者是长久和严密的。

武力使用的合法性

这是指一国在使用武力时,需要获得国内立法机构和有关国际组织的授权。只有得到有关机构授权时,使用武力才具有合法性。"武力使用的合法性要求"体现在"武力使用的国内外授权要求"上,有些国家的法律规定,在使用武力前,需要获得国内、国外的授权,而有些国家则不需要。如果不需要国内外法定机构授权的,说明该国对武力使用的合法性要求低。在这些合法性要求低的国家中,只要政府,甚至武装部门自行做出决定,就算拥有合法性,不需要议会的授权,更不需要权威性国际组织的授权。在合法性要求高的国家中,武力使用需要国家议会和国际组织的授权,之后政府或武装部门才可采取行动。如德国在使用武力前,要得到国内立法机构和国际组织(主要指联合国和欧盟)的授权,而美国和法国则相对不需要,总统或总司令有较大的自主权力。

三、欧洲传统安全战略模式的主要类别

所谓安全战略模式主要指在特定目标下的一整套政策的集合和固定化,是一种制度化的政策体系,但这种有形的政策可以产生无形的规范和观念,即安全文化。所以,在考察安全战略文化之前,需要对安全战略模式进行考察。根据对从欧洲殖民主义时期到现在的历史经验考察,可以把欧洲传统的安全战略模式分为四大类:恪守中立的防御模式、寻求依附的结盟模式、追求力量的扩张模式和道义干预的主动模式。根据上述武力使用规范的四大构成,对四种模式的特征分析如下:

中立模式

恪守中立的防御模式,简称"中立模式"。这是一种"追求自我利益的被动型模式",是欧洲小国所采用主要政策。数世纪前,在欧洲列强纷争时期,欧洲一些小国为了确保不遭到大国的入侵和吞并,奉行的防御型自保政策,不主动反对或依附某一国,奉行不结盟和中立政策。在这种模式中,安全政策的主要目标是领土防御,总体倾向不使用武力,武力使用的集结方式采取中立和不结盟,对武力使用的合法性要求高,对国内外法定机构授权的要求高。中立模式以欧洲小国瑞士为典型,又称为"瑞士模式"。

依附模式

寻求依附的结盟模式,简称"依附模式"。该模式也属于"追求自我利益的被动型模式",与中立模式相比,目标是一样,以领土防御为主,只是方式不同,前者采取中立方式,后者采取依附方式。"依附模式"是指一国为了领土防御等基本安全目标,采取依附于某一大国,与该大国建立军事同盟,由该大国提供安全保障。这种模式也是在殖民主义时期,欧洲小国通常使用的方法。但自二战后,欧洲大国也开始采用此模式,主要是冷战时期的"北约模式"。冷战时期,随着欧洲国家实力的衰退和苏联威胁的

上升,欧洲大多数国家参加北约,与美国建立军事同盟,由美国提供安全保障,因此,北约建立之时的基本性质是以领土防御为主要目标的防御性军事同盟。在依附模式中,对依附国来说,武力使用的主要目标是领土防御;武力使用的偏好较低,主要依靠主导国的军事力量,依附国军事力量发展有限,并尽量不使用;武力使用的集结方式是结盟;武力使用的合法性要求中等,国内授权要求低,国际授权要求高,决策主要不是由本国而是由军事同盟组织做出。

力量模式

追求力量的扩张模式,简称"力量模式"。该模式属于"追求自我利益的主动型模式",在殖民主义和帝国主义时期,是欧洲大国主要安全战略模式。武力使用的目的是为了争夺全球或地区势力范围,实行侵略扩张,争夺超额的政治、经济和军事利益。武力使用的偏好程度高,对人员牺牲的承受能力高,穷兵黩武、相互厮杀、血流成河成了当时欧洲的常态。武力使用的集结方式多以单边模式为主,主要依靠本国军事力量。武力使用的合法性要求低,对国内外授权的要求低,只要政府或军方做出决定就算合法。该模式以英帝国时期最为典型,又称"英帝国模式"。

干预模式

道义干预的输出模式,简称"干预模式"。这是一种"追求他国利益的主动型模式",也是欧洲大国采用的传统模式,指一国出于道义和意识形态的需要,对他国进行干预,如革命输出、促进民主、解放被压迫民族、人道主义干预等,其主要目的是把本国的价值观和意识形态强加于他国,并认为他国可以实现与本国一样的理想和幸福,从而通过他国实现与本国一样的政治制度和价值观,根本改变本国生存所依赖的国际环境,确保本国的安全利益,主要表现在法国大革命及之后的欧洲革命时期。拿破仑发动对欧洲的战争,既有领土扩张目的,又有输出和保卫法国大革命成果的目的。由奥、俄、普等国组成的神圣同盟,目的是为了干预法国大革命的成果和欧洲革命。在干预模式中,武力使用的目的是为了道义、价值观、意识形态等无形的精神目标。武力使用的偏好较强,认为为了道义,是可以使用武力的。武力使用的集结形式,既可以是单独,也可以是联合形式,如神圣同盟是一种联合形式,而法国则采取单独军事行动。武力使用的合法性要求中等,国内授权要求高,而国际授权要求低。因出于道义的目的使用武力,对国内直接的、有形的利益关联度不大,因此必须得到国内更多的支持,才能动用武力;但因为出于普世主义的道义目标,输出国或干预国认为他就是代表国际道义,不需要其他国家的广泛支持,因此对国际授权的要求低。法国由于接受了法国大革命的遗产,对道义干预较为热衷,故该模式又称"法国模式"。

表1:欧洲传统安全战略模式的基本类型(根据使用武力规范来划分)

欧洲传统安全战略模式	恪守中立的防御模式	寻求依附的结盟模式	追求力量的扩张模式	道义干预的输出模式
模式属性	追求自我利益的被动型模式	追求自我利益的被动型模式	追求自我利益的主动型模式	追求他国利益的主动型模式
使用武力的目的	国土防御	国土防御	追求本国在全球性或地区性利益	普世主义的道义输出
武力使用的偏好程度	最低(尽量不使用武力)	较低(尽量少使用武力)	最高(热衷于使用武力)	较高(不害怕使用武力)
武力使用的集结模式	中立	结盟(依附于某一大国)	单边	单边或联合
武力使用的合法性要求	国内国际授权要求高	国内授权要求低,国际授权要求高	国内和国际授权要求低	国内授权要求高,国际授权要求低
欧洲的典型表现	瑞士模式	北约模式	英帝国模式	法国模式

四、欧洲安全战略文化的主要类别

以上分析了欧洲传统安全战略的四种模式,这四种模式主要产生于欧洲列强争夺的殖民主义和帝国主义时期,并在随后的各历史时期都有

所表现和发展,仍存在于现在。四种欧洲传统的安全战略模式随着时间的推移,逐渐产生了欧洲独特的四种安全战略文化,这四种安全文化反过来又影响着当前欧盟安全战略文化的形成。欧洲传统安全战略文化的主要类别有恪守中立的安全文化、依附美国的安全文化、追求力量的安全文化和道义干预的安全文化。简言之,中立模式产生了中立文化,依附模式产生了依附文化,力量模式产生了力量文化,干预模式产生了干预文化,这四种文化构成了当前欧洲安全战略文化的主要内容。

中立文化

恪守中立的安全文化,简称"中立文化"。中立模式产生于数世纪前欧洲列强纷争时期,是夹杂在列强中的一些欧洲小国所奉行的无奈而被动的生存之道。但二战后,随着这些中立国纷纷加入联合国或欧盟,如瑞士加入联合国,奥地利和爱尔兰加入欧盟。这些国家的中立政策也已经不像以前那么严格,但却在欧洲逐步形成了一种中立文化,其基本原则和精神已被欧洲其他国家所接受。不使用武力、不结盟、通过协商和谈判解决问题、奉行中立立场、已经成为中立文化的核心内容。

依附文化

依附美国的安全文化,简称"依附文化"。依附模式也是欧洲小国的一种常用安全战略模式,在列强纷争的情况下,小国依附于某一大国是保障其安全的常用形式。但对欧洲大国来说,最主要的依附模式产生于冷战时期,当时欧洲大多数国家为了免遭苏联侵犯,依附于美国,建立北约军事同盟。北约模式目前仍然是欧洲主导性安全战略模式,其机构建立的最初目的是领土防御,但北约模式经过 50 多年的发展,也已经形成一种北约安全文化,更准确地说是依附美国的安全文化。依附美国的安全文化已经不仅仅是为了对抗苏联和领土防御,而是赋予"均势"的内涵,其实质如北约第一任秘书长黑斯廷斯·伊斯梅所说:"让美国进来,让俄国出去,让德国下去。"随着欧洲一体化的高度发展,依附美国的安全文化并没有减弱,一些欧洲小国仍通过依附美国而削弱法德轴心,同样,欧盟东扩非但没有削弱这一安全文化,反而强化了,许多新入盟的中东欧国家,在安全领域也选择依附美国的战略,以免遭受俄罗斯的威胁,并以此削弱它们所担心的"法德霸权"。因此,欧洲所有的国家仍然在"均势"的舞台上跳舞,不管国际安全形势怎样发展,不管是冷战时期的苏联传统威胁,还是冷战后的恐怖主义非传统威胁,依附美国的安全文化没有发生实质性的改变,对北约的修改也仅限于其功能和作用的技术性讨论,依附美国的实质性内容是不会改变的。

力量文化

追求力量的安全文化,简称"力量文化"。力量模式主要产生并发展于欧洲殖民主义和帝国主义时期,是欧洲大国的主导型安全战略模式,当时的欧洲大国英、法、德等都奉行此政策,该模式在二战后已经不是欧洲国家安全战略的主导性模式,但却演变成一种重要的安全文化,即追求力量的安全文化。经过数世纪的风云变化,欧洲大国,特别是英、法,已经不再如昔日那样荣耀,但追求或保持全球力量仍是其主要安全战略,只是"力量"概念的内涵和外延在不断发生变化,从二战前的"以军事力量为主",到二战后的"以民事力量为主",到目前的"军事力量和民事力量并重"。

干预文化

道义干预的安全文化,简称"干预文化"。道义模式主要产生于法国大革命。在法国革命、欧洲革命和俄国革命期间,输出与反输出、干预与反干预导致欧洲大陆上激烈的战争。法国大革命的遗产逐渐演变为欧盟及其成员国所奉行的基本价值观——民主、市场经济、法治和人权,欧盟及其成员国成了这些道义的积极遵守者和输出者。道义模式在不同时期以不同方式表现,并逐渐形成了道义干预的安全文化,到冷战后,主要表现为对前南联盟、非洲等地区的人道主义干预战争。1999 年以来建立的欧洲安全与防务政策既不是为了国土防御,也不是为了领土扩张,其核心内容是以"人道主义干预"为主要目的的危机管理。

五、走向趋同的欧盟安全战略文化

欧洲的四种安全文化(中立文化、依附文化、力量文化、干预文化)的相互影响和互动,使欧洲安全战略文化出现某种程度的趋同,并逐渐形成了共同的欧盟安全战略文化。欧洲安全战略文化与欧盟安全战略文化是有区别的,前者是指在欧洲国家所拥有的安全战略文化,该文化的行为主体是国家,主要指国家层面。由于欧洲有不同的国家,因此就有不同的安全战略文化,主要就是前面所论述的四种。而后者是指欧盟作为机构所拥有的安全战略文化,文化的行为主体是欧盟,指欧盟层面,文化的特征和内涵主要体现在欧盟的政策文件和政策工具上,因此,只有一种欧盟安全战略文化。虽然欧盟共同外交与安全政策和欧盟安全与防务政策于20世纪末刚启动,还在形成的过程中,但通过各种政策文件,已经初见端倪。特别是2003年12月,欧盟公布了《欧洲安全战略》文件,该文件集中体现了现阶段的欧盟安全战略文化。欧盟的共同的安全战略文化不是凭空出现的,而是在欧洲安全战略文化的基础上形成的。以下分析欧洲安全对欧盟安全战略文化的影响。

中立文化使欧盟强调其独立性,减少对美国的依赖,增强了欧盟与世界其他国家的合作关系。二战后,由于苏联的威胁,使得欧洲大多数国家把国土防御视为安全战略的首要任务,同时加入北约,与美国结盟。随着冷战的结束和苏联威胁的消除,中立文化的不使用武力、不结盟、谈判解决问题的方式的作用开始凸显。这对欧盟安全战略文化的影响主要是两方面,一是不主张使用武力,对武力使用的目的有明确的限制,对武力使用的国内外授权要求高;二是减少与美国结盟的倾向,增强欧盟的独立性。需要指出的是,本节主要对欧洲总体进行描述,因此,中立文化不完全等同于以前一些小国的中立政策,而是指一种不主动对抗、不主动结盟的中立原则和精神。这种精神折射到欧盟,就是强调欧盟的独立性、中立性,不主动与某一大国敌对,也不主动与某一大国结盟。具体而言,就是减少对美国的依赖,发挥欧盟的自主独立性,与世界主要行为体建立更为广泛伙伴关系。《欧洲安全战略文件》中指出:"我们应该继续与俄罗斯建立更为密切的关系。……欧盟应该与日本、中国、加拿大和印度发展战略伙伴关系。"就体现这种独立自主的精神。

依附文化使欧盟并没有完全脱离跨大西洋关系,而是重新调整了与美国的关系,确立了欧盟武力使用的新模式。冷战时期,欧洲的主要战略文化就是依附文化,因此,冷战后,欧洲的安全文化仍受该文化模式的强烈影响。依附文化对欧盟安全文化的影响主要体现在两个方面:一是欧洲与美国的总体关系上,改变完全依附美国的情况下,形成美欧之间更为平等、平衡和有效的跨大西洋战略合作伙伴关系。《欧洲安全战略文件》指出:"跨大西洋关系是不可替代的。欧盟与美国一起行动,是世界上一支良好的力量。我们的目标应该是与美国建立有效和平衡的伙伴关系。这有助于欧盟进一步建设其能力,并增加其凝聚力";二是体现武力使用的集结方式上,除了欧盟通过欧洲安全与防务政策来发展欧盟自身的军事力量外,欧盟还于2003年3月通过与北约签订《柏林附加协定》,该协定确保了欧盟在自己的军事行动中可以使用北约的资产和力量,这也是欧洲安全与防务政策中关于军事力量集结方式的重要安排。《欧洲安全战略文件》中指出:"欧盟-北约永久性安排,特别是《柏林附加协定》,提高欧盟的行动能力,为在危机管理中两大机构之间的战略伙伴关系提供框架。这反映了在新世纪中我们对付挑战的共同目标。"与此同时,美国对欧洲安全与防务政策提出了"三不原则":"不脱钩"、"不重复"、"不歧视"。"不脱钩"是指欧洲与美国不能分离。欧盟可以建设自己独立的防务力量,但欧洲国家不能脱离北约,欧洲不能有任何与美国分裂的意图。"不重复"是指北约的资源和欧盟的资源不重复。欧盟可以使用北约资源,但欧盟军事力量的建设不能与北约重复建设,北约已经有的,欧盟不必再进行建设。"不歧视"是指欧盟不得对那些不参加欧盟,但参加北约的欧洲国家采取歧视性态度。美国的这一政策基本得到欧洲国家的认同。"三不原则"反映了欧盟与北约的关系。在国土防御方面,欧洲仍然依赖美国的保护,而在危机管理方面,欧盟可以发展自己有限的军事力量,同时可以获得北约的支持。因此,欧洲安全与防务政策关于武力使用

的方式,已经向自主独立性方向跨出一大步,但仍没有脱离跨大西洋框架。在武力使用的集结方式上,欧盟采取的是"依附式为主的有限独立模式"。

力量文化使欧盟独立性增强,强调欧洲作为一支重要的国际力量,在世界事务中发挥积极作用。《欧洲安全战略文件》指出:"欧洲利益的不断趋同和欧盟的团结使得我们成为一个更为可靠和有效的行为者,欧洲应该准备在建设一个更为美好的世界中,分担全球安全的责任。"该文件体现了这种力量文化,吸收了以英法为代表的更为积极的战略文化,力图打造出"全球力量的欧洲模式",在对力量的界定上,强调军事力量与民事力量并重的模式。文件中强调:"作为一个 25 个成员国的联盟,花费在国防上的开支超过 1600 亿欧元,我们应该能够同时维持几个行动。我们可以通过军事能力和民事能力来增加行动的价值。"

干预文化改变了威胁来源的认识,增强了欧盟的对外干预能力、独立性以及武力使用的合法化。干预文化在"9·11"之后以一种新的形式而得到充分发扬。在《欧洲安全战略文件》中指出:"欧盟及其成员国已经在巴尔干、阿富汗、刚果民主共和国采取干预行动,以便处理地区冲突,帮助失败国家。……自我防御的传统概念,包括在冷战时期,主要建立在进攻的威胁基础上。而新的威胁,使防御的第一道防线将在海外展开。……这意味着我们必须在危机开始前就准备采取行动。……我们需要发展一种战略文化,促进早期的、快速的、必要的、精力充沛的干预。"干预文化使得冷战时期以欧盟被动的防御战略文化为主导,转变为冷战后的积极的干预战略文化为主导,使得军事干预合法化。

表 2:欧洲传统安全战略文化对欧盟安全战略文化的主要影响

欧洲传统安全文化	对欧盟安全战略文化的主要影响
中立文化	强调欧盟独立性,减少对美依赖,增强与世界主要行为体之间的合作,形成欧盟全方位的对外合作关系
依附文化	在发展欧盟独立军事力量的同时,充分利用北约的资产,形成"依附为主的有限独立"的武力使用集结模式

（续表）

力量文化	强调欧盟的全球性作用,发展军事力量与民事力量并重的欧洲力量模式
干预文化	改变了欧盟武力使用的目标,强调非传统安全问题是新的威胁来源,主张人道主义干预。承认使用武力的合法性,但强调武力使用必须得到国内外的授权

在四种安全文化的共同影响下,欧盟通过安全战略文件以及安全与防务政策,逐渐形成了欧盟的安全战略文化,可以概括为"人道主义干预型全球力量模式"。根据对武力使用的规范的考察,其主要特点是:(1)武力使用的目标是针对新型非传统安全威胁;欧洲安全战略文件列举的欧盟需要重点防范的主要威胁来源,包括恐怖主义、大规模杀伤性武器的扩散、地区冲突、失败国家、有组织犯罪;认为武力使用的目的是为了人道主义干预;(2)偏好有限使用武力,强调军事力量与民事力量并举,既不反对军事力量,也不主张只依靠军事力量,更不强调滥用军事力量;但由于是出于人道主义干预为目的的预防性接触,因此武力使用的范围推向全球,不仅限于欧洲;(3)武力使用的集结方式为在北约的支持下,有限地发展欧盟独立军事能力;(4)武力使用的合法性要求高,武力使用的合法性必须满足两个条件,一是为了人道主义干预目的,二是得到国内外的授权,特别是需要得到欧盟或联合国的授权。

六、结　论

欧洲安全与防务政策是目前欧洲一体化中的亮点,通过安全战略文化视角,可以对欧洲安全与防务政策的发展趋势有一个新的认识。欧洲安全与防务政策不会代替北约,只限于人道主义的干预目的,欧洲本身的领土防御任务仍由北约承担,因此,欧洲安全与防务政策与北约是互补关系,欧洲也不会脱离跨大西洋关系的总体框架。但是作为一种人道主义全球性干预力量,欧盟在军事干预方面的作用将继续提升,欧洲(欧盟)与美国、俄罗斯、中国等的关系将更为复杂微妙。

第四节

欧盟制度文化的建构：以欧盟宪法为例

赵光锐[*]

　　欧洲层次上的公民政治行为需要一种民主政治文化作为其社会心理基础；同时这样一种政治文化的形成也需要欧洲范围的政治法律制度作为其制度框架背景。因此在欧洲政治文化形成之前就需要引入一部欧洲宪法，通过欧洲宪法创造的制度框架，对欧洲政治文化建设产生诱导作用。一般认为，法、荷两国公民投票对欧宪草案的否决使欧洲一体化进程遭遇了重大挫折。本节则从推动公共领域和欧洲政治文化建设的角度对欧盟制宪的积极意义作出评估。政治文化是人们生活在民主政治体制下通过学习和交往发展形成的价值和实践规范。公共领域有助于欧盟共同政治文化的培养，因为它为欧洲公民交往提供了网络和空间；同时，公民参与立宪的过程也是一个形成欧盟政治文化的实践过程。

一、欧洲公共领域：背景、内容与现状

欧洲公共领域提出的背景及其含义

　　"欧洲公共领域"可以说是德国哲学家哈贝马斯的发明。"公共领域"原本是哈贝马斯用来分析人类社会尤其是资本主义社会变迁的核心范畴。它是指介于国家和社会之间，公民参与公共事务的空间。在公共领域，人们通过有批判精神的意见交流，"以公众舆论为媒介，对国家和社会的需要加以调节"[②]。最初，哈贝马斯把"公共领域"这一范畴仅用于国家

---

　　*　北京大学国际关系学院博士。

　　②　尤尔根·哈贝马斯.《公共领域的结构转型》.曹卫东译.上海:学林出版社.1999.70.

内部状况的分析。哈贝马斯是欧洲一体化运动的坚定支持者,他的理想就是希望欧洲联盟能超越现在"政府间组织"和单纯的经济货币联盟的性质,最终发展成为一个欧洲联邦国家。他撰写了大量的论文和新闻评论,为欧洲一体化摇旗呐喊,并把"公共领域"的概念运用到了欧洲一体化分析当中,创造了"欧洲公共领域"这一新的范畴,把它作为欧洲迈向真正的超国家组织的关键因素。"从规范的视角来看,如果不能在共同的政治文化背景下形成一种欧洲范围的公共领域,一个由不同利益集团、非政府组织和公民运动等组成的公民社会,一个欧洲意义上的政党体系,一句话,如果没有一种超越国家公共领域的交往关系,就不可能有民主意义上的欧洲联邦国家"。[①] 尤其是欧盟制宪问题提出以后,关于欧盟未来发展模式的争论更加激烈。欧洲公共领域的概念则是为构建一个欧洲联邦模式而提出的,它主要针对的是欧盟的民主赤字和欧洲公民身份问题,这也是欧盟饱受批评,争论尤为激烈的两个问题。"当前,人们对欧洲公共领域的鼓吹,不仅是学者们试图使理论规范化的一种努力,更重要的是人们对新自由主义主导的欧盟经济以及政治上民主的公民身份的不满,也是对经济一体化上的不懈努力和政治一体化上的漫不经心这种不平衡的一种反应"。[②] 欧洲公共领域的提出为解决这两个问题提供了一个新的视角。但对于在联邦模式上持怀疑态度的人来说,建立欧洲的公共领域无疑是一个新的不切实际的想法,因此它在欧洲引起了广泛的关注和争论。欧洲公共领域是一个欧洲范围内超越民族国家边界就欧洲人民面临的共同问题进行意见交流、沟通、讨论、辩论的空间。这一空间既不是一种制度,也不是一种组织,要确定它的外部边界非常困难,因为它始终是开放和可渗透的,因此我们最好把它理解为一个关于内容、观点也就是意见的交往网络。通过这一欧洲范围的交往网络,最终形成某种大众意见和观点,进而对欧盟的决策过程产生影响。这里需要指出的是,欧洲公共领域的讨

---

① 尤尔根·哈贝马斯.《包容他者》.曹卫东译.上海:上海人民出版社.2002.186.

② Splichal Slavko. *In search of a strong European public sphere: some critical observations on conceptualizations of publicness and the(European)public sphere*. Media,Culture & Society. 2006.(28).(5).695.

论并不是国家之间的谈判和利益妥协,而是欧洲公民跨国界的平等交谈、意见交换和讨论。作为一种交流和讨论的网络,它为欧洲后民族民主的发展提供跨国的交流空间。尽管欧盟既不是一个国家也不是一个民族,但是作为一种新型的政体,它的发展同一个共同的交流空间的形成密切相关。

欧洲公共领域的基本内容

学者们认为,欧洲公共领域一般包含四个方面的内容:作为交流中介的欧洲大众传媒、作为基础的欧洲公民身份、作为交往规则的协商式民主和影响欧盟实际决策过程的欧洲政党体系。这四个方面相互影响,构成一个互动的网络。在欧洲公共领域当中,大众传媒的功能居于中心地位,通过报纸、杂志、广播电视等媒体,具有批判精神的公众舆论得以形成。大众传媒是欧洲公民参与欧洲议题争论的最有效的中介,也是各种交流平台中最重要的部分。只有通过欧洲交流媒介,人们的注意力才会从民族国家向欧洲层面转移,"欧洲"才能真正成为公众瞩目的焦点。政治公共领域的基础是市民共同体,中介是大众传媒。同时,建立了这样一种大众传播媒介以后,同样的政治议题在同一时间内就会引起广大公众的普遍关注,并激发起他们从四面八方展开热烈讨论。进而形成一种公众舆论,使各种议题和立场产生政治影响。虽然在欧洲是否已经存在一个公共领域的问题上有很大的争论,但是在研究中,学者们普遍认为一个欧洲公共领域可以通过各个国家媒体的欧洲化来建立。

欧洲公共领域的活动主体是"欧洲公民",跨国界的意见、观点交流沟通过程的核心是公民对欧洲事务的关注,并将其视为个人意识和身份的一部分。欧洲公民身份建立在参与式民主、积极的对话参与和欧洲公共领域的基础上。从法律角度来讲,欧洲公民身份在《欧洲联盟条约》中有明确的规定,欧盟成员国的公民都被视为欧洲公民,被赋予一系列的政治和公民权利,并且欧洲法院也将其置于自己的管辖权之内。从社会角度来讲,欧洲身份就是一种"欧洲认同"意识,它超越民族国家认同,而将欧洲作为一种命运共同体,人们在欧洲范围内互相感知,互相认同,并能相互预知"他者"的思想和行为。在这里有一种休戚相关的政治意识,"原则上,一国公民必须视另一国公民为'我们中的一员'"①。当前,公共争论和民主参与还主要发生在民族国家的层面上,民族国家是集体认同意识和公民身份的主要来源。只有各国公民获得了欧洲公民身份以后,他们关注和参与欧洲公共领域讨论和交流的意愿才会真正提高。

欧洲公共领域另一个重要的参与主体是超国家的欧洲政党。欧洲公共领域的意见和观点,最终要通过政党活动对欧盟的政策制定过程产生影响。作为联盟内部一体化因素的欧洲政党是至关重要的。欧洲政党应为欧洲意识的形成和欧洲公民政治意愿的表达作出贡献。这需要一个欧洲的政党体系,它关注和活动的中心不是民族国家,而是欧洲事务,追求目标是欧盟组织的权力。但是还没有证据显示现在欧洲已经存在这样一个体系。欧洲公共领域如果缺少了欧洲范围的政党体系,那么它对欧盟机构和政策制定的影响力将大大降低。"政党如果不想维持现状,就需要有一个超越现状的视角。……政党如果还相信自己具有创造力,他们必须在其他方面也要预先作出决断。也就是说,他们必须在国家范围内——在这里他们才真正有用武之地——预先进入欧洲的活动空间。反之,他们必须制定纲领,揭示这个活动空间,而且目的有两个,在建立一个欧洲社会的同时,使之具有大同政治的意义"。②

欧洲公共领域的对话和交流,以及对欧盟政策制定过程的影响应该采取协商式民主的原则。协商式民主同代议制民主的根本差别在于:后者的目标是通过最有效的方式将个人偏好集结为群体的选择,个体拥有绝对的自主性,其偏好被认为是神圣、不容随意影响和改变的;前者则视民主为透过公开自由的讨论以求达成共同决定的一个过程,在此过程中,个体将他人的看法、感受纳入自己的考虑,并对自己的偏好进行评估和修改。协商的价值在于他能为欧盟组织的"再想象"提供一种政治战略和途径。协商式民主需要一个超国家的政治交流和争论空间。在这一空间

---

① 德理达＆哈贝马斯.论欧洲的复兴.曹卫东译.读书.2003.(7).72.
② 尤尔根·哈贝马斯.《后民族结构》.曹卫东译.上海:上海人民出版社.2002.125.

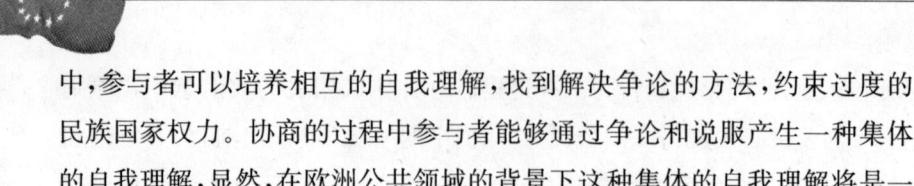

中,参与者可以培养相互的自我理解,找到解决争论的方法,约束过度的民族国家权力。协商的过程中参与者能够通过争论和说服产生一种集体的自我理解,显然,在欧洲公共领域的背景下这种集体的自我理解将是一种共同的欧洲意识。

是否已经存在一个欧洲公共领域?

　　欧洲公共领域已经是欧洲的一个现实,抑或仅作为一种概念停留在学者们的理论中? 这是最有争议的问题。关于这一问题,欧洲学术界总体上有三种基本观点。一种观点以德国学者哈贝马斯为代表,认为现在欧洲确实已经存在一个公共领域。"同样不应该忘记 2003 年 2 月 15 日,这一天,伦敦和罗马、马德里和巴塞罗那、柏林和巴黎等地分别爆发了大规模的游行示威,反对美国的突然袭击。这些声势浩大的示威游行是'二战'以后规模最大的,它们发生在同一个时间里,现在看起来,这标志着欧洲公共领域的诞生,并将被载入史册"。[①] 其他一些学者也运用一系列的实证研究论证了欧洲公共领域的存在。荷兰学者施蒂(Steeg)以奥地利极右翼海德尔(Haider)为首的自由党加入政府引起的争论为案例,对 1999到 2000 年欧洲 14 个成员国的主要报纸关于这一事件的报道和争论进行了量化研究,认为欧洲存在一个公共舆论以及一个形成公共舆论的平台,因此已经存在一个欧洲的公共领域。德国学者汉斯－尤尔克(Hans-Jörg)选取了 6 个欧盟成员国的 11 份日报为样本,分析了 2000 年它们关于欧盟治理和政策制定方面新闻的覆盖程度,认为以传媒为中介欧洲已经出现了一个公共领域。第二种观点认为,欧洲正在出现一个公共领域,但是同国家内部的公共领域相比,它还非常不完善。挪威学者埃里克·奥德华(Erik Oddvar)认为欧洲的合作和问题解决过程虽然已经创造了一个"公共空间",但是迄今为止还没有产生一个单一的、全面的欧洲公共领域。英国学者约翰(John)和托马斯(Thomas)认为,尽管不存在一个欧洲范围的大众传媒,一个欧洲公共领域正在出现,因为在同一时间,以同

---

① 德理达＆哈贝马斯.论欧洲的复兴.曹卫东译.读书.2003.(7).71.

样的强度,有关欧洲的一些议题在全欧洲范围内借助于欧洲的"意义结构"被进行激烈地争论。德国学者迪特尔·格瑞姆认为,一个欧洲意义上的公众社会与一个覆盖全欧的商谈讨论,虽然已经出现在精英阶层,但大众却参与甚少。假如目前存在一个有能力建立起全欧意义上的讨论关系的公共媒介,那么它只存在于专业出版物的范围里,并没有出现在人人可以接触到的大众性传媒领域中。第三种观点以英国学者施莱辛格(Schlesinger)为代表,认为根本就不存在一个欧洲意义上的公共领域,能表明欧洲公共领域存在的证据几乎没有。荷兰学者库珀曼斯(Koopmans)也持同样看法。

二、欧洲公共领域建设视角下的欧盟制宪过程

欧盟制宪问题提出以后引起了人们的广泛关注和争论。尤其是2005年法国和荷兰公民投票否决了宪法条约,紧接着英国宣布它将暂时搁置就欧盟宪法举行全民公决的计划以后,一时间从欧洲到世界的各大媒体和专业刊物一般都认为欧盟两大创始国的公投结果以及英国政府的决定对于《欧盟宪法条约》来说是致命的打击,欧洲一体化运动因而也将面临巨大的危机。我们在分析欧宪遭遇挫折的同时,也应看到欧洲制宪过程的积极意义,尤其是对于欧洲公共领域建设的促进作用。欧盟制宪不仅仅是宪法的制定与表决,从更宽泛的视角来理解,实际上它是包括了"欧盟是否需要一部宪法"、"为什么需要一部宪法"、"需要一部什么样的宪法"、"怎样制定"、"如何通过"、"如何实施"等一系列议题的复杂过程,它所涉及的欧洲政治和社会问题的广度和深度是前所未有的。因此,一个议题遭遇挫折并不意味着整个制宪过程的终结。围绕制宪过程所产生的欧洲层次上的广泛的大众争论、社会运动和公民政治行为对于正在形成中的欧洲公共领域来说起到了极大的推动作用。宪法争论、东扩的挑战、对尼斯会议的不满、制宪委员会的成立,以及正在慢慢出现的欧洲公共领域构成了一个围绕制宪过程的动态体系。在这一动态的体系中,精英、制度、条约、政策、欧盟法律谈判以及公共领域的欧洲化是共同演进的,构成

体系的要素是独立的又是相互依赖的。

欧盟制宪促进了欧洲大众传媒的发展

欧盟制宪过程伴随着激烈的大众争论,这种意见交流的过程是跨国家的。欧盟政策和法律制定过程的核心特征表现为一个实践的争论过程。围绕着"欧洲是否需要一部宪法"以及"一部什么样的宪法",全欧洲的人们早就开始了热烈的讨论。从政府官员到知名的公共领域的知识分子,如哈贝马斯、德里达,从媒体记者到普通民众都加入到了这一欧洲层次的大讨论。尤其是法、荷公投以后,欧洲各大媒体的报道和评论更是连篇累牍,民众讨论和表达意见的愿望也进一步提高。这一政治议题几乎席卷了欧洲任何国家的每一个角落。也就是说,同样的政治议题在同一时间内引起了欧洲各国民众的普遍关注,并激发起他们从四面八方展开热烈的争论,进而形成了一种公众舆论,使各种议题和立场产生了政治影响。在这一争论的过程中,新闻媒体扮演了中介的角色,关于"欧洲新闻"的报道在覆盖面和深度上达到了新的水平。这样一种跨国界的不同政治立场、观点、意见交流和沟通的过程,将极大地推动欧洲公共政治领域的发展。

欧盟制宪促进了欧洲公民意识的增强

民众对制宪过程的积极参与,尤其是欧盟宪法在一些欧盟成员国的全民公决,对于欧洲公民意识的形成有很大的促进作用。各国公民在宪法问题上表现出了很高的参与热情,例如,法国与荷兰民众的投票率都相当高,法国达到 69.3%,巴黎 75% 的民众都参加了投票,荷兰民众的投票率也达到了 63%,远远高于 2004 年欧洲选举时 39% 的投票率。同时,欧盟已经有 10 个成员国通过了该宪法。法、荷民众对欧宪说"不"的原因十分复杂,很多民众并不一定反对欧洲宪法本身,而是由于对其他问题的不满投了反对票。根据公投后公布的各种调查数据来看,在法国,土耳其的入盟问题是导致很多民众(大约占投票总人数的 14%—30%)投反对票的主要动因。同时在投反对票的人中,72% 的人表示他们依然支持欧洲的一体化。荷兰有22%的反对者之所以投反对票也是因不同意土耳其入盟,78%投反对票的人表示他们仍然支持一体化。这些充分说明在制宪和政治一体化问题上人们有着巨大的参与热情和意见表达的愿望。不管最终结果如何,关于欧宪的公投是民众在相同的欧洲议题上的政治行为,这种共同的政治行为促进了人们对"我们"身份的重新理解,欧洲公民意识就建立在这种对自我身份重新认识的基础上。

协商式民主的欧洲制宪过程

欧洲制宪过程,尤其是欧盟制宪会议的运作方式体现了协商式民主的精神。它不同于以往政府间会议的形式,其成员并不是各国政府来谈判的代表,而是一群共同为欧盟寻找出路的欧洲人民的代表。从透明度来看,制宪会议的所有讨论、记录、文件、书面意见、所有制宪委员的联络方式等,都在会议网站上公布,以便民众及时查阅,与委员联络,表达意见;民众也可参加会议,进行旁听。从民众和社会团体的参与来看,制宪会议鼓励市民社会的参与,成立了一个由各国民间和非民间组织组成的论坛,包括了政府机关、社会经济组织、学术单位和智库和其他社会团体。正式登记参与论坛的社会团体超过500个。制宪会议充分咨询这些团体和市民的意见,通过讨论、交流的方式制定宪法,这对欧盟各种议题的解决方式来说是一种新的尝试,对协商式民主是一种推动。

欧盟宪法与欧洲认同意识

从欧盟宪法本身来讲,这是一个具有巨大的开创意义的政治文件,它对于"欧洲认同意识"的产生具有巨大的政治诱导作用。欧洲作为一个政治共同体,不能只以欧元的形式渗透到民众的意识中。各国政府在马斯特里赫特签署的协定,缺少只有一个政治开创行为才具有的象征凝聚力。这一"政治开创行为"就是制定一部欧洲宪法。欧洲宪法不仅具有法律层面的作用,还能发挥一种象征意义上的效果,它能够使欧洲联盟深入欧洲人民之心,并构成欧洲民主认同感的核心。同时,宪法规定了欧盟公民的基本权利,将原来一直存在各种争议的"基本权利宪章"全部纳入其中作

为第二部分,这就赋予了宪章以法律约束力,也赋予了欧洲公民身份以实质性内容。宪法对欧洲政党体系的发展做出了规定:"欧洲层级的政治性党派有助于形成欧洲的政治意识,有助于表达联盟公民的意愿。"宪法还规定了参与式民主的原则:"联盟各机构应通过适当手段,给予公民和代表性社团在联盟的一切活动领域中表达和公开他们的看法的机会","联盟各机构应与代表团体和市民社会保持一种开放、透明和定期的对话"。这些原则对公民、政党和社会团体在欧洲公共领域的平等对话和交流提供了宪法保障。同时,这也对欧盟机构在公共领域担负的责任提出了要求。欧洲范围的公共争论同决策过程多大程度上发生在欧洲层面密切相关,一旦一个议题被列入到欧盟议程,那么这一议题将会以明显的跨国家的"欧洲方式"被讨论。

三、结 论

超越各欧洲民族国家的公共领域是欧盟政治活动的公民社会基础,没有这一领域和欧洲公民身份特征,长期困扰欧盟的"民主赤字"问题就无法从根本上得到解决。后民族的政治公共领域包含着一种启蒙的人文主义思想,从欧洲公民身份特征的角度来看,这种欧洲范围的政治运动具有"思想启蒙"的意义。因为他将人们的目光和政治热情从原有的民族国家层面聚集到了欧洲层面。欧洲政治对公民的日常生活影响越来越深,公民对欧洲治理的支持就变得越重要,因而积极公民就会试图对欧洲治理发挥主导影响,这样一体化速度的减慢就不应被视为是一种倒退行为。法、荷对欧宪的否决并不意味着欧盟制宪问题就此终结,制宪所包含的其他广泛议题还在并将继续被讨论,而这种公共领域的讨论随时都有可能影响欧盟实际的政策过程。例如,经过两年的反思,2007 年 6 月,在欧盟轮值主席国德国的推动下,新的欧盟条约草案得到通过,新草案将于 2009 年 9 月之前生效,欧盟终于走出了制宪危机。这也可以看作是一种欧盟政治文化的形成,即在各成员国利益妥协和不断反思基础上的一体化进程。

第五节

欧盟新成员国关系特征与利益组合模式

杨　烨[*]

2004年5月1日,波兰、匈牙利、捷克、斯洛伐克、斯洛文尼亚、塞浦路斯、马耳他、爱沙尼亚、拉脱维亚和立陶宛10国从这一天起成为欧盟正式成员,欧盟成员国增至25个。可以说,不论新成员国还是欧盟,都从本次东扩中获得了不容忽略的现实经济利益和潜在发展契机。本次东扩实现以来,整个欧盟机器的运转十分顺畅,并没有出现预想中的卡壳。但是,入盟后新成员国感受到的权利上的区别待遇削弱了其经济狂飙带来的成就感,欧洲也出现了被某些报刊称之为"扩大疲乏症"的现象,扩大后的欧盟,无论新成员国还是老成员,对推进欧盟一体化的热情不仅没有增强反而有所减弱。而且,随着时间的推移,新成员国的失望与不满情绪日益增长,而老成员国面对《欧盟宪法条约》先后在法国和荷兰遭挫也表现出忧虑重重。

拥有25个成员国的欧盟将怎样重新构建其成员国之间的关系? 本次东扩后欧盟新老成员国之间存在哪些尖锐的利益冲突? 新老成员国之间将出现怎样的利益组合模式? 本节尝试就上述问题作出解答。

一、欧盟东扩后新老成员国关系的建构过程

东扩之后,拥有25个成员国的欧盟首要的任务之一是重新建构成员国之间的关系框架。这一建构过程表现为两个方面:其一,从地缘政治和

＊　华东师范大学公共管理学院博士、教授,上海市东欧中亚学会副会长。

经济一体化两个渠道逐步消化欧盟东扩的战略成果;其二,从法律上完成新成员国的"完全身份"的过程。

从政治和经济上消化欧盟东扩的成果

东扩将巩固欧盟的政治战略成果。二次大战结束之初,欧共体的奠基者所要解决的是如何防止德国和意大利的法西斯主义东山再起的问题,以保证欧洲的社会稳定和繁荣,以及抵御来自东方的苏联的扩张。东欧剧变解除了来自苏联的威胁,但也带来了新的安全隐患。苏联解体后,欧洲东部民族矛盾激化、地区冲突频繁、边界争端迭起,由此引发的非法移民、跨国犯罪、恐怖主义等问题,直接影响着西部欧洲的生活方式。欧洲的决策者们认为,应把自己维护安全与稳定的机制运用于可能产生动荡的近邻,防止不稳定因素威胁欧盟生活方式。于是,他们提出"输出稳定",把西欧的安全稳定模式的边界向东推进。

其次是西欧民主与人权价值观的扩大,也是西方价值共同体的扩大。欧盟扩大的精神支柱是价值认同,价值力量的扩大是没有边界限制的,它可以超过欧盟的边界渗入到其他国际事务中去。中东欧国家对欧盟的价值认同使欧盟会更加有信心将自己的价值力量运用于其他国际事务,更频繁地就民主、人权、社会公正、宗教自由等问题发表自己的看法。此外,欧盟扩大不仅仅是产品和观念,还有欧洲的生活方式。

对经济上"消化"东扩成果的不同理解。欧盟实现本次扩大,可以说在政治和战略上的目的已经达到,但剩下的更为艰巨的任务是如何从经济上"消化"东扩成果的问题:新老成员国之间的经济融合。中东欧国家入盟,可以分享西欧的繁荣,这种分享不仅表现在数字上,更表现为对西欧经济模式的分享。也就是说,随着欧盟一同扩大的不仅是地域和市场,同时也是欧洲经济共同体实行的人员、商品、资本和劳务自由流通这"四大自由"原则应用范围的扩大,特别是与"四大自由"相关联的法律、机制和政策的应用范围的扩大。欧盟设立的对外标准也扩大到了中东欧国家。

从经济上消化本次东扩的首要任务是缩小新老成员经济和社会方面

的巨大差距,解决大欧洲内部贫富差距问题十分严峻和紧迫。新老成员国对此态度不一,老成员国认为,解决贫富差距问题的主要路径是扩大新老成员之间的贸易,加大发达地区向东部的资金和技术转移。然而,新成员国的心情更为急迫。一位捷克学者的观点颇具代表性:经济融合最终要体现在新老成员国收入和生活水平的趋同。

从法律上完成新成员国的"完全身份"

从法律上完成10个新成员国的"完全身份",意味着"哥本哈根标准"的验收过程和推动25个成员国顺利批准已签署的欧盟宪法。

从法律上"消化"东扩成果的第一个主要路径是推动新成员国具体实现"哥本哈根标准"的过程。"哥本哈根标准"包含所谓的政治标准、经济标准和法律标准,是新成员国入盟的基本标准。就法律标准而言,欧盟要求新成员国接受欧盟的全部立法。欧盟现有的立法有八万页之多,其中很多是经济立法。为了帮助新成员国达到这些标准,欧盟提供了大量的财政援助,同时也制定了严格的验收标准。

从法律上"消化"东扩成果的第二个主要路径是继西欧成员国之后在新成员国推动批准已签署的欧盟宪法的法律程序。欧盟宪法的起草和签署历经周折,但要得到所有成员国全民公决或议会批准面临的困难更大。2005年欧盟宪法在法国与荷兰先后遭挫,预示着欧盟宪法问世的过程比想象中更为曲折和艰难。但是,《欧盟宪法条约》的通过在西班牙和立陶宛又是另外一番景象。据西班牙首相府发布的消息,立陶宛总统阿达姆库斯在2005年6月7日对西班牙进行国事访问的时候表示,欧盟成员国一定要将《欧盟宪法条约》批准程序进行到底。立陶宛和西班牙两国领导人分析了法国和荷兰在全民公决中否决《欧盟宪法条约》的原因以及欧洲一体化进程的前景,并表示西班牙是欧盟成员国中第一个以全民公决方式通过《欧盟宪法条约》的国家,而立陶宛则是第一个以议会投票方式通过该条约的国家。双方一致认为,欧盟成员国应该将批准《欧盟宪法条约》的工作继续进行下去,所有欧盟成员国的权利都应该受到尊重,两国将团结起来,共同为批准《欧盟宪法条约》而继续努力。

二、东扩后形成的新老成员国关系的主要特征

2004 年实现的第五次欧盟东扩,与历史上的四次扩大有根本性的区别。前四次扩大都是在西方的经济和政治体制之内进行的,而当前的东扩,除塞浦路斯、马耳他和土耳其之外,皆为从社会主义计划体制向市场经济转型国家。本次东扩新成员国数目之多,也是史无前例的。可见,正在实现的第五次扩大是欧盟历史上规模最大、难度也最大的一次扩大。概括起来,本次东扩后欧盟新老成员国的关系具有以下几个新特征:

新成员国数量远远超过历史上任何一次东扩

欧盟历史上几次扩大每次最多 2 个或 3 个成员国,而本次东扩的对象国多达 10 个国家。迄今,欧洲共同体和欧盟已经先后经历了五次扩大:1973 年,英国、丹麦和爱尔兰加盟;1981 年 1 月 1 日,希腊成为欧共体第 10 个成员;1986 年 1 月 1 日,葡萄牙和西班牙加盟,欧共体成员国增至 12 个;1995 年 12 月 11 日,奥地利、瑞典和芬兰加盟,使 1993 年 11 月 1 日生效的《欧洲联盟条约》形成的欧洲联盟扩展至 15 国。

成员国中大国和小国经济实力悬殊,界限泾渭分明

由于新加入的新成员国小国经济实力与老成员国中的大国差异悬殊,所以,在欧盟的历史上成员国中大小国的界限从来没有像现在这样泾渭分明。老成员国平均人均国民生产总值已达到 2 万多欧元。根据欧盟统计,10 个新成员国目前的人均 GDP 仅有 1.07 万欧元,是欧盟老成员国平均值的 46%。即使是 10 个新成员国中最富有的斯洛文尼亚,也仅占这一平均值的 74%。成员国中大国和小国的明显差异,突出表现在经济发展水平和经济实力的巨大差异。

大国和小国重新排队,出现新的力量对比态势

扩大为 25 国的欧盟,其成员国可分为大国与小国两类。大国依次为

德国、法国、英国、意大利、西班牙和波兰。6 个大国占欧盟人口总数的 74%，其余 19 个成员国占欧盟人口总数 26%。其中，人口 800 万以下的小国有 11 个，仅占总人数的 7%。在大国与小国的力量对比关系上，在人口总量上大国占优势，而在国家数量上小国占优势。这意味着，大国与小国的关系发生了重大变化。欧盟的以往几次东扩是老成员国作为一个整体消化新成员国，新成员国力量悬殊，基本上处于被动地被消化和同化状态。本次东扩，新增的 10 个成员国有 9 个小国，使欧盟内部大小国比例进一步失衡。

欧盟的核心国家层出现模糊化和非固定化趋势

　　妥善处理欧盟原核心成员国与新成员国的关系，是东扩后的欧盟面临的另一个重大课题。小国担心受到大国的限制甚至压制，大国则认为小国多了容易建立利益集团，分庭抗礼。一些悲观主义者甚至认为，扩大后欧盟将被一群小国"稀释"，缺乏凝聚力，欧洲建设难以迈开新的步伐。虽然"法德轴心"仍将发挥重要作用，但核心大国的作用不可避免受到削弱。围绕着欧盟今后的发展模式问题，欧盟内部形成了争论。在会不会出现"多速欧洲"的顾虑之上，又提出了"双层欧盟"、"菜单式欧盟"等一些新的概念。可以预料，由于利益诉求的多元化，不同利益层面将会出现相关国家的非长期性和非固定的组合，从而打破原来的以法德为核心的框架式的长期而相对稳定的合作。

三、东扩后新老成员国的矛盾与利益组合模式

　　本次东扩实现以后，新老成员国之间出现了利益多元化的趋势。而在新老成员国的矛盾冲突和利益磨合中，将有可能形成成员国之间新的利益冲突模式。

当前新老成员国关系中的几个突出问题

　　如何尽快弥合新老成员国之间巨大经济差异的问题。新加入的 10

个新成员国人口占原来欧盟 15 国人口的 28%,而其 GDP 总额只占到后者的 5%—7%,人均 GDP 也只有欧盟平均值的 32%。原先欧盟 15 国之间的经济实力差距是 1:10,扩大后欧盟贫困人口的比例大幅上升,内部的经济差距将达 1:30。新入盟的国家只有塞浦路斯的人均收入达到原 15 国的平均水平,其他国家要全部达到这个水平预计需要 30 年。立陶宛退休人员的月平均收入为 100 欧元,在匈牙利这个数字为 130 欧元。爱沙尼亚人的月平均工资刚过 300 欧元,而在斯洛伐克仅为 225 欧元。波兰的月最低工资为 170 欧元,在立陶宛为 130 欧元。法国经济数据研究所的一项研究表明,在法国,每月净收入低于 579 欧元的个人将生活在贫困线以下。目前,这 10 国里只有斯洛文尼亚、马耳他和塞浦路斯是例外。斯洛文尼亚和马耳他的人均收入水平与葡萄牙和希腊持平,塞浦路斯的情况甚至还好于这两个现有欧盟成员国中最不富裕的国家。因此,尽快弥合新老成员国之间巨大的经济差异任重道远。

关于成员国之间的关系是否平等的问题。东扩后欧盟成员国关系中一个最为敏感的问题是,新老成员国之间的关系是否平等。入盟后"完全身份"的兑现时间表体现了对新成员国的非平等待遇:至少在未来 2 年内,他们将被排斥在申根协议区之外,无法享受免护照旅游;未来 6 年内他们将被拒绝在大多数欧盟国家自由选择工作,只有英国、爱尔兰和瑞典敞开了劳动力市场的大门;未来 3 至 7 年,甚至更长的一段时间内,他们还将被挡在欧元区之外;而它们从欧盟基金获得的直接农业补贴只有老成员国 1/4 左右。另外,欧盟对于受援助国在市场准入程度、劳动力水平、社会保障程度等方面都有长长的附加要求。

新老成员国经济融合过程中的交互影响及其后果。一方面,老成员国担心本次东扩可能给它们带来具有负面影响的冲击。首先,新成员的低税收窃取了老成员的经济增长动力。与大多数老成员"大政府、高税收"的增长模式不同,新成员的税率相对较低,立陶宛的税负 GDP 占比仅为 28.7%,比法国低 17 个百分点,而斯洛伐克 19% 的低税率也是全欧盟嫉妒的焦点。但是这种低税收某种程度上是"财政倾销",新成员以此吸引资源流入,并利用来源于法德等国的欧盟资金获得财政平衡,这种损人利己的做法显然不能让老成员国认同。其次,欧盟新成员的低工资给老成员带来了极大冲击。劳动力成本的相对廉价不可避免地造成了生产能力向新成员的转移,这给老成员的经济复苏带来了不利影响;同时,老成员的高工资也吸引了新成员劳动力的大量涌入,这不仅增加了老成员本国的就业压力,还给老成员的社会稳定和安全带来了潜在威胁。于是,欧盟扩张在向周边国家输出了稳定和增长的同时,也输入了摩擦和动荡,这种潜在困境的存在使得扩张这种欧盟发展历史上最流行、最成功的体制改革手段逐渐变成了"食之无味、弃之可惜"的"鸡肋"。

另一方面,和老成员国一样,新成员国同样也心存疑虑。新成员国最担心是的入盟后物价上涨。由于入盟后多种商品要实行与欧盟统一的税率,部分商品价格的上涨是不可避免的。另外,民众还普遍担心欧盟给予新成员国的承诺无法兑现。波兰民众对欧盟的信任率从去年的将近50%跌至而今的不足30%,欧洲怀疑论的声音越来越强。

成员国之间可能形成新的利益组合模式

若对东扩后欧盟新老成员国多次发生利益冲突的一些实例作分析,可以得出以下判断:欧盟内部的利益多元化现象将更趋明显化,有可能形成超越新老成员国的利益组合的不同模式。

模式之一:老成员国以法、德、荷为首,而英国、波兰与其他新成员国组成与法、德、荷等对峙的相对稳定的利益组合。

做出这种判断的主要依据是:老成员国英国与波兰、捷克、匈牙利等中东欧新成员国在诸多方面具有共同的或相近的利益。首先,作为后加入的成员国,英国与中东欧新成员国在欧盟内的地位相近,即都处在申根协议和欧元区之外。虽然导致这种状况的原因不尽相同,而且英国与中东欧新成员国在一些重要利益问题上的立场也并不完全一致,但是,由于它们在欧盟内部所处地位极其相似,因而有可能具有相近的利益。其次,英国和中东欧成员国都与美国维持较好的关系,正是从这个意义上可以说,新成员国将为与美国有着特殊关系的英国扩大在欧洲大陆的影响提供"新的推动力"。再次,它们与欧盟整体的关系也比较相似。新成员国

为维护本国利益容易同欧盟整体利益发生冲突,从而倾向于同在欧盟内惯于和法德唱反调的英国结成利益联盟。最后,英国在移民政策上与新成员国没有明显的冲突。英国对入盟后移民问题的立场和政策与法、德、荷等老成员国中的主要大国不同,英国在东扩后反而放开国门吸收东欧移民,从而赢得中东欧新成员国的好感。在利益和立场方面的这些相似之处,让英国与中东欧新成员国有了更多的共同利益,有可能促使法、德、荷为首的老成员国和有英国、波兰与其他新成员国组成的相对稳定的利益冲突模式的形成。

模式之二:在新老成员国的利益冲突过程中也有可能形成一种超越新老成员国的不固定的利益组合。

以新成员国中人口和领土面积最大,同时具有大国传统的波兰在欧盟东扩前后的外交表现中,有理由得出上述这种判断。波兰在东扩前后的突出的外交表现已经形成了一种特殊的"波兰现象":在入盟谈判中要价高且从不肯轻易让步,并且经常就欧盟一些重大问题出来"搅局"和公开唱反调。同时,波兰不仅不愿意做"二等公民",甚至要争取做欧盟中的大国。2002年6月,波兰不接受德国总理施罗德提出延期讨论欧盟农业补贴政策的建议,认为这一建议剥夺了波兰农民同欧盟农民一样获得直接补贴的权利,使波兰成为欧盟的二等成员国。2003年12月,波兰和瑞典一起反对实行与北约相互竞争的军事行动。波兰还认为欧盟没有必要设立外交部长一职,只设外交代表即可。2002年12月在财政补贴方案上,波兰与马耳他一起反对丹麦方案。波兰多次拒绝设立欧盟边防部队管理波兰边界的提议,认为这涉及国家主权。不仅如此,波兰还提出管理边界的费用应该由各成员国分摊,而不应该由波兰自己来承担。2003年12月在欧盟制宪会议上,波兰联合西班牙一起出来"搅局",导致欧盟宪法草案中的"双重多数"表决机制暂时搁浅。波兰和西班牙两国坚持2000年《尼斯条约》赋予它们的投票表决权,波兰甚至表达了"要么尼斯,要么死亡"的决心。

依据东扩后新老成员国之间的矛盾冲突十分尖锐的现实,似乎可以推测,东扩后在欧盟内部"波兰现象"有可能成为波兰政府的一种持久性的外交现象,并且有可能在中东欧新成员国中被逐步扩大。然而,"回归欧洲"依然是中东欧国家历史发展进程的一个终极目标。东扩后随着欧盟新老成员国在经济政治方面的相互影响和不断融合,有更为充分的理由可以做出另一种截然不同的推论:欧洲一体化进程给每一个成员国带来的实际收益将会在一定程度和范围内弥合和抵消新老成员国之间的利益冲突。

第六节

欧盟的规范性力量

宋黎磊*

近年来,随着欧洲一体化的发展与欧盟的持续扩大,欧盟的活动空间和影响力都在不断上升。欧盟作为国际行为体的身份认同日益成为研讨欧盟政治的核心问题,欧盟内部或国际社会对于欧盟的角色及功能也都有着更多期待。欧盟作为一种规范性力量概念的界定,是将欧盟的对外身份定义于观念和价值观维度。本节试图对这一问题学界的最新看法进行评述,阐明欧盟作为一种规范性力量所具有的内涵,以探究欧盟所树立的规范性标准和从价值共同体的角度来考量的意义,进而指出欧盟作为规范性力量所面临的现实困境与挑战。

一、欧盟特性研究:规范性的考量

学者们一直高度关注对欧洲一体化的历史进程和理论思辨的探讨,关于欧洲整合的历史进程和理论思辨的文章可谓汗牛充栋。自 1958 年成立欧洲经济共同体以来,欧盟经过每一阶段成员国的扩大、签订新条约、扩增超国家权限,逐渐具有越来越强的行为能力。如今,无论在经济领域还是政治安全等领域,欧盟都被认为是一个重要的国际行为体。鉴于此,人们对欧盟的讨论也由欧盟是否是一个国际行为体转移到欧盟是一个怎样的国际行为体上来。在这些对欧盟作为一个国际行为体的角色和性质的讨论中,一些学者逐渐注意到欧盟在几十年一体化过程中

---

* 复旦大学国际关系与公共事务学院国际关系专业 2006 级博士研究生。

建立起的独特原则与价值,这些被视为欧盟国际影响力最重要的来源和特征。

关于欧盟作为一种规范性力量的思考在国际关系研究领域内发端很早,学者卡尔在1962年就对于经济力量、军事力量和观念性力量进行了对比。1973年,当时担任伦敦国际战略研究所所长的迪歇纳(François Duchêne)同样对欧共体的政治特性和吸引力表示了关注。而规范性力量的含义也可以在1973年加尔东(Johan Galtung)对民事力量观念进行批判的文章中找到,他认为"意识形态的力量就是观念的力量",意识形态力量是有效力的,因为力量发起者的想法通过文化的媒介渗入和塑造了力量接收者的意志。他区分了力量的渠道(意识形态的力量,有报偿的力量、惩罚性力量)和力量的来源(资源性的力量和结构性的力量)。在这一欧盟的规范性维度的讨论中,罗斯克兰斯(Richard Rosecrance)指出欧盟的成就更多是规范的而不是经验的,这个曾经通过帝国主义的武力而统治世界的大陆正在从规范上确立世界标准。

顺着这一思路,2002年,学者安·曼那斯(Ian Manners)明确阐述了欧盟作为一种"规范性力量"的概念,并且概括了欧盟五项核心规范和四项次要规范。五项核心规范是和平、自由、民主、法治和人权,四项次要规范是社会团结、反歧视、可持续发展和善治。这一观点主要依据欧盟现有的条约和政策,比如欧盟条约序言、欧共体发展合作政策和欧盟共同外交与安全政策的有关条约条款以及1993年哥本哈根首脑会议制定的入盟标准等。

但是这一对欧盟特性的认知,也引来学界不少异议。有学者认为用规范性力量来定义欧盟不可行,欧盟国际角色的变化可以通过结构性现实主义来理解,欧盟的行为是一种共同性霸权,欧盟仍然是通过传统的软硬力量来塑造其外部环境。更有学者质疑现有的立论缺乏评估标准来界定或论证欧盟作为一个规范性力量的合法性。海伦·苏珊(Helene Sjursen)向持这一主张的学者提出以下三个问题:辨别规范性力量的标准是什么?对欧盟作为规范性力量这样一个被认定的概念,我们如何进行理论性的说明?欧盟作为规范性力量是否符合系统性的经验事实?她认为只

有通过对这三个问题回答才可以进一步明晰"规范性力量"的含义,并可以进一步认清欧盟对外政策以及欧盟自身的性质。

弗得瑞科·比卡西(Federica Bicchi)对这一质询进行了回应,他提出了确定规范性力量的两大标准——包含性和回馈性。包含性是指决策者在其外交政策决策中给予其政策对象一定的发挥作用的空间;回馈性是指制度的回馈性,即外交政策决策者能够批判性地分析政策在目标区域产生的效果,并适时调整政策以使政策更适合政策对象。在比卡西看来,只有符合这两大标准的通过"扩展规范"施加自身影响的行为体,才能称得上规范性力量。当然,在规范性力量基础上进行的理论构建还是很不完善的,包含性标准事实上是在考量欧盟推进的规范是不是普适的和合法的,主张要考虑到政策对象的利益与观点。而回馈性标准事实上是一种作为一种规范推进的过程,指标是在考量规范性力量的适应性问题,其对规范性力量的界定过于狭窄。另外,"对欧盟作为规范性力量这样一个被认定的概念,我们如何进行理论性的说明?"现在的研究成果对这一问题的回答还是很不系统的。

笔者认为,规范性力量意味着运用规则、价值观及观念来规范世界政治和经济。规范性力量是欧盟试图确定其在全球事务中身份标识的可能性目标。规范性力量具有三个特征:从所依赖的资源来看,规范性力量主要借助观念、规范等非物质性因素发挥影响;从运用的方式来看,规范性力量主要是通过"吸引"其他行为体遵守自己确立的规范的方式来实现其在目标的;从运用的目的上讲,规范性力量不是基于行为体的自我利益至上原则,而具有较多利他主义的因素。"欧盟的行为是在向存在冲突的地区扩展一种符合人权、民主、法治、善治以及社会经济发展的理念,来作为这些地区摆脱贫困、暴力和冲突的途径"。[①] 换言之,对主权的汇聚、对欧洲议会的超国家性、对民主前提的要求、对人权的维护,所有这些都不是单纯的利益考量,它们构成了一个整体的规范

---

① Michelle Pace. *The Construction of EU Normative Power*. Journal of Common Market Studies. 2007.(45).(5). 1041 - 1064.

体系。欧盟所追求的不同的政策,都是在国际关系的范畴内重新定义什么是规范的组成部分。

这一对国际规范的重新定义,可以追溯到历史上欧洲对现代国际规范演变的贡献。现代国际规范体系经历了从基督教国际社会规范到欧洲国际社会规范的演变。正是欧洲的贡献形成了我们当代国际法最重要的基本原则,主权国家成为国际权利和义务的唯一载体。这就是我们现在的国际规范当中最初的本质。而主权和领土完整规则,当代主权观念和其他一些基本原则,也在我们所称的欧洲国际社会时代得以完全确立。现今,欧盟依然在国际规范的某些方面作出重大贡献。欧盟多边安全体系规范是人类历史上第一次在欧洲范围内成功超越国际无政府、超越安全的重要尝试,而且其中某些内容已经接近国际法。欧盟推行的人权法规对战后逐渐发展中的人权国际规范,也作出了很大的贡献。同时在环境保护方面,欧盟环境保护标准对国际规范的发展也有重要意义。总之,欧盟自身不仅仅是在一系列规范性标准之上构建起来的,也是在国际政治中遵循这些规范性标准来行动的。

二、欧盟的规范性原则与传播机制

曼那斯(Ian Manners)认为能确立国际政治中什么是规范,以及是否符合规范的能力才是一种最强大的力量的体现。欧盟正是在按照自己的意向重新设定国际规范并且在传播这些规范的过程中增加欧盟自身的影响。而欧盟力量的规范性价值就在于它提倡原则的普适性特征。在他看来,在过去的五十余年里,欧盟创造了一系列兼具独特性和普适性的价值与原则。

可持续性和平

欧盟的可持续性和平的观念包括通过广泛的发展援助政策和自下而上对冲突区域的发展项目的支持,来应对冲突的结构性原因譬如健康、教育和基础建设等这些导致不公平性的根源。欧盟积极参与地区冲突的预

防与维和行动,强调要遏制冲突的根源,并且对照欧洲的经验,确保战争"不仅仅不可想象并从物质条件上没有可能"。欧盟政策强调发展援助、贸易、地区间的合作、政治对话,并且扩展作为冲突预防的整体措施。同时,由于强调依据联合国宪章的原则、维和、冲突预防和加强国际安全的重要性,欧盟日益增长的民事和军事行动能力也具有可持续和平的使命。欧盟的这种和平发展政策与干涉主义军事能力之间的妥协性通过长时期的参与联合国维和行动变得更加复杂与精微,将参与联合国维和视为其国际主义责任中不可或缺的部分,并且因为认识到冲突的深层次结构性原因与暴力的现象,而致力于在广泛的援助性项目的同时,保持相对较高水平的军事准备。

社会性的自由

社会性的自由含义将自由的力量限定于社会合法性的维度内,并且与其他重要的力量,如民主、法制和人权并行,防止由于确保其他力量的实现而导致个人无限度的自由,如反社会的行为、煽动性演讲等。因为自由是柄双刃剑,无条件地肯定个人自由,必然使一切妨害个人自由的事或人成为敌对方。而且过度追求自由有时甚至会出现极端个人主义和对他人的漠视。

共识性民主

这是促进政治生活的一种特别的形式、制度和哲学。这一原则运用于绝大多数的欧盟成员国,并且涉及选举体系内代表的比例、欧盟决策机构、和政党内的力量分配。欧盟已经逐渐将这种一致性民主传播到中东欧地区。

相互联系的人权

这包括个人的人权和共同的人权,强调的是二者之间的相互依存关系,比如个人表达的自由与集会自由。

超国家的法制

首先是促进在欧盟层级上的力量的集中,同时,欧盟也鼓励其成员国在参与国际法方面超越欧盟这一层级,最后是敦促欧盟及其成员国在有关人道主义法律制定方面的积极参与。

平等性的公平

这一原则针对性别、种族、宗教信仰、残障、年龄、性取向的歧视行为作斗争,是开放性的,没有任何群体应该受到歧视。

社会团结

社会团结原则旨在促进欧盟内的社会经济、社会合作和社会公平,并且积极与第三世界发展关系,强调经济发展的公平、社会市场经济、降低失业率、杜绝社会排斥现象、促进社会公平与保护,以及成员国之间的团结的重要性。这一原则超越了欧盟内部关系并塑造了欧盟发展和贸易政策,并且在1973年的哥本哈根宣言中得到了确认。在具体实践中,经济方面主要包括政府干预和支出,不是简单的政策性调节,而是为了解决由于地区性差异和经济的结构性调整所引起的经济不平衡。

可持续发展

可持续发展是要在不可抑制的经济发展和生态危机之间找寻平衡点。欧盟承诺"发展必须在满足当代人需求的同时,也不能危机到后代人的需要",欧盟的环境观念是承诺可持续发展和全社会共同构建的环境观念。欧洲的能源利用是全球较为有效的,欧盟坚持减少对生态的影响和二氧化碳的排放,因为这对于在一个人口密集的欧洲实现可持续性发展的生活模式是不可或缺的。这一原则强调了区域内平衡和区域一体化这一双重问题。可持续发展已被充分纳入欧盟的政策和行为中,欧盟寻求通过扩大政策、对外贸易、环境、外交政策来促使可持续发展的原则能在超越欧盟之外的更大范围内得以推广和实践。

善治

欧盟希望提供一个公开、可参与和民主的政府,而不是等级化的、排外的和中央集权制的政府。这一价值主要强调在欧盟民主生活内的公平性、代表性、社会的合作、透明度以及责任感。善治原则包括参与市民社会和加强多边合作两个不同部分。前欧盟委员会主席普罗迪在任期间,极为重视善治这一理念的推广,在通过参与市民社会建设来促进公开性与透明度的同时,推动民主化的参与。

以上九项价值和原则是约束欧盟自身行为和处理与外部关系的基础和准则,具有一定的逻辑顺序与相互关系。欧盟这种责任感和历史感在现代政治外交活动中合乎逻辑的发展,有利于欧洲传统的人文精神与价值理想的传承。可持续性和平是欧盟最核心和最根本的价值理念,是基于欧盟创建永久和平的梦想的历史感,社会性自由和一致性民主是欧盟区域责任感的体现,相互联系的人权、包含性公平、社会团结与可持续发展是可持续和平的基础,超国家的法制与善治则是其他价值得以实现的前提与保障。

米歇尔·佩斯(Michelle Pace)对欧盟规范性价值理念的传播进行了理论上的探索。他认为,欧盟通过"明示或隐含的奖惩"来发挥影响力。这些行动包括根据邻国或伙伴与欧盟的关联程度签订联系协定(政治奖赏),对遵守欧盟规范的国际承认(象征性奖赏),提供财政援助、市场准入、技术援助(物质奖赏),欧盟对其伙伴身份变化的公开赞扬(社会性奖赏)。另外,欧盟的主要机构都是欧盟作为规范性力量的建构者和欧盟独特价值与原则的传播者。欧洲理事会和欧盟理事会是提供政治动力、进行领导和指导的关键性角色。比如,理事会决定外交政策领域的原则和准则。欧盟共同外交与安全政策高级代表发挥了协调联盟内部基于不同价值、目标和偏好出现的不同战略的作用。欧盟共同外交与安全政策代表还得到欧盟针对具体外交与安全问题设立的"专门代表"的支持。成员国代表办公室通过游说欧盟机构也发挥了间接作用,单个的成员国通过单独与政策对象国的对话也在欧盟规范性力量建构中发挥了补充作用。而欧盟委员会对欧盟规范性原则传播有着特殊的作用。欧盟委员会代表通过具体方案的实施和援助项目的执行来具体实践共同政策。比如在"地中海发展援助项目"中,欧盟委员会通过这一项目把各方聚集在一起进行合作,通过这种方式发挥欧盟的规范性力量。欧洲议会通过议员的积极行动也在欧盟规范性权力的传播中发挥了一定作用,例如某些欧洲议员一直为促进中东冲突各方对话而作出积极努力。

三、欧盟作为规范性力量的现实困境

欧盟作为一个规范性力量的定义,突出了欧盟政体多层属性的影响与实践的层次性。首先,在范围广泛的欧洲一体化进程中,欧盟的规则深刻地影响着成员国国内的政治和社会行为体、政治制度以及政治进程。欧盟内部成员国之间的关系以这些独特的价值和原则来约束。其次,在欧盟东扩的背景下,欧盟对邻国要以一种"规范性方式"来提升地区主义,强调共同的利益。继而通过地区主义来提升一种地区性的意识与合作,以及国家间的安排与组织。再次,非欧盟成员国即目标国家按照"民主条件性"的要求,在其国内制度化民主和人权规则的可能性前提下,促进民主的有效性。这在很大程度上取决于各国对实行欧盟规则的"成本—利益"的核算。"最终入盟"的回报促使了中东欧国家,尤其是那些民主形势不稳定的中东欧国家开始了民主改革的道路。最后,欧盟将自己的行为标准扩展到国际体系中,按照自己的标准重新定义国际规范。

虽然"欧盟规范力量"的提出在一定程度上丰富了人们对欧盟国际行为体角色的认识,但是这一主张在实践中面临着诸多困境。欧盟作为规范性力量存在着力量不平衡、欧盟主张与客观现实的差距,以及欧盟自身结构局限等限制性因素。首先,所谓力量不平衡是指冲突各方、欧盟与冲突方之间存在的力量不平衡问题。冲突方内部以及欧盟等外部行为体之间实力的差距形成的不平衡力量格局,经常会阻止通过欧盟规范性力量发挥危机管理的功能。其次,欧盟所倡导的各种规范在很多情况下并不符合其实施对象的客观实际,这些反映了欧盟政治精英的规范和欧盟处理国际问题地区存在着"鸿沟",使欧盟的主张不易被其实施对象方接受。

再次,欧盟的多层治理结构事实上也不利于规范性力量的建构。欧盟内部的各种机构对同一问题存在不同的理解并坚持不同的立场与政策也有损于欧盟规范性力量的建设。

此外,这一理论还是存在浓重的理想主义色彩,事实上欧盟作为国际行为体对外施加影响时是有诸多自身利益考虑的,这自然会导致"欧盟规范力量"的角色认定与经验事实相脱离的问题。欧盟要把自己单独制定或主导制定的各种规则、标准、规范推广至全世界,主要依靠自己的实力,特别是非物质因素。欧盟虽然自信十足,坚持自己的原则并且致力于全球扩展,但是,欧盟的影响力还是有限度的,欧盟也要适应这个世界的一些潜在和现实的威胁,这迫使它推行一些务实性的政策。譬如欧盟的睦邻政策是否符合欧盟所树立的规范性标准,就是一个问题。作为欧盟这一政策的对象国,在非欧洲人眼中,欧盟所自诩的规范性价值,是否会被视为一种强加于周边国家的软性帝国主义呢? 这也值得从相对的角度来思考。但要承认,当今世界上,欧洲国家(特别是欧盟老成员国)的国家形象与国民形象总体上是良好的。欧盟作为当今世界经济与国际政治中起重要作用的一股稳定力量、平衡力量和榜样力量,得到了国际社会的广泛认同。

不仅作为力量主体的欧盟在实践规范性力量的过程中面临诸多困境,欧盟军事化的发展对欧盟规范性角色也是一种挑战。从 1991 年《欧洲联盟条约》签订到 1993 年条约生效,欧盟着手制定共同外交与安全政策开始,欧盟所承担的国际角色发展出一种之前所不具备的防御性武装的维度。曼那斯本人也认识到欧盟安全战略出台和欧洲军工合作的加强导致的欧盟军事化对"欧盟规范性力量"身份的挑战,虽然他认为"欧盟的军事化并不必然导致欧盟规范性力量的削弱",但是他也看到在"由于欧盟取得了更多的军事能力,使得它倾向于运用短期的军事能力取代传统上对长期的结构性冲突预防和转换的依赖;在维和行动中军事人员的运用总是容易导致维持和平任务滑向缔造和平的使命;正如在阿富汗和伊拉克所做的那样,欧盟可能正寻求综合运用军事、政治、民事等多个手段"等因素的影响下,欧盟的规范性力量确实受到威胁,甚至被削弱。欧盟目前仍然处于一种转型期,对军事能力的需要,或者欧盟对这种能力不切实际的信心,反而背离了欧盟作为一个规范性力量的初衷,使欧盟政策回归传统的"强权政治"。

四、结　　论

欧盟几十年一体化过程中所构建的独特原则和价值,使欧盟的发展模式成为一个更具有吸引力的规范性样板,在世界事务中发挥着影响力。所有这些行动和发展都促进了学者们对欧盟研究思维的更新,而学者们的观点与讨论,也同样促动和塑造了欧盟的身份建构。卡尔等学者在 20世纪 70 年代就曾提出,欧洲经济共同体是否为一个价值共同体的先驱观点。而欧盟从最初的欧共体经济一体化实体,逐渐走向政治一体化,在此基础上又发展出涵盖共同外交与安全政策等三根支柱性结构,继而吸纳新成员国,与非欧洲国家建立各种联系和合作制度,并在国际问题上引入共同的责任感和国际协议政治的结构,来输出欧盟自己的价值观念和原则。执行广泛的对外援助,并以明确的人权指标作为实施的前提,显示欧盟对于相关价值规范的坚持与执著,更支持了对认定欧盟作为"规范性力量"的特质的判定。

虽然有学者认为目前欧盟军事实力的发展或许使欧盟作为规范性力量在某些方面失去了意义,这样可能会导致在国际舞台上增加了一个超级强权,而不会对现有国际秩序内的根本问题加以解决,但是必须指出,欧盟特性发展的原动力不是一个自我实现的推演过程,不能局限于从欧盟内部角度思考,而外部环境的促动也不可忽视,一旦外部世界环境发生变化,就会促动欧盟相应地变化。迄今为止,欧盟只维持一支质与量皆属有限的联合武装力量,并严格限制该武力的运用范围与条件,多少显示出欧盟不愿意以军事强权的角色参与国际政治的态度。能成为军事强权而不愿成为军事强权,宁愿维持规范性力量的地位,可以说也是欧盟成员国反复考量当今国际局势后的选择。

换言之,欧盟更愿意通过政治宣言、政治对话、共同战略、共同立场和

联合行动等手段,通过向外出口欧盟内部的经济一体化方式,通过经济相互依存,建立和平的政治关系;通过建立区域一体化集团并逐步扩大其成员,通过与非成员国建立扩大前的联系机制,给候选国资格,展开入盟谈判并最终吸纳新成员国;通过与非欧洲国家建立的各种联系和合作制度,通过在国际问题上引入共同的责任感和契约政治的结构,通过将包括成员国之间以及与其他国家的关系内部化这种软力量的外交政策工具,来对外发挥影响,输出观念、规则和制度。所有这些不仅仅源于欧盟独特的历史和成就,也是欧盟作为一规范性力量的独特性所在。

欧盟在可见的未来应该不至于回归传统的"强权政治",欧盟在价值与规范上的执著,的确是欧盟自我认知、自我限制的特色,欧盟重视用规则改造世界,因而有别于通常以现实利益主导对外关系的一般国家。欧盟对外关系中的规范性因素的影响往往是长期的、潜在的,要经历较长的时期才能得以验证。尽管目前面临一些现实的困境,但猝下断语,似乎也会面临一定的质疑。有关欧盟特性的探讨能引起学界的诸多关注,正显示了欧盟这一国际舞台上的重要角色的活动空间与影响力的上升。无论如何,持续观察欧盟作为规范性力量的发展,在国际关系学者的比较研究上是有其特殊意义的。